THE MANAGED HAND

Race, Gender, and the Body
in Beauty Service Work

指尖上的艺术

美甲业中的种族、性别与身体

[美] 米立安·康 / 著

蔡永芳 肖索未 / 译

华中科技大学出版社
http://press.hust.edu.cn
中国·武汉

图书在版编目(CIP)数据

指尖上的艺术：美甲业中的种族、性别与身体/(美)米立安·康著；蔡永芳，肖索未译. —武汉：华中科技大学出版社，2023.1
ISBN 978-7-5680-7397-4

Ⅰ. ①指… Ⅱ. ①米… ②蔡… ③肖… Ⅲ. ①美甲-服务业-研究 Ⅳ. ①F719.9

中国版本图书馆 CIP 数据核字(2022)第 196031 号

The Managed Hand: Race, Gender, and the Body in Beauty Service Work by Miliann Kang.
© 2010 The Regents of the University of California.
Published by arrangement with University of California Press.
湖北省版权局著作权合同登记　图字：17-2020-215 号

指尖上的艺术：美甲业中的种族、性别与身体
Zhijian Shang de Yishu:Meijiaye Zhong de Zhongzu、Xingbie yu Shenti

[美]米立安·康　著
蔡永芳　肖索未　译

总 策 划：薛　蒂	封面设计：璞茜设计
策划编辑：林凤瑶	责任校对：阮　敏
责任编辑：孙　念	责任监印：朱　玢

出版发行：华中科技大学出版社(中国·武汉)　电话：(027)81321913
　　　　　武汉市东湖新技术开发区华工科技园　邮编：430223
录　　排：华中科技大学惠友文印中心
印　　刷：湖北新华印务有限公司
开　　本：880mm×1230mm　1/32
印　　张：11.375
字　　数：223 千字
版　　次：2023 年 1 月第 1 版第 1 次印刷
定　　价：59.80 元

本书若有印装质量问题，请向出版社营销中心调换
全国免费服务热线：400-6679-118　　竭诚为您服务
版权所有　侵权必究

中译版序

我非常感谢中国同行,特别感谢北京师范大学的肖索未老师和北京城市学院的蔡永芳老师将这本书带给中文读者。中译本的出版给了我重新思考的机会,为本书提供一些新的框架和背景。下面我会谈到一些最新的观点和分析,涉及与本书相关的最新学术研究和热点公共事件。

本书自 2010 年由加州大学出版社首次出版以来,一直广受好评,获得了各种奖项,包括美国国家妇女研究协会的萨拉·威利图书奖和美国社会学协会的四项不同奖项。① 此外也作为课程材料布置给许多大学的研究生和本科生阅读。自本书出版以来,我通过撰写学术文章、参与各种形式的公众活动——

---

① 信息来自美国社会学学会"种族、性别和阶级""性和性别""亚洲和亚裔美国人"以及"种族和少数族裔"等分会。

包括纽约州州长安德鲁·科莫的美甲沙龙监管工作,对本书的研究有了进一步的更新。我也在皇后区的韩裔美国人社区中心等场所向美甲店老板、工人、少数族裔媒体和市政府官员介绍了这项研究。我曾作为顾问参与相关纪录片的讨论,如《美甲》(由阿黛尔·范执导)和《涂好的指甲》(由黛安·格里芬和艾丽卡·乔丹执导)[①]。我还赞助了一些独立研究,指导学生进行社区参与研究和服务学习项目;通过这些项目,学生们参观了美甲沙龙,并采访了店主和员工。

虽然本书已经广为学者和大众所阅读,我仍然希望书中的分析可以更有力地影响公共话语。为了实现这一点,我更加直截了当地提出美甲业中针对劳工权利和沙龙中有害物质暴露的解决方案。同时读者提出的问题让我意识到,我需要扩展本书核心观点所涉及的三个理论面向:(1)身体劳动的跨国流动;(2)身体劳动的种族性化(racialized sexualization);(3)关于政策、行动和"好顾客"行为的建议。我在后续的写作中表达了这些考量,以加入到一些公共辩论中,具体如下所述。

2015年,《纽约时报》在头版刊登了两篇关于美甲沙龙劳工权利事件的报道,标题分别为《漂亮指甲的代价》[②]和《完美的指

[①] Griffin, Dianne, and Erica Jordan. 2016. *Painted Nails*. Digall Media and Pham, Adele. 2018. *Nailed It*. PBS.

[②] Nir, Sarah Maslin. 2015. "The Price of Nice Nails." *The New York Times*, May 7 <https://www.nytimes.com/2015/05/10/nyregion/at-nail-salons-in-nyc-manicurists-are-underpaid-and-unprotected.html>.

甲,中毒的工人》①。作者莎拉·马斯林·尼尔进行了广泛深入的调查,但报道的主线却聚焦于韩国移民小企业主,认为他们造成了"严格的种族和族裔种姓系统"。这种框架不仅将韩国业主描绘成恶棍,还将拉丁裔、华人和其他亚洲工人描绘成受害者,忽视了他们为推进行业发展所做出的积极努力。我就这篇报道和公众回复发表了的评论,包括"获得安全又漂亮的美甲可能吗?""韩裔美国人社区中的性别、移民和流动性:美甲沙龙行业的案例研究"等文章,并在《女性书评》(*The Women's Review of Books*)和《性别与社会》(*Gender & Society*)发表了博客文章。② 在给《情境》(*Context*)杂志撰写的标题为《美甲行业的麻烦》一文中,我提出了以下问题:"我们在解决美甲沙龙侵犯劳工权利问题的同时,如何能不进一步伤害移民工人,不

---

① Nir, Sarah Maslin. 2015. "Perfect Nails, Poisoned Workers." *The New York Times*, May 8 <https://www.nytimes.com/2015/05/11/nyregion/nail-salon-workers-in-nyc-face-hazardous-chemicals.html>.

② Kang, Miliann. 2016. "Is It Possible to Get a Safe, Fair Manicure?" Women and Environments 96/97: 30 - 34; Kang, Miliann. 2018. "Gender, Migration, and Mobility in Korean American Communities: A Case Study of the Nail Salon Industry." in *A Companion to Korean American Studies*, edited by R. M. Joo and S. S.-H. Lee. Leiden: Brill; Kang, Miliann. 2015. "Global Families: A History of Asian International Adoption in America by Catherine Ceniza Choy (Review)." *The Journal of the History of Childhood and Youth* 8(1): 141 - 44; Kang, Miliann. 2015. "How to Get Sociological Perspectives Into Mainstream Media Coverage? Responding to NYT Coverage of Nail Salon Labor Violations." *Gender & Society*. Retrieved June 14, 2020 (https://gendersociety.wordpress.com/2015/07/13/how-to-get-sociological-perspectives-into-mainstream-media-coverage-responding-to-nyt-coverage-of-nail-salon-labor-violations/).

简单粗暴地一笔描绘所有美甲沙龙业主,不助长反移民情绪?社会学能给这场对话带来什么?"①写完这些简短的回复后,我想回应我在《纽约时报》的报道中看到的更大的问题。不仅仅是他们单单拎出韩国人,将美容院内部的种族关系视为主要问题,而且这种误导的焦点反映了他们对发生在美甲沙龙之外的跨国过程缺乏理解,特别是有关全球劳动力流动、移民身份和化妆品制造等方面。尽管《指尖上的艺术》(*The Managed Hand*)在一个跨国框架内对"身体劳动"的主要观点进行了概念化,但我想更为强调这一点。《亚洲时代的时尚与美丽》(*Fashion and Beauty in the Time of Asia*)杂志的撰稿邀请,为我提供了明确命名和探讨"跨国身体劳动"相关问题的机会,具体如下:

是什么让美甲成为跨国产品?纽约市美甲沙龙的工资和劳动条件乍一看似乎只关乎亲密的个人互动和空间。但实际上,它们是连接亚洲工人和美国移民市场的全球经济的一部分,并促成材料和审美纽带返回亚洲市场。美甲行业问题的长远解决方案是要应对跨国性问题,例如含有潜在有毒化学物质的化妆品的全球制造(尼尔确实提到了这些问题,但矛头指向美甲店层面的问题,而不是生产过程),一个为劳动力、商品、服务支付最低价格的全球经济,以及一个破碎的移民体系,该体

---

① Kang, Miliann. 2015. "Trouble in the Nail Industry." *Contexts*. Retrieved June 6, 2020 (https://contexts.org/blog/trouble-in-the-nail-industry/).

系倚赖不稳定经济体的工人以低工资从事身体服务工作,但不给予他们安全的保护。①

从我早先的研究以来,我谈到了两个重大的跨国转变:(1)无证工人增加;(2)来自不同民族、种族和族裔群体的工人越来越多。因此,我强调了"身体劳动"的跨国层面,展示出尽管它发生在某个地方,但与跨境经济、政治、文化和历史进程有着不可分割的关系。我认为,尽管在诸如服装、化妆品甚至图像等物质品方面,跨国环路越来越易于捕捉,但要把握时尚和美容服务的跨国维度则要困难得多,因为它们看起来是在特定地点进行的。

强调这些跨国过程有助于阐明改进建议和可能的解决方案,也有助于钳制过于简单的反应,如批评客户自私或呼吁抵制所有沙龙。在《女性书评》的一篇文章②中,我就"如何找到好的美甲护理"提出了一些具体的建议,总结如下:

好顾客成就好沙龙

顾客想要最便宜、最快的美甲,这造成了美甲沙龙之间的激烈竞争,压低了价格,进而压低了美甲师的工资、恶化了工作

---

① Kang, Miliann. 2019. "Manicures as Transnational Body Labor." in *Fashion and Beauty in the Time of Asia*, edited by S. H. Lee, C. H. Moon, and T. L. N. Tu. New York: NYU Press.

② Kang, Miliann. 2015. "How to Find a Good Mani-Pedi." *Women's Review of Books*. Retrieved June 6, 2020 (https://www.wcwonline.org/Women-=-Books-Blog/manipedi).

条件。抵制沙龙并不会让问题消失,相反,顾客应该支付合理的价格,理解合理的美甲需要的时间和技能,并支持为争取工人权利、监管有毒化学品和移民改革的集体行动。

劳动权利实施中的伙伴关系与惩罚性方法

简单粗暴地一笔描绘所有美甲店店主的做法是错误的,更糟的是,由此来推断基于种族或族裔的复杂性。相反,官员、倡导团体、顾客、工人和店主可以建构伙伴关系,执行现行法律,以及出台更有效的法律。类似餐馆所采取的评级系统(A级、B级等)有助于认可、奖励和鼓励最佳实践,包括优先采用无毒产品的"绿色"沙龙。

监管有毒化妆品

即使每一个美甲店老板都严格遵守法律条款,工人们也会因为接触美甲产品中的化学品而继续受苦。我们需要更强有力的保护措施,规范制造商在化妆品生产过程中对已知致癌物的使用,并认识到长期大量接触这些致癌物对工人的过度伤害。

长远的解决办法是关注当前的反移民情绪

媒体报道、宣传和研究不是在真空中发生的。一段时间以来,由研究人员、记者、政策制定者和倡导者组成的一个小型而坚定的团体一直在努力吸引人们对这些问题的关注。他们的方式是认识到整个行业变革的必要性，同时注意避免诋毁所有移民或来自任何特定国家的移民。

回应第二个问题的动力来自于《指尖上的艺术》一书出版后公众的一些令人困惑的反应。尽管本书关注的是美甲沙龙中日常的美容服务，但令我惊讶的是，我收到的第一批媒体采访似乎都认为美甲沙龙是性工作和性贩卖的幌子。这表明在身体劳动、性服务和非法行为之间有着令人不安的混淆，这进一步加剧了美甲师面对性骚扰和性犯罪的脆弱性。因此，我在《美甲和性有何关系？日常服务工作中身体劳动的种族性化》一文中提出了身体劳动的种族性化的概念以回应这些问题。

在恶劣而普遍的反移民气氛的激化下，亚洲女性的身体劳动很容易被大众认为是与性相关的工作。这样的认知助燃了某些顾客期待并创造基于种族话语的性化的服务互动过程，我称这个过程为种族性化。将性的含义强加于美甲服务的提供之上，甚至是这种合并的潜在可能，反映出在具身化工作、移民和种族化的性话语的过程中，亚洲女性与性交易被混为一谈。①

---

① Kang, M. 2013. "'What Does a Manicure Have to Do With Sex?': Racialized Sexualization of Body Labour in Routine Beauty Services." In *Body/Sex/Work: Intimate, Embodied and Sexualised Labour*, edited by C. Wolkowitz, R. L. Cohen, T. Sanders & K. Hardy, pp. 160-174. New York, NY: Palgrave Macmillan.

上述顾虑悲剧性地集中在了2021年3月的亚特兰大——六名亚洲按摩院的工作者(44岁的冯道友、51岁的贤贞·格兰特、69岁的金善查、74岁的朴松涌、49岁的谭晓杰、63岁的刘容爱)和两名顾客(33岁的德莱娜·阿什利·袁和54岁的保罗·安德烈·米歇尔斯)被害。凶手罗伯特·亚伦·龙称其行凶的原因是"性成瘾"和"消除诱惑"的欲望——不幸的是,警方和媒体的言论复制了这一说法。我在给《女士杂志》(Ms. Magazine)撰写的文章中,根据我对美甲沙龙的研究,将按摩水疗和其他身体服务行业进行了类比,谈到了对这些表述的质疑,质问道:"为什么犯罪者比他们夺走生命的动机更重要?"

从事各种工作的亚洲移民女性也经常遭受暴力和性骚扰……(并且)经常受到间接的性暗示或直接的性挑逗,即使她们正在进行日常的身体劳动,诸如美甲……亚洲女性的这种种族性化是更大的社会和历史情境的一部分,用以指责她们造成了从卖淫到流行病等一系列的社会问题。①

确实,美甲行业受到了新冠肺炎疫情的重创。许多沙龙长期停业,或者彻底关门。那些能有稳定工作的美甲工不得不冒

---

① Kang, Miliann. 2021. "Why Are Perpetrators' Motives Given More Importance Than the Lives They Take?" *Ms. Magazine*. (https://msmagazine.com/2021/03/22/asian-women-atlanta-victims-names-violence-racism-massage-parlor/).

着被感染的风险,同时还要关注顾客的恐惧情绪。政府提供了一些紧急资助基金,但有些工人并不知道如何申请,或者担心任何形式的政府援助都会使其面临被监视或签证被拒的风险。各种劳工和社区组织,如人权和社会正义协会(Adhikaar for Human Rights and Social Justice)、纽约美甲沙龙工人抗逆基金(Nail Salon Worker Resilience Fund in New York)、纽约美甲沙龙工人协会(New York Nail Salon Workers Association)和全国健康美甲和美容沙龙联盟(National Healthy Nail and Beauty Salon Alliance),已经加紧提供信息和互助,同时谋求更为持续性的援助,如获得医疗保健、住房补贴和房租减免以及全面加强工人和移民的权利。① 在我撰写本文之时,新冠肺炎疫情对美甲沙龙行业及从业者的影响才刚刚显现,需要进行大量的研究和行动来保护弱势工人,同时让美甲沙龙东山再起。因此,我想以下一代学者的相关工作作为本文的结束,他们为研究美甲沙龙中当下的问题提供了新的框架,并扩展了关于各种工作形式中身体劳动的理论探讨。

金伯利·凯·黄的《固定种族和劳工关系:多数-少数族裔

---

① 参见 Adhikaar. 2015. "Healthy Nail Salons Campaign: From the Grassroots Up." Adhikaar. Retrieved June 6, 2021 (https://adhikaar.org/nail-salon-campaign/); New York Nail Salon Workers Association. 2020. "The COVID-19 Nail Salon Worker Relief & Resilience Platform." Workers United New York New Jersey Regional Joint Board. Retrieved June 6, 2021 (http://workersunitednynj.org/wpcontent/uploads/2020/03/COVID-19-Relief-and-Resilience-Platform-final.pdf).

社区的越南美甲沙龙》一文考察了加州黑人和拉丁裔占多数的社区中越南人开办的美甲沙龙。它提出了店主-员工-顾客之间"劳动关系的三角系统"的框架,认为协同合作的运作方式对维持多数-少数族裔社区的美甲沙龙业务至关重要。① 杰丝梅·哈彻的《小自由:拉纳广场后的移民劳工和"快时尚"政治》聚焦纽约美甲沙龙中的无证尼泊尔移民女性,她们穿着快时尚品牌服装,并将之作为服务的一部分。哈彻认为,一方面,不得不购买和穿着流行服装是一种无偿劳动;另一方面,选择服装风格的能力提供了"小自由",这些自由具有重要的情感意义,但也掩盖了工作中的不平等和剥削。②最新的研究是里纳·沙达安(Reena Shadaan)在多伦多约克大学环境研究所开展的博士论文研究:《跨越时空的有毒物质:绘制美甲沙龙内外的环境不公地图》(*Toxics Across Space And Time: Mapping Environmental Injustice In And Beyond The Nail Salon*)。她的研究追踪了化学品暴露的长链条——从美甲产品中的石油加工,到劳动力剥削,再到职业健康——对加拿大美甲沙龙工人的影响。这一研究采用多种女权主义方法,利用"职业健康制图"技术聚焦

---

① Hoang, Kimberly Kay. 2015. "Nailing Race and Labor Relations: Vietnamese Nail Salons in Majority-Minority Neighborhoods." *Journal of Asian American Studies* 18(2):113 – 39. doi:10.1353/jaas.2015.0017

② Hatcher, Jessamyn. 2019. "'Little Freedoms': Immigrant Labor and the Politics of 'Fast Fashion' after Rana Plaza." in *Fashion and Beauty in the Time of Asia*, edited by S. H. Lee, C. H. Moon, and T. L. N. Tu. New York: NYU Press.

在员工对工作场所危害的了解,并形象地呈现了回应这些问题的可能途径。

在过去的十年里,关于身体、具身化和各种形式的身体劳动的学术研究已成为一个广阔的领域,形成了与各种服务工作相关的新概念,包括按摩、性工作、零售、模特和照护工作。本书非常荣幸地成为这场大讨论中的一部分,我自己的想法也从这个不断发展的领域中受益匪浅。《亲密劳动:文化、技术和照护政治》一书提供了一个全面的框架,描绘了不同工作领域中金钱和亲密关系之间的普遍张力,书中问道:"家庭健康助理、呼叫中心接线员、妓女、捐精者、美甲师和清洁工有何共同之处?"结论是他们都"通过抚触、亲密接触和个人护理来谋生"。① 艾琳·奥蒂斯的《市场和身体:中国的女性、服务工作和不平等的制造》考察了豪华酒店中的具身化劳动,及它如何暗示了与资本主义和国际都市相关的政治、经济和社会变革。② 阿什利·米尔斯的《VIP:全球派对里的地位与美丽》追溯了豪华酒吧、餐馆和俱乐部的全球社交圈,在这些圈子里,年轻女性用身体资本换取财富、权力和在美丽经济中的地位。③ 乔亚·米斯拉和

---

① Parreñas, Rhacel Salazar, and Eileen Boris, eds. 2010. *Intimate Labors: Cultures, Technologies, and the Politics of Care*. Stanford: Stanford Social Sciences.

② Otis, Eileen. 2011. *Markets and Bodies: Women, Service Work, and the Making of Inequality in China*. Palo Alto: Stanford University Press.

③ Mears, Ashley. 2021. *Very Important People: Status and Beauty in the Global Party Circuit*. Princeton: Princeton University Press.

凯拉·瓦尔特在即将出版的《行走的人体模型：种族、性别和服装零售工作》一书中，探讨了具身化的销售表演和审美劳动的各个维度。①

我希望中国的读者不仅能够觉得本书的观点有说服力，而且能备感激励，从事各种与身体相关的服务业从业者及劳动权益的研究、写作与倡导活动。

米利安·康
2021 年 6 月

---

① Misra, Joya, and Kyla Walters. Forthcoming. *Walking Mannequins: Race, Gender, and Clothing Retail Work*. Berkeley: University of California Press.

目录

导论　修饰工作｜001
　　美甲形象与互动｜005
　　美甲桌的两边：结构与能动性｜014
　　女性主义、美容（beauty）和女性之间的不平等｜018
　　美丽迷思与美容工作：谁做第三轮班？｜021
　　女性、美容与性别的局限｜023
　　从情感整饰到手之整饰｜026
　　研究概况｜031
　　研究自己：反身性与女性主义方法论｜034
　　本书概要｜040

第一章　"没有什么生意像美甲一样"｜044
　　为什么是指甲？美甲和身体的商业化｜047
　　美甲店成为新兴行业｜052
　　美发店对比美甲店："只有黑人女性会编辫子"｜055
　　为什么在纽约？｜057

为什么是亚洲移民女性？ | 061

为什么是韩国人？移民和工作的性别模式 | 064

纽约的韩国人和美甲店 | 068

小结 | 074

第二章 "还有什么其他工作吗？" | 076

美甲师 | 076

查莉·崔——橱窗里的美甲师 | 081

创业之路 | 086

接送和午餐：与同族的情感劳动 | 088

工作和家庭之间的权衡 | 091

创业作为一种（失败的？）儿童照料策略 | 096

亚洲父权制与移民女性的工作 | 099

金妮·金——性别和移民的隐性伤害 | 106

当移民梦想遇到竹子天花板 | 107

还有什么其他工作吗？ | 110

美甲店和移民身份 | 112

对亚洲女性的种族化性骚扰 | 116

既非此处，也非彼处——夹在两个世界之间 | 120

女性在美甲店工作中的得与失 | 123

小结 | 124

第三章 美甲上瘾 | 127

顾客 | 127

修饰种族化和阶级化的女性气质 | 132

修饰好妈妈与坏妈妈 | 145

修饰职业身份 | 156

关于指甲和男性 | 162

超越美丽迷思——一种交汇性批评 | 169

小结 | 174

第四章 "我就把韩国人和美甲归为一类了" | 176

美甲护理中心与模范少数族裔 | 176

性别和模范少数族裔 | 181

修饰模范少数族裔 | 184

上城美甲店 | 192

身体劳动估价的分歧 | 195

身体劳动的规训技术 | 196

饮食的身体政治 | 199

服务语言 | 202

身体劳动的日常抵抗 | 204

专属美甲店:个人关系的局限 | 210

情感和身体的同化 | 212

小结 | 215

第五章 黑人"从来不是被人呵护的" | 219

美甲艺术沙龙与黑韩关系 | 219

将黑韩关系性别化 | 224

修饰黑韩关系 | 227

下城美甲店 | 237

表达型身体劳动的维度 | 243

回馈社区 | 247

爆发：当种族压倒性别 | 254

艺术美甲店：表达型身体劳动的失败 | 258

小结 | 266

第六章 "你可能会感染真菌" | 268

亚洲折扣美甲店成为新的"黄祸" | 268

性别、身体和新的"黄祸" | 274

亚洲美甲店的种族化再现 | 280

越城美甲店和常规型身体劳动 | 284

斡旋阶级与种族 | 291

谁的健康才重要？ | 296

推动美甲师职业健康的倡导 | 302

美甲店的劳动组织 | 307

美甲店成为经济威胁 | 311

小结 | 317

结论 | 320

美甲有什么价值？ | 320

作为社会晴雨表的亚洲美甲店 | 326

美丽的力量和局限 | 328

全球经济中的身体和情感 | 330

美甲与变迁 | 332

美甲乌托邦 | 337

译者后记 | 342

导论　修饰工作

这是个性别革命的世纪,对于处于这个世纪的所有移民来说,护理仍然主要掌握在女性手中。

阿莉·霍赫希尔德,《亲密生活的商业化》

我们的身体被赋予了社会意义……不管一个身体是受到尊敬还是蔑视,不管它是营养不良还是饥饿,不管它的主人控制着它还是它必须屈服于他人的控制——这些都是由社区、家庭和个人的交织一起决定的。

朱迪思·洛贝尔和丽莎·珍·摩尔,《性别化的身体》

形成一个应对女性普遍需求的政治议程是非常有问题的,这不仅是因为不同女性的优先事项不同,而且因为某些群体利益的获得可能会导致其他群体相应优势和特权的丧失……这并不意味着我们放弃了协同奋斗的目标。这意味着我们要放弃那些协调女性利益的错误尝试。

伊夫林·中野·格伦,"从奴仆到服务工作"[1]

两个女人,素不相识,手牵着手坐在一张狭窄的桌子两旁,专注于同一件事——雕琢完美的指甲。从触摸到气味,美甲是一种发自内心的体验。当这些体验包括润滑的手部按摩、指压按摩和香薰等丰富内涵时,美甲的吸引力就大大增强了。然而,当这些触摸导致指甲错位、角质层出血和真菌感染,这些气味包含着有毒的化学物质、汗脚以及在十八英寸宽的美甲桌两旁刚消化的午餐时,这种互动就发生了戏剧性的变化。美甲业的肉身性(carnality)使彼此的互动变得无法预测,会突然从轻松的气氛变成不舒服甚至惊恐的状态。发生在这些女性之间的身体互动甚至更为复杂,因为这些女性通常不是同一社会圈子的,更不用说彼此肢体的接触了。

指甲的修剪、锉、修饰和上油不仅涉及身体上的修剪,也涉及提供并接受这些服务的女性本身的打磨。这项工作既需要

---

[1] 引文分别出自 Hochschild (2003: 8); Lorber and Moore (2007: 240); Glenn (1992: 37)。

专项技术,又需要在为身体提供服务时,用熟练的情感沟通技巧来灵活回应顾客。和许多服务业的工作一样,这是看不见的工作。它无人关注、不被感恩,只有在顾客不满意时,它才会现身。美甲店里的互动显示了女性与身体之间关系的差异,以及女性身体被赋予的价值、被使用的程度的差异。特别是,一些女性的身体被当成美丽的客体来修饰,而另一些女性的身体则成为打造这些美丽的客体的工具。

美甲一词——manicure——拉丁词根的意思,就是单指手部护理。然而,当代美甲及其相应设置远远超越这一简单定义。我不仅用美甲一词指代一组特定的美容服务,而且我用修饰(manicuring)一词作为一个强有力的隐喻,指代形塑女性身体、情感、关系和生活的个体和社会的过程。况且,被修整(nailed)的隐喻也很贴切,因为女性并非完全自由的行动者,可以依据自己的想法和意愿来打造自己的身体和进行身体护理。相反,她们被修整在特定的社会地位和社会结构中,后者不仅形塑她们自身和他人的身体,也形塑了这些商业化、身体化的服务条件。

近年来,社会学和女性主义学术研究有一个明显的转向,即提出"把身体带回"的理论和研究。① 正如玛丽·玛格丽特·丰诺和朱迪思·库克所言,"当代女性主义理论补充了新的思考身体的方式,女性主义者现在谈论写作身体、阅读身体、将身

---

① Frank 1990.

体性化、将身体种族化、赋权身体、监管身体、规训身体、消除身体以及将身体政治化。"①我为此列表增添了新的内容：从修饰和修整（manicuring and nailing）身体的角度思考形塑性别化的身体的多种力量。

由于美甲时的亲密接触会产生复杂的情感，所以从事这项工作既需要投入体力，也需要对情感进行全面管理，或者进行社会学家阿莉·霍赫希尔德所说的"情感劳动"，在这种劳动中，"提供服务的情感风格是服务本身的一部分"。《情感整饰》(*The Managed Heart*)是霍赫希尔德（Hochschild）于1983年出版的、具有开创意义的学术专著，隐喻着人类情感在服务互动中被控制和商业化。我借鉴了霍赫希尔德的标题，提出"手之整饰（the managed hand）"的概念，用来指代美甲工作中人类情感和身体的双重商业化②。

基于霍赫希尔德的概念，我引入了身体劳动（body labor）的概念，指代提供与身体相关的服务，以及与之相伴的对情感和身体的控制。虽然服务工作越来越多地涉及管理情感和情绪，但同时也涉及管理双手的体力劳动以及它们所接触的身体。尽管研究性别与劳动的学者已经谈到了情感劳动的许多方面，但由有色移民女性主导的、与身体外表相关的低收入服务工作，特别是美容行业，则有待进一步研究。因此，由亚洲人开办的美甲店提供了一个丰富的经验研究场所，以发展身体劳动概

---

① Fonow and Cook 2005：2216.
② Hochschild 1983：5.

念,为研究性别、移民、种族关系与服务工作的情感与身体维度提供新的理论视角。

虽然由韩国人主导的纽约美甲店在某些方面具有特殊性,但在另一些方面,它揭示了美国各地亚洲移民女性的类似经历。本研究展现了纽约市韩国人开办的美甲店的特点,但同时也探究了从事这一行业的韩国、越南和其他亚洲女性的异同。① 因此,尽管存在多种差异,但本研究既认可了将亚裔群体归为一体的强烈倾向,同时又将这一倾向问题化。

这本书并不是对美国美甲行业的全面概述。相反,它侧重于研究在这一行业工作的亚洲女性,特别是纽约市的韩国女性,从而阐明这一行业所提供的服务的本质以及形塑这些服务的社会关系。具体来说,本书对美甲服务过程中出现的身体劳动的新形式进行了理论阐述,这些服务面向不同的顾客;与此同时,本书将身体劳动置于对亚洲移民的种族和性别化建构中,进行情境化的分析。

美甲形象与互动

流行文化使我们相信美容服务机构是普遍而单纯的姐妹

---

① 虽然行业数据估计45%的美国美甲师是亚洲女性,但实际数据在一些城市要高得多。纽约市大约80%的美甲师是韩国人,加利福尼亚75%的美甲师是越南人(Nails 2008:62)。

情谊的乐园。电影《钢木兰花》①中的多莉·帕顿的美容院就像一个避难所,享有特权的南方白人女性在那里袒露灵魂。奎恩·拉蒂法主演的电影《美容店》②提供了类似故事的多元文化版本。③ 美甲师似乎也是女性最好的朋友和治疗师:最著名的例子是在电影《律政俏佳人》④里,瑞茜·威瑟斯彭扮演的艾丽·伍兹在哈佛法学院的生死决战后,撤退到她的美甲师那里。这些媒体再现(representations)忽略了一个事实:美容店,特别是美甲店,绝不单单是女性社区中心,尽管在少数情况下它们可能会给人留下这种印象。相反,它们首先是工作场所,在这里形成的关系也不单单是朋友关系,而是由服务行业协议

---

① 《钢木兰花》是由 LK-TEL1989 年出品的电影,由赫伯特·罗斯(Herbert Ross)、多莉·帕顿(Dolly Parton)、雪莉·麦克雷恩等主演。影片讲述了一个纯朴小镇上的六个女人之间悲喜交集的感人故事。镇上居民露薇(多莉·帕顿饰)开了一间美容店,和五个顾客女子特别要好,美容店就成为她们嬉笑怒骂、互道家长里短的场所。——译者注

② 《美容店》是美国米高梅公司 2002 年投拍的《理发店》(*Babeshop*),及 2004 年的《理发店 2》的女性版影片。影片讲述了一名因女儿上学从芝加哥迁往亚特兰大的发型设计师吉娜(奎恩·拉蒂法)的故事,她凭借自己的实力和热情,白手起家,开办了一家高朋满座的"美发院",无论员工还是顾客都喜欢向她吐露内心的秘密。——译者注

③ 关于媒体对美容院描述的讨论,见斯坎伦(2007)。非裔美国女性服务和经营美容院的历史表明,她们实际上扮演了社区中心的角色,黑人女性在这里社交和建立关系,尽管没有跨越种族界限。见 Willett(2002)和 Harvey(2005)。

④ 《律政俏佳人》(*Legally Blonde*)是美国米高梅电影公司制作的校园喜剧电影,该片讲述了精通打扮的金发美女艾丽,因为社会偏见被考上法学院的男朋友甩了,她为了追回男朋友也考进哈佛法学院,用行动证明自己的故事。——译者注

规定的劳动关系。

在流行文化再现中,女性花钱追求美丽被视为自然而普遍的行为。与之相反的是,许多复杂的因素将美甲店形塑成女性化、全球化、后工业时代的工作场所,而亚洲移民女性则是这一细分市场里最具代表性的劳动力。丽莎·罗威描述了一个她称之为"劳动的种族化女性化"的过程,她写道:"亚洲移民女性和亚裔美国女性不仅仅是亚裔美国人种族化系谱学中的最新构成;她们和在'第三世界'工作的女性一起,是全球资本主义重组中的'新'劳动力。"① 像罗威和其他学者一样,我认为性别对于亚裔美国人的种族建构至关重要,影响着他们并入美国劳动力市场。② 种族意识形态使亚裔美国女性和男性从事特定的工作,并强化了"亚洲人本身就是阴柔的"这一观念。对亚洲男性来说,这意味着他们获得承认的方式是放弃传统理想中男子气概的权利。与此相反,亚洲女性种族承认的条件则是在屈从性工作的基础上形成女性气质。这些复杂的社会过程推动着成千上万的亚洲移民女性进入美甲店工作,推动着更多的消费者享受她们的掌上服务,而"亚洲女性只擅长美甲"的刻板印象使她们在这一细分市场里的聚集正常化。因此,在女性花钱变

---

① Lowe 1996:158.
② 关于种族、性别、移民以及亚裔和亚裔美国女性的工作的交汇性讨论,见 Espiritu (2003, 2008), Vo and Sciachitano (2000), Chin (2005), E. Lee (2005), Chan (1991b), Parreñas (2001), Grace Chang (2000), Choy (2003), Foo (2007), Yamanaka and McClelland (1994).

美天经地义这一观念的装饰下,日常美甲互动一边被遮蔽了,而另一边又再生产了种族不平等、劳动力迁移流动,以及全球服务经济的扩张。

种族化的再现与性别相关,并通过帕特里夏·希尔·柯林斯所提到的"控制性形象"嵌入种族想象中。① 就这样,它们成为为各种社会安排辩护的默认框架。在美甲店的关系中,控制性形象将某些女性置于美甲的"天然"提供者的地位,将其他女性置于这些服务的有权接受者的地位。然而,这些控制性形象在面对面的互动中以不可预知的方式展开,因为女人们在某些情况下不加批判地复制它们,而在另一些情况下又积极地抵制它们。

在2003年的"革命"巡回演出中,脱口秀演员玛格丽特·曹②讽刺了一个谄媚奉承的亚裔(韩裔美国人)美甲师的控制性形象,据她描述,这是一个她曾经拒绝出演的好莱坞角色。③ 一反众所周知的亚洲女性形象——如性感诱惑的龙女、温柔顺从的中国娃娃或少数族裔模范的女主播(尽管其中一些形象出现

---

① 尽管柯林斯的"控制性形象"与形象表达和刻板印象等概念相关,但她认为"控制性形象与种族、阶级、性别和性的权力关系最为密切"(2005:350)。因此我在述评时只复制了控制亚洲移民女性形象的概念,同时在适当的时候也会使用更为熟悉的概念,如再现(representations)和刻板印象(stereotypes)。

② 玛格丽特·曹(Margaret Cho),韩裔美国人,生于旧金山,非常成功的喜剧演员、活动主持人,畅销书 *I Have Chosen to Stay and Fight* 的作者,博客作者,得到《纽约时报》盛赞。——译者注

③ 2003年10月5日,我在马萨诸塞州北安普顿的卡尔文剧院看了曹的演出。

在她后面的节目中)——她的第一幕扮演了这样一位美甲师,她会谄媚地向一边翘起头,假装小心翼翼握住身前的手,低声说:"你有漂亮的指甲。"以这样一种让她享誉全球的无所顾忌的喜剧风格,曹刻画了与从事服务业的亚洲女性相关联的讨好举动,同时以夸张讽刺的方式批判了这种描述。

坐在她脱口秀表演的观众席中,我不知道是该为曹的表演欢呼还是龇牙。她巧妙地利用亚洲美甲师作为一种广为人知的文化刻板印象,与此同时又击碎了它,我为此称赞。然而,她对于在亚裔开办的美甲店里工作和消费的女性的再现又过于简单了。在对这些场所经年累月的研究后,我已经无法接受对美甲师及其顾客的这种肤浅的描述,即使只是为了开怀一笑。这些女性生活的复杂性以及她们之间的关系让我重新思考我作为女性主义者、社会学者和亚裔美国人的意识。玛格丽特·曹的脱口秀表演可以暗示出一点美甲桌两旁的美甲师和客户、朋友和知己、护理者和文化翻译者之间的矛盾关系吗?

我希望,大家都能看出我是把这位标志性的喜剧演员当作了靶子,给她树立起无论多出色的脱口秀演员都无法企及的标准。曹的表演一方面有力地揭示出亚裔美甲师被贬低的刻板印象,另一方面也扭曲了参与美甲的女性形象。因此,我援引她的表演作为切入点,深入研究女性的美甲过程以及她们修饰自己与彼此的方式。在观看曹的表演时,我在想——我的研究对象对她展现的美甲工作会有什么看法?我想起南希·

李——我给一名在上城美甲店工作的美甲师取的化名,她为许多上了年纪的、中产阶层和上流社会的白人顾客提供一系列护理和照料①,包括按摩她们患关节炎的手和脚,帮助她们上厕所;当她们在等着晾干指甲时睡着了,她会扶起她们倚靠在墙上。好几次,我听到南希与同事直率地评论客户,在平静的表情的掩饰之下,她用母语韩语说道:"这人就给了三美元小费,还以为自己很大方。"我猜想,南希会像回答我追问她在美甲店的工作经历时那样坦诚,来回应曹的表演,"如果我早知道来美国会做这个,就不来了。不过几周后也就习惯了……我想送我孩子上大学。"

接着,我想到了精力旺盛的高蒂·春,她是坐落在皇后区一个黑人街区里的、忙乱的"艺术美甲店"的老板。她涂着华丽的指甲,穿着低腰牛仔裤,引导着顾客去到做指甲贴片、喷绘和手绘美甲的座位上。一天当中,我看到了她拿着扫帚追老鼠、拿起顾客的手机打电话安排送药、和顾客开她们男朋友的玩笑、给孩子们发糖果。她告诉我:"我第一次来这儿的时候,我

---

① 我用"白人"这个词来概指欧洲血统的种族,用"黑人"这个词来指代包括非裔美国人、非裔加勒比人和非洲人在内的种族。同时,我认识到这些概念超越了历史内涵。与讨论种族社会建构的文献相一致,我用这些概念来强调常见的种族分类,它们被用来将不同的人群分成一组。同时,我也承认它们是有问题的概念,通常涵盖文化和历史经验的差异,特别是把"白人"作为一个主导的、隐性的类别(Bonilla-Silva and Doane 2003;Brattain 2001;Frankenberg 1993)。当受访者以其他方式指认他们的种族和民族身份时,我使用他们的自我描述。在分析这些区别时,我也会指出种族和国籍。

很惊讶。我想,'哦——天呐,我要怎么在这儿工作?我该怎么在这儿做生意呢?'……因为这里全是黑人,我甚至连车门都不敢打开……我过了一段无比艰难的日子,一直在战斗。我不得不报警……现在,我知道该怎么办了。当他们说什么的时候,我会说,'哦,这些人想要这些东西。'然后我和他们谈这个,说那个。我现在知道该怎么做了。"高蒂在美甲店的工作使她的身份发生了重大变化,从首尔的一名大学生,到一位挣扎的移民母亲,再到一个盈利颇丰的美甲店店主,把店开在她曾经不敢下车的街区。她这样总结美甲店工作对她生活的影响:"我变得脾气更急,不愿听别人的,甚至在家也变成这样。当我的母亲和姐姐来看我时,她们对我的变化感到惊讶。如果教会里的人看到工作中的我,他们会说,'你怎么了!'他们不会相信我有这么强硬。"

曹的喜剧表演中没有现身的顾客是什么样子的呢?我第一个想到的是阿莉娅,一个美国杂货店的非裔收银员,她很自豪自己那装饰着莱茵石和手绘火焰的长指甲。她解释说:"我的手又大又粗糙,修完了指甲,就不那么难看了。你知道女人,你知道我们就是——我们想看起来像淑女。以前我的手让我觉得很尴尬,现在我举起了它们。"阿莉娅认为她的指甲是一张入场券,可以加入以自己外表为荣的女性俱乐部,而她一生的大部分时间都被排除在这个俱乐部之外。指甲也让她与一些几乎没有接触的女性建立起联系。"每个站在我这边的人都能看到我的指甲,其中一些人会花几分钟问我,'哦,你在哪里做的指甲?'……我也许穿着运动裤,但如果我做了美甲,我会觉得像自己穿了新衣服。我没法每天都盛装打扮,但我的指甲可以每天都美美的。"而且,遍地开花的亚洲美甲店是她能够这样做的主要原因——物美价廉。

同样,布鲁克林本土犹太裔美国人帕蒂,长期咬指甲。她很高兴亚洲美甲店不断开业,这样她能够每周做指甲,以便修复不断啃咬所造成的破坏。"最好的是,我把我的手指咬伤了,我就来这里。我受不了,我受不了看到它们,受不了咬它们,因为我甚至会晚上睡不着一直咬、咬、咬。所以……我把所有的指甲修好后离开的时候——那是最棒的。"帕蒂是一名医院的医务社工,她把每周去美甲店视为缓解日常工作带来的身体、情感压力的重要一环。作为回报,她经常为美甲店老板查莉·崔提供一些具体的支持,如对烦躁的顾客进行开解、帮助翻译英语对话和文件等。查莉珍视帕蒂的帮助,但她也承认帕蒂的情感需求和需要下功夫修复的指甲会给她带来压力。查莉告诉我:"我很高兴见到她,因为她很善良,我知道她真的需要我的帮助,但是有时候我们非常忙,我没有时间陪她,我就感觉很糟糕。"

关于亚裔美甲师的控制性形象,以及以玛格丽特·曹为代表的在表演中对这些形象的破坏,揭示了再现亚洲移民女性的单一维度。本书通过提出以下问题来复杂化这些形象:这些形象由哪些社会关系引发,又反过来如何影响社会关系。通过探索不同的美甲服务,本书探讨了亚洲美甲店中三种不同形式的身体劳动:主要服务于中上层白人女性的美甲护理中心里的"呵护型身体劳动";主要服务于工薪阶层黑人女性和中下阶层女性的美甲艺术沙龙里的"表达型身体劳动";以及在折扣美甲店里服务于不同种族和社会经济地位顾客的"常规型身体劳动"。就像霍赫希尔德记录的情感劳动一样,"呵护型身体劳动"包括迎合顾客需求,但由于语言、文化、阶级和种族的差异,这种劳动变得很复杂。这种形式的身体劳动强化了白人女性身体是既特别又标准的印象,从而维护了白人女性的种族和阶层特权。与此同时,这也规训了亚洲女性,使其以符合亚裔"模范少数族群(model minority)"的控制性形象来展现自己的身体,顺从而体贴。与之不同的是,虽然"韩黑冲突"的主导种族主义话语强化了两个族群之间的紧张和敌意,主要服务黑人工薪阶层的美甲艺术沙龙中的"表达型身体劳动",则打破了这种主导话语。韩国和黑人女性可以通过服务互动来建立尊重、互惠,甚至相互喜爱的关系,尽管这些关系在普遍的种族和阶级分化面前仍然是脆弱的。最后,折扣美甲店将美甲从奢侈品重新定义为通用型的消费品。然而,常规化美甲的"偷工减料"引发人们对疾病和污染的恐惧,复活了认为亚洲人是"黄祸"的负面看法。种族关系和经济地位形塑着但并不决定着这些不同场所里的互动。相反,这些互动通过性别化工作的特定实践——尤其是在不同类型的美甲店里各种女性之间的身体劳动的交换——而进行着协商。此外，这些不同类型的美甲店并不是孤立存在的，而是一系列社会关系的一部分。在这些社会关系中，亚洲移民女性以复杂和矛盾的方式，被吸纳进美国社会文化的现有分化之中。亚洲移民女性在美甲店里运转着的不同类型的服务和服务关系，展现了她们如何同时扮演理想化的少数族群公民、种族化的外来者以及经济文化威胁者的角色。

美甲桌的两边：结构与能动性

没有一个女性会一觉醒来，突然觉得美甲对其身份认同很重要。多年的社会化，连同她周围社交圈子的信息，交织在一起形塑了她的决心：指甲对于表明她是谁很重要，花钱请人来做指甲表达出她的意愿是值得的。与此同时，女性并非提线木偶，她们通过美容实践及与其美容师的关系将社会标准表演出来。女性做出选择，不仅选择购买美容服务的方式、频率和对象，还会选择在这些实践中定义自己和他人的方式。尽管大多数顾客坚持将美甲当成纯粹的私人仪式，但她们的美甲行为确实是在历史和当下力量的结合下出现的，这些力量在美甲产品和服务领域培育了一个蓬勃发展的全球化市场。

同样，没有一个女人一觉醒来，突然发现自己坐在了美甲师的椅子上。① 很多个人无法掌控的力量，如女性化劳动力流动的全球模式、服务相关行业的扩张、种族化的就业结构、家庭和族裔社区的资源等形塑了女性的就业条件。然而，在这些大规模的结构性条件下，女性对她们所做的工作和工作的条件做出选择，尽管这些条件反映了很多制约因素。在美甲店里，美甲师们构建起新的身份。这些女性经常用一个新的"美国名字"给自己命名——恩珠（Eunju）变成尤妮丝（Eunice），海兰（Haeran）变成海伦（Helen）；美甲店要求她们栖身于服务者的位置，而她们自己会融入多重相互矛盾的身份——母亲、妻子、学生、专业人士、移民、韩国人、亚洲人和美国人等。

正如在美甲店内，特定场合的社交互动模式，同时受到外界力量和个体协商的影响。作为一名女性主义社会学者，我力求去了解社会关系的主导模式，特别是与女性和持续存在的性别不平等有关的模式，但我对这些模式的背离和抵制同样感兴趣。同时，我还关心发现复制和中断这些模式的机制，这些机制经常是令人惊讶和不可预知的。

---

① 在本书中，美甲是一个通用、广义的概念，也包括提供指甲服务的各种技术，以及美甲行业中的各种工作。当涉及细节的差异时，我使用了其他概念，如美甲技师、美甲师和修脚师。我也认识到美甲店店主、经理和工人之间的差异是很大的。当这些职位的差异显著时，我也区分了这些不同的职位。这一讨论受益于分析族裔经济中的雇主和雇员之间的阶级和地位差异的研究（Light and Bonacich 1988; Model 1988; Sanders and Nee 1987; Zhou and Logan 1989）。

在这种美甲服务的互动中，女性之间形成了什么样的关系呢？在纽约的韩国女性以及在美国的亚洲女性是如何成为美甲服务的主要提供者的？为什么来自不同种族和阶层的顾客蜂拥上门？是什么因素形塑了亚洲移民美甲师及其顾客的生活以及二者之间的复杂互动？在什么情况下，根深蒂固的权力和特权等级占了上风？又在什么情况下，个人能够挑战和修正这些等级？美甲期间发生了什么，如何解释美甲实践和关系中的各种差异？短暂的相遇又是如何塑造这些女人离开美甲桌后的生活的？这些相遇对于从属不同群体的女性——特别是亚洲人、黑人和白人之间，移民和本地人之间，消费者和服务者之间——的关系而言，意味着什么？为探求这些问题，我的研究基于民族志见微知著的传统，通过了解某一特定地点的日常事件中的表现来捕捉更大的社会运作。① 我认为，这些问题的答案并不在于个体女性的心理状态，也不在于媒体对美容广告的猛烈抨击，或是对于女性外表日益提升的文化标准。这些因素起着重要的作用，但是关于为何如此众多的女性寻求美甲、她们的美甲实践又为何有如此不同的解释，这必然要关注更大的社会转变，特别是全球服务经济的扩张、妇女在劳动力市场中参与有偿工作的提升、女性化劳动力的迁移，以及持续存在

---

① 我使用了扩展案例法（extended case method），根据 Michael Burawoy 的说法，"它告诉我们的是作为一个整体的社会，而不是类似案例的数量"（1991:281）。因此，我研究了特定种类美甲沙龙的案例，不是对所有类似美甲沙龙进行概括，而是探索其所嵌入的更大的社会结构以及嵌入过程。

的种族和阶层不平等。将所有这些因素牵连在一起的就是女性的身体,既是劳动工具,也是新的工作形式的对象,我将之概括为身体劳动。

从何种意义上来说,美甲店的工作是性别化的?通过什么样的方式,这些性别化的工作过程被种族和阶级重塑?美甲店的工作是性别化的,因为其服务的提供者和消费者主要是女性;它侧重于建构女性之美,在女性化的半私人空间里发生,卷入了性别化的工作过程,特别是女性之间的情感劳动和身体劳动。① 但这不仅仅是性别化的工作,身体劳动的模式与顾客的种族、社会阶层地位以及相应的情感规则有关,这些界定了顾客对服务的期望。保罗·吉尔罗伊指出"种族生存于性别之中(gender is the modality in which race is lived)",基于此,我认为种族和阶级都通过不同的性别化身体劳动的表演,生存于美甲店和其他美容服务场所之中。② 这些表演揭示出"全球姐妹情谊"这一过于简单的框架,在美甲桌的两侧乃至整个美容服务行业中不太站得住脚。相反,这些关系彰显出女性之间难以弥合的分化。

---

① 我聚焦在女性身上,这只是更复杂的性别视角的一个角度。无论男性是否真的经常光顾这些机构,像美甲店这样的女性化细分市场也会牵扯男性,包括他们对女性外貌的期望,以及他们对性别化劳动力市场和性别化家庭组织的影响。

② Gilroy 1993: 85.

女性主义、美容(beauty)和女性之间的不平等

在网上浏览与指甲相关的文章时,我偶然发现了一篇文章,即感不安。文章将亚洲美甲师描述成具有异国情调的性对象和充满母性的照料者。作者一会儿被美甲师激起性欲,一会儿又退回到仿佛婴儿期的被动状态。更令人不安的是,仅仅因为这种互动发生在女性之间,作者就坚持认为这是一种赋权体验。我起初以为是某个青少年博主的无病呻吟而打算不置一词,但后来我注意到了写下这篇美甲店经历感受的作者的名字:詹尼弗·鲍姆加德纳,她被公认为女性主义作家和第三波女性主义运动的领袖。[①] 我被她的短文弄得又怒又沮丧,不知如何回应。这些感受因我对她工作的尊重和钦佩而变得更加复杂。我问自己,如果一位著名的女性主义作家和活动家都带着这种毫无批判的自我炫耀的态度来参与美甲,那么普通消费者有多大可能意识到这种交易中的问题?更不用说努力改变它们了。鲍姆加德纳写道:

---

① Baumgardner 与 Amy Richards (2000,2005)合作出版了对女性主义政治有影响力的作品。

但是除了金钱和爱情，精心护理的长指甲是性感的。而且，获得这些的过程有一种美妙的感官亲密感，这在6美元的服务中是罕见的……指甲修剪师揉捏你的手掌，在你食指和拇指之间的肉上前后滑动她的手指。当她拉伸你的手和手腕时，你的手指张开，手臂垂直，手掌朝向她，你在她的按摩下在椅子上微微摇摆……结束后，如果外面很冷，你的美甲师会帮你穿上外套。站在你面前，她把外套给你穿上，拉上拉链，扣上扣子，把围巾围在你的脖子上，就像她是你的妈妈，而你突然又六岁了……美甲是这样一个安全、便宜的肉体接触的过程，一个重要原因在于它是女性之间的一种关系……如果我没有注意到纽约美甲体验中有一种阶层和种族色彩，那我就是在说谎：美甲师是用韩语大声交谈的小个子亚洲女人；客户则是雅皮士[①]，主要是白人，她们正用手机大声跟另外一些雅皮士打电话，而那些雅皮士，也主要是白人。[②]

不幸的是，鲍姆加德纳作为一位知名的女性主义思想家的高大形象与她对韩国移民美甲师的客体化形成了鲜明对比。虽然鲍姆加德纳承认种族和阶级不平等形塑了这项服务，但这

---

① 雅皮士（yuppies），指西方国家中年轻能干有上进心的一类人，他们一般受过高等教育，具有较高的知识水平和技能，雅皮士风貌兴起于20世纪80年代。——译者注

② Jennifer Baumgardner, "Nails," 2000, www.spoonbenders.com/nails.htm. 这个链接不再有效。

种反思并没有让她思考美甲师的视角,以及这种美甲服务对后者意味着什么。相反,鲍姆加德纳继续赞扬自己,认为她把对指甲的非女性主义的迷恋变为一种愉悦的、赋权的行为。

鲍姆加德纳,以及其他受过教育的美国中产阶级白人女性主义者,在理解与自己不同的女性生活方面有局限性。在批评他们的同时,我发现自己和许多有色人种、跨国和后殖民女性主义者一样,也陷入了困境。我不想加深女性主义运动内部的分裂,从而为那些已经急于否定女性主义运动的智识和行动目标的人提供弹药。与此同时,我发现她自我祝贺式的评论不仅令人不快,而且其所表明的态度有碍任何有意义的性别团结。因此,我希望评论家们不要把本书斥为转移女性主义社会变革注意力的长篇大论;相反,我希望这本书揭示众多女性生活中一个持续的盲点。这个盲点是,某些女性从其他女性亲密的身体劳动和情感劳动中受益,但提供服务的人却付出巨大的代价;这也有损更平等的关系——不仅仅是男女之间的平等关系,也包括跨越种族、阶级、移民和公民身份的女性之间的平等关系。

带着这些思考,我希望这本书能成为一份邀请,去探索女性之间权力与特权的棘手问题——这些问题正是打造包容性女性主义学术和运动的核心。正如伊夫林·中野·格伦在本章开篇语中所写的那样,直面女性间的特权和不平等,是个痛苦却必要的过程,去终止在诸如打扫卫生等服务性工作中压迫性的工作条件。同样,更好地了解美甲店工作的动态,能够揭示提供美甲服务的女性及其顾客的生活;而所有这些女性也将受益于更平等的社会关系,这些社会关系正形塑着美甲店里发生的一切。

美丽迷思与美容工作:谁做第三轮班?

除了强调美容服务的提供者和顾客之间的不平等,大众文学和学术中关于美容的一个主要焦点是研究"美丽迷思"将中上层女性绑在难以企及的外表期望上,限制其职业和政治发展。作家纳奥米·沃尔夫也许是这一观点最著名的阐述者。她断言,美丽的意识形态和美容产业是阻击女性日益增长的社会、政治和经济权力的重要工具:沃尔夫将不断提升的女性外貌标准视为家务劳动的"替代性桎梏"。援引社会学家阿莉·霍赫希尔德提出的"第二轮班"的概念——意指女性负有全职工作者和家庭主妇的双重责任,沃尔夫声称美容已经成为女性的"第三轮班",并成为破坏女性日益增长的权力的新工具。"这是一种强烈的反弹,"沃尔夫写道,"因为即便已经背负了家务劳动的'第二轮班',女性仍然奋力进入了权力结构……得有人快速想出第三轮班。"①因此,她认为当代美丽文化(beauty

---

① Hochschild and Machung 1997;Wolf 1991:24-27.

culture)强加给女性难以达到的标准和规则,使女性的时间、精力和金钱从职业发展中分散出去,同时降低了女性追求各种目标的信心。沃尔夫的书呼吁女性个体和女权运动要严肃对待关于美丽的文化规定,因其是使得女性继续处于从属地位的主要力量。

不幸的是,沃尔夫及其支持者们忽略了一个事实:很多女性不做自己的美容工作,而是将第三轮班的大量工作交给处于劣势地位的女性。霍赫希尔德将其"第二轮班"的研究扩展到《全球女性:新经济形态下的保姆、女佣和性工作者》(2004年,与芭芭拉·埃伦里奇合著)。该书探讨了跨国不平等使得发达国家的职业女性得以依赖贫穷国家的女性做家务,而很少有学者关注美容业中的这些全球不平等。本书填补了这一空白,指出就像作为第二轮班的家务劳动一样,美容作为第三轮班并非只落在受过教育的、有权势的女性身上。正如来自拉丁美洲、加勒比和菲律宾的移民妇女捡起照料孩子、做饭和打扫卫生的工作,第三轮班的美容工作也越来越依赖于其他人种女性移民劳动力。① 相似的社会和历史条件将一些移民女性推入了家务劳动和儿童照料的工作,又将另一些女性引入美容服务行业。与家政服务一样,美容服务被认为是非技能工作,报之以低薪,

---

① Hochschild and Ehrenreich 2004. 关于家政服务中的移民女性的讨论,见 Hondagneu—Sotelo(2001), Parrenas(2001), and Romero(2002). 关于美国之外的家务工作,见 Lan(2006).

但事实上美容工作需要高技能的工序,并投入大量的情感劳动。此外,正如家政工人以牺牲照顾自己的家庭为代价换取薪水一样,从事美容行业工作的女性也是如此,她们经常牺牲照顾自己的家庭的时间和精力,及自身的身体和心理健康,去为其他女性的美丽服务。

有关美容的研究,对女性追求美丽中的矛盾境地提供了颇有见地的批判,但主要聚焦于中产阶层白人女性消费者的经历以及由男性主导的美丽产业对她们的身心剥削。[1] 更多的研究需要关注到提供美容服务的女性所面临的不合标准的工作条件、不平等的权力关系以及复杂的情感生活。

女性、美容与性别的局限

基于性别的共性特征何时主导,又何时从属于其他类型的差异,或被后者分化? 强调多元交汇的、跨国的和后殖民的女性主义学者指出了在学术和流行话语中很成问题的性别本质主义的预设——将性别视为一个整体,未能解释其在地方和全

---

[1] 对于女性寻求"美丽"的批评见 Banner (1983), Bordo (1993), Chapkis (1986), and Wolf (1991).

球化背景下的流动性和多样性。① 相反,在女性互动的特定地点上研究时,这些假设的女性的共性,尤其是她们对美容投资的共性,毫无疑问地被打破了。

女性主义学者经常关注性别而忽视种族、阶级和移民,而关注种族、阶级和移民的学者则经常忽视性别。本研究在这些文献之间架起一座桥梁,展现在女性化的美甲店中的身体劳动中所上演的性别化,如何既打破了种族和移民的意识形态,又强化了歧视和排斥。特别是,在解释移民开办的小型商业机构为何存在种族冲突时,性别是一个未被充分研究的因素。

种族、阶级和移民身份在与性别的交汇中,也不是独立运作的,正如同一种族和移民群体的女性,也不必然毫无意外地聚拢成简单划一的群组或经历。例如,中产阶层白人妇女并不

---

① 这些术语——交汇的、跨国女性主义和后殖民女性主义——指向相关的但又截然不同的框架,这些框架挑战了关于女性经历相同和性别至上的虚假共性。它们将性别置于特定的历史、文化、经济和政治背景中,但侧重点不同。交叉视角关注种族、性别和阶级,认为它们是塑造社会关系和身份的同步并关联的社会过程(Andersen and Collins 2006;McCall 2005;Weber 2004;Brown and Misra 2003;Chow, Wilkinson, and Zinn 1996;Zinn and Dill 1996;West and Fens— termaker 1995;Glenn 1992;Crenshaw 1991;Amott and Matthaei 1991;Collins 1991;hooks 1981;Hurtado 1989;and King 1988)。跨国女性主义者在帝国主义和全球资本主义的框架内审视国家、种族、性别、性和阶级的建构,强调抵抗,包括但不限于对国家和民族主义意识形态的挑战(Grewal and Kaplan 2004;Kaplan, Alarcon, and Moallem 1999;Mohanty 2003;Shohat 1999)。后殖民女性主义者强调与殖民主义和非殖民化相关的进程的影响,以及殖民遗产继续塑造文化、权力和不平等的方式,尤其涉及西方性别规范的强加和质疑(Minh-ha 1989;Mohanty 1991;Narayan 1997;Spivak 1988)。这些女性主义框架借鉴了黑人、多元文化和第三世界女性主义,与之有密切关联(Anzaldúa 1990;Lorde 1984;Moraga and Anzaldúa 1981)。

都享有同等的特权，也不都要求呵护服务。同样，工薪阶层的黑人女性并不都渴望做长指甲贴片，也不是都经历过与亚洲美甲师的紧张关系。亚洲移民女性从事这项工作并不都是出于相同的动机和意义，她们与客户建立关系也不完全是基于种族标记。相反，不同的模式涌现出来，并与个体行动者处于持续协商中，尽管后者受到所处社会情境的制约。

尽管交汇性研究的学者令人信服地指出性别与多种不同类别的差异一起运作，但面对人们的常识认知，即人们对这些类别的体验是分裂且不可交融的——要么是女性，要么是黑人；研究要么是关于性别的，要么是关于种族的①，交汇性的理论见解随风消散。"非此即彼"的框架在日常互动和当代政治中随处可见。② 因此，一方面我坚定地认同交汇性框架，认为性别与种族是并存且相互关联的类别，另一方面我也探究为何大多数人固执地坚持"非此即彼"的架构。为了打破这种性别和种族二元对立的常识认知，我试图从理论上阐明种族、性别和其他形式的差异是如何交汇的，并考察这些交汇关系是如何在具体的社会环境中形成并被挑战的。

在某个特定情境中，哪些交叉关系最突显？虽然我认识到

---

① Pascale（2006）讨论了对种族、性别和阶级的理解如何依赖于常识，或看似明显的假设，这些假设通常排除了有意识的检视。

② 2008年美国民主党总统初选证明了种族和性别的二分性，当时希拉里·克林顿被描述为"女性"候选人，巴拉克·奥巴马被描述为"黑人"候选人，而不是同时认识到种族和性别，即克林顿的白人女性身份和奥巴马的黑人男性身份。

多种差异的重要性,包括年龄、性取向(sexuality)和残疾与否,但我主要关注性别、阶级、种族和移民的交汇,出于以下几个原因:首先,这个研究框架抓住了本研究中被调查者最常表达的理解。其次,不管是在公开讨论还是学术研究中,对于亚洲移民和其他群体之间的关系,都侧重于移民和本土美国人之间关系的高度种族化的理解。尽管阶级和经济关系毫无疑问是这里所谈及的所有问题的核心,但它们经常被隐藏起来,并被改写成种族、外国身份或关于"他者"的一般性概念。因此,我试图展示的,不仅仅是种族、阶级、移民和性别等因素如何交汇,还有这些特定的交汇关系是如何在身体劳动中显现或隐藏的。

从情感整饰到手之整饰

本书中提出的身体劳动的概念得益于霍赫希尔德关于情感劳动的奠基性研究。她描绘了情感商业化研究领域的地图,但仍有许多地方有待探索。情感劳动的概念之所以如此响亮,原因之一是它命名了许多人,特别是女性的工作生活中不可或缺但隐而不见的工作。情感劳动是对于处于从属地位的人——尤其是为男性服务的女性——一天中大量工作的速记,包括不可言喻但需持续投入的微笑、赞美、客套话和缓和气氛等。基于霍赫希尔德的工作,情感劳动的研究揭示了情绪管理在特定职业和行业中日益普遍、情感劳动力的性别构成、工资歧视、工作倦怠和其他职业健康等问题的研究。尽管研究情感劳动的学者考察了与女性身体展示相关的情感劳动中的身体（embodied）维度，如从体重控制到微笑，但是对服务互动中身体接触的研究仍需得到更多关注。除了忽略身体维度之外，情感劳动的概念在捕捉性别以外的种族、阶级和移民等级中的从属者经验时，就不那么有创造力了。①

同样，关于性别与身体的学术研究虽然提供了许多重要的批判性创见，但主要侧重于解构身体本身，而不是在工作场所中真实的身体及其性别意义的建构。尽管女性主义学者长期从事"将身体放入知识的地图"的项目，凯西·戴维斯指出他们忽略了涉及真实身体的日常互动。② 通过在性别研究中引入身体的视角，本书凸显了在与身体相关的服务业工作中，为美化女性身体外观而进行的复杂的日常实践。美甲店中身体劳动

---

① 霍赫希尔德对空乘人员最初的案例研究以及之后对其他女性占主导地位的职业的探究强调了本土白人女性的性别化就业经历——如律师助理（Pierce 1995）、保姆和换工女生（Macdonald and Sirianni 1996）、快餐和保险销售（Leidner 1993）以及警察（S. Martin 1999）。

② 正如戴维斯所言，"近来女性主义有关身体的理论显示出对物质身体的明显矛盾心理，以及将身体视为隐喻的倾向。重点是在解构——也就是说，消除西方哲学中的思想/身体的分裂，或揭穿性别化的符号和二元对立，而不是关注个体实际的物质身体，或是个体与身体的日常互动及通过身体与周围世界的互动"(1995：1)。对女性身体的理论和实证研究聚焦于女性身体的观念的社会建构，以及这些建构如何控制和抵制女性，特别是在关于性、外貌和身体行为的讨论中。见 Bordo（1989）、Janet Lee（1994）、E. Martin（1987）、Morgan（1991）、Weitz（1998）。

的多重维度的考察,可以用以阐释其他与身体相关的服务工作,包括护士、保姆、整形外科医生、按摩师、性工作者和化妆品销售等。①

除了贡献性别和工作的相关研究,身体劳动的棱镜也可以为种族和移民的研究带来新的视角。艾伦·克劳特在《沉默的旅行者:细菌、基因和"移民威胁"》一书中写道:"对于外来者和本土居民在政治、宗教、音乐、食物和各种社会行为方面的协商,学者们给予了相当多的关注,对于二者之间在身体方面持续进行的互动的关注却远远不够。"②克劳特创造了医学化的本土主义一词,来描述基于对身体疾病传染的恐惧而将反移民情绪正当化。这是从公共卫生的角度来探讨对移民的身体病态化,而很少有人从全球服务经济中的性别化工作入手来分析移民和本土居民之间日常互动的身体维度。因此,通过"把身体带回到"种族、移民、性别和工作的研究中,应用在美甲工作中的"身体劳动"的概念能够揭示日常社会关系的新维度。

那么,我如何定义身体劳动,这一概念又如何与情感劳动相关联? 身体劳动一词指的是在商业化的互动中,服务人员通过与身体的直接接触(如触摸、按摩和修剪)以及关注这些实践

---

① 强调不同职业和情境的工作的身体和情感维度的研究包括 Bernstein (2007), Wolkowitz (2006), Bolton (2005), Oerton (2004), Gimlin (1996), Oerton and Phoenix (2001), Jervis (2001), Twigg (2000), E. Martin (1996). Pei-Chia Lan (2000, 2003)发展了相关概念"身体劳动",来分析台湾的化妆品销售。

② Kraut 2006: 115.

中的感受,来照顾顾客的身体舒适和外表呈现。此外,介于其工作的肉身性,身体劳动要求服务人员管理自己的感受,并在工作中注入一种关心顾客的感觉。因此,我使用身体劳动一词来包含身体服务工作的双重维度:情感的和身体的,而情感劳动一词则专指霍赫希尔德的概念及相关研究。霍赫希尔德区分了情感工作(emotion work)和情感劳动(emotional labor),但我借鉴并修改了这些概念,以区分身体工作(body work)、身体劳动(body labor)和体力劳动(physical labor),但我也认识到这些概念有重叠之处。① 我将身体工作作为一个通用术语,指代旨在维持或改善身体健康和/或外观的商业与非商业活动。这包括对自己或他人的身体照顾,不管是有偿的或是无偿的。体力劳动是指将身体作为劳动工具或劳动形式所进行的工作。相比之下,身体劳动一词特别强调了为身体提供的服务的交换价值,用以获得工资或其他形式的报酬。身体劳动需要大量的体力劳动,身体是执行服务工作的工具,但同时身体劳动也包

---

① 霍赫希尔德对这些概念的解释如下:"我使用情感劳动,表示对公开可见的面部和身体所展现的情感的管理;情感劳动是为了工资而出售的,具有交换价值。我用情感工作或情感管理这两个同义概念来指代在私人场景中完成的、同样的行为,它们具有使用价值。"(Hochschild 1983:7n)霍赫希尔德区分情感工作是在私人场景中形成的对情感的控制,情感劳动则是为换取工资而进行的对情感的管理。然而,这些概念随后以各种方式被采用,情感工作经常被用作有酬和无酬情感管理和情感劳动的总体概括,以指代情感展示的商业化控制。因此,虽然我遵循她的区分,但已经使其与学术文献中身体工作的普遍用法相一致,用来指定有报酬和无报酬的身体工作,并且我使用身体劳动具体指代在涉及付费的身体工作中身体与情感的商品化。有关这些概念的进一步讨论,请参见 Wolkowitz(2006)。

含了身体作为服务执行的场所或对象。同时，身体劳动还涉及对商业化情感的管理，也就是情感劳动概念的标志性特征，但身体劳动更强调对商业化的身体互动的管理，从而考察与身体服务相关的情感。

这两个领域——情感和身体——经常被认为是女性共享经验的主要组成部分，并被界定为与智力和行动领域相对立，而后者被假定为男性的共性所在。这些过时的二分法顽固地存在着，进一步错误地强化了一些信念：女性的感觉和身体不同于男性，而且她们彼此相似。交汇性分析（intersectional analysis）在这里也很重要，因为它强调了女性之间的差异，以及情感、身体及其所需工作的异同。

霍赫希尔德对情绪劳动的定义集中在一种特殊的形式上，这种形式"需要人去激发或压制感受从而保持一种能使对方产生合适心理状态的外部表情——这里，就是在友好安全之地被照顾到的感觉"。[①] 然而，这种关切的照顾服务经常被作为一个笼统的概念来使用，而不被视为一种形式的情感劳动。因此，亚洲美甲店提供了一个很好的场所，去探究工作场所中情感劳动的范围，这些工作场所处于不同性别、种族和阶级的位置，而

[①] Hochschild 1983：7. 这一定义出自她对空乘人员的案例研究上，研究讨论了支配这一工作的特殊情感规则，因为这一工作是由白人中产阶级女性完成的，主要为白人中产阶级和上层阶级男性服务。尽管霍赫希尔德强调情感劳动形式的变化，包括对催账员的案例研究及其所从事的情感劳动的攻击性风格，但很少关注到情感劳动的多种形式、背景和后果。

且并不必然受美国白人中产阶级感受规则的掌控。此外,对这些美甲店的研究也有助于理解其他类似的场所,在那些场所中,情感劳动既包含身体,也包含情感、女性服务女性(而非女性服务男性)。

研究概况

这项研究始于我的博士论文,1997—1998年间,我在纽约市的美甲店进行了14个月的田野调查。虽然吸纳了早期的研究发现,但本书的资料更多来自于2003年、2006年、2007年和2009年这几年夏天的后续调查。因此,这项研究的数据收集跨越了十多年,从而记录了调查地变与不变的模式。我充当过前台,与业主、员工和顾客一同吃饭、社交,包括拜访员工的家和教堂,还有几次即兴走访了韩式卡拉OK歌厅。我试着找过美甲师的工作,也找到了一个慷慨(或者说天真)的老板,让我在她的沙龙里工作,但我放弃了这一策略,部分是因为我缺乏正式的执照,但主要是因为我技术太差。(即便为了更好地进行研究,但当你的技术拿不出手时,让别人掏钱来做指甲也实在说不过去)。因此,我采取了另一项策略进入美甲店,与一个社区亚裔美国人组织——对抗反亚暴力委员会(Committee Against Anti—Asian Violence)合作,为美甲师提供职业英语扫盲课程。① 最初,这些课程帮助我被受访者接纳,也让我能够一定程度回报受访者的支持和合作。后来我越来越多地将这些课程中的洞见和互动纳入资料收集。我的研究者的身份无可避免地改变了自然主义的场景,尽管存在着阶级、移民身份以及其他一些差异,相同的种族(我是第二代韩裔美籍女性)让我融入了这个场所;一些顾客误认为我是一家美甲店老板的女儿,佐证了我的融入。

本研究包括了六个地点的民族志:位于主要是白人中上阶层街区的"上城美甲店"和"专属美甲店";位于主要是黑人(非裔美国人和加勒比人)工薪阶层和中下层街区的"下城美甲店"和"艺术美甲店";位于种族和社会经济地位混杂街区的"越城美甲店"和"便捷美甲店"。此外,本研究针对13名韩国美甲店老板、15名韩国美甲店工作人员、23名黑人顾客和26名白人顾客做了半结构式深度访谈($N=77$)。我还与韩国商业协会的代表、韩语媒体的记者、纽约州颁发许可证的官员、纽约市长办公室的行政人员、韩国人开办的美甲学校的教师、韩国美甲供应商和经销商的雇员,以及几个当地社区组织和全国性的倡导团体的工作人员进行了总计20余次的重要访谈。为了进行性别

---

① 反亚暴力委员会(CAAAV)帮助做了关键的联系,提供了重要的见解,但没有赞助本研究,也不对此负责。其女工项目继续动员社会支持受雇于家政、美甲沙龙和洗衣店等服务部门的亚洲移民女性。在1992—1994年间,我是CAAAV的董事会成员。

和种族比较,我还访谈了两个韩国男性美甲店老板、两个韩国男性美甲师、三个白人男性顾客、两个黑人男性顾客、两个越南美甲店老板(一男一女),以及一个华裔、一个俄罗斯裔和两个厄瓜多尔女性美甲师。为了与韩国人开办的其他小型企业进行比较,我在一家韩国杂货店进行了有限的参与式观察,并访谈了店主和经理。作为长期参与式观察的一部分,我在坐地铁、参加聚会、排队以及纽约人可以找到借口搭讪的各种地方,对几十位女性进行了非正式、非结构化的访谈。本研究遵循赞助机构的机构审查委员会协议。

  本研究的深度访谈,针对老板和工作人员的访谈平均时长为 90 分钟到 2 小时,针对顾客的访谈平均时长为 30 分钟到 45 分钟。我用韩语或英语采访了老板和工人,这取决于他们的喜好和语言流利程度。几位双语研究助理协助寻找被访者、翻译、转录和后续采访。我没有编辑参与者和翻译者的语法错误,而是保留了他们的英语原貌,因为这呈现了韩国移民自然的讲话模式。我用英语采访了在店里做美甲的顾客,有些我还安排了一次后续会面或电话采访。征得被访者同意后(约三分之二的受访者同意),我对访谈进行了录音。被访者不同意录音或录音困难的案例,我做了大量手写笔记,访谈结束后就立刻录入电脑。关于顾客和服务人员的名字,我用了与她们在店里所用的名字接近的假名。由于许多韩国女性在工作场所采用了美式名字,我遵循了这个习惯。我也更改了美甲店的名称。对于主要的受访者,我通过描述他们的职位来指称他们,如果他们允许的话,我也会介绍他们的名字和所属机构。

研究自己:反身性与女性主义方法论

闯入陌生人的生活,琢磨他们的话语、手势、随机想法以及最隐秘感情的含义,这种冲动从何而来?在民族志和女性主义研究中,作者讲述驱动她进行该研究的个人经历已经成为标准做法。这些做法有时被误解或被忽略,被认为是研究者的自我沉醉,对研究本身无益,也许满足了读者的好奇心,但却分散了其对真实数据和分析的注意力。在最严厉的批评者看来,反身性(reflexivity)被视为相对主义或不够严谨的借口。我不这样认为。正相反,近来许多学科和跨学科领域的理论,特别是女性主义方法论,强调了将研究者置于与研究地点、研究对象之间相互关系中的重要性,以便认识并说明在数据收集和阐释中的偏差。① 反身性实践已经发展到不仅包括反思研究者的社会位置及其对研究的影响,还包括对评估研究对象和受众的多重

---

① 女性主义方法论质疑了民族志学者相对于其研究对象的角色,呼吁研究者要有更多的"反身性",来讨论其社会背景如何影响数据收集、研究呈现,以及研究对象如何看待研究等。见 hooks(1990),Fonow and Cook(1991 and 2005),Haney(1996),Reinharz(1992),DeVault(1999),Naples(2003),Richardson(1997),D. Smith(1998),Visweswaran(1994)。

视角,以及学术机构和政治话语的情境如何影响这一过程。虽然我没有涉及反身性的所有这些方面,但我已经把自己写入书中的很多地方,以便将我的观点和角色对研究过程的塑造透明化,也让读者能够评估研究结果的有效性,并探讨其他可能的解释。①

一些个人经历形塑了这项研究背后的民族志冲动,其中包括我与许多研究对象共同的族群性。我是韩国移民的女儿。和这项研究中的许多女性一样,我母亲移民后自主创业,用家庭储蓄投资了小生意,开了一家亚洲礼品商店,而不是美甲店。小时候在她的商店帮忙时,我目睹了她挣扎着进行各种协商,不仅是在与顾客的日常关系上,还在她自己的多重角色上——私营业主、牧师的妻子(但后来变成了前妻)、四个年幼孩子的母亲、韩国本土大家庭的供养者以及一个新美国公民。

我讲这个故事是表达我对开办美甲店以及在那里工作的韩国女性所抱有的真切同情。作为移民,她们为了谋生、适应新文化和寻找人生意义而奋斗,呼应着我父母的迁移和不同程度地融入美国社会的故事。同时,我也经常暗自批评这些女性的歧视行为、族群中心主义观点、传统的性别规范以及对子女成就不切实际的期望。虽然我与韩国传统有着密切的联系,但我很大程度上在韩国社区之外长大,而我最强烈的身份认同是

---

① 我在别处尝试说明我作为一个中产阶级二代韩国移民女性的背景对研究对象、资料收集、研究发现和资料阐释的影响,参见 Kang (2000)。

亚裔美国人。我个人的经验表明，韩裔和亚裔美国人的概念并不指向同质性群体，而是被多种因素切割，包括公民身份、宗教、阶级、政治意识形态以及性别与性政治。我也曾作为活动家与几个社区和劳工权利组织合作，这些经历形塑了我对美甲店工作条件的关注。华裔和拉丁裔工人越来越多地受雇于最肮脏、最不受欢迎、工资最低、工作条件最不理想的工作岗位。由于缺乏西班牙语和汉语的语言能力和研究支持，我对在这项研究中考察他们的经验方面的局限性感到遗憾。我只对这些工人进行了几次采访和有限的参与式观察。

我受惠于韩国老板允许我在她们的店里进行研究，这也使得我必须与她们保持友好关系，尊重她们的观点。当她们公开表达种族主义或反女性主义观点时，对我构成了极大挑战。我经常被夹在两者之间，要么什么都不说，看起来同意她们的观点，要么冒着改变自然情境甚至失去进入研究地点的风险，挑战她们的观点。在研究早期，我大部分时间都保持沉默，但是随着参与的深入、信任水平的提高，我更加开放地表达了我的观点。这也产生了不少有趣且颇具启发性的互动，我也将这些纳入了书中。有个故事特别值得一提，因为它对这项研究具有理论和方法论上的重要意义。

为了了解美甲师并回报她们参与我的研究，我提议在上城美甲店的休息时间给她们上英语课。尽管最初这是对参与研究中的女性表达感谢之意，但我发现这些课程改造了我的研究问题以及研究过程中的知识和权力关系。第一周,我上了一堂如何问路的课,这是从对外英语教学的初级课本中抄来的。这些女性认真地参与、阅读讲义、练习短语,甚至幽默地参与角色扮演。然而,当第二周我又去上课时,她们犹豫不决了。南希委婉地告诉我,她们感谢我愿意教她们,但是她们更喜欢我只做研究。看到她们婉拒了我女性主义平等互惠的尝试时,我强掩失落,问道:"你们太忙了,还是你们认为学习英语不重要?"经理斯泰西脱口而出,"哦,不,我们认为学习英语非常重要,只是不是你教我们的英语。"这激起了我的好奇心,我小心翼翼地问道:"那你们认为什么样的英语才重要?"斯泰西看着我的眼睛说:"我想知道怎么说'你看起来瘦了'。"南希插嘴道:"你怎么说,'这种颜色和你的裙子很相配'?"另一位美甲师也插话说:"最重要的事是指导怎么说——'你的男朋友会认为你很漂亮!'"我们都大笑起来,接下来的半个小时里,她们问我各种赞美顾客的话,包括说顾客像各种电影明星。这让我大跌眼镜。与其说她们是在谄媚地迎合顾客,不如说这些美甲师是有策略地传递情感呵护,并展示出她们很明白完成这项方面工作所需的技能。

　　当时,这种互动让我大吃一惊,但回头再看,这里的深层意义一目了然。首先,这家高档沙龙的美甲师们很清楚顾客期望她们关注自己的感受,她们有意识地这样做,还不时采取幽默的方式,并非只是美容服务规定的受害者或盲从者。其次,她们遵从顾客的期望,并非显出她们被同化的盲目意愿,而是源于性别化服务工作的需要,特别是高档美甲护理中心对呵护型身体劳动的需要。换言之,她们的情感和身体表演,不是文化特征,而是移民女工对其所从事劳动的适应。与此同时,她们对身体劳动的顺应最终强化了关于亚洲移民的控制性形象——工作勤奋、取悦别人。最后,这些策略性行为对于从中受益的顾客来说往往是隐形的,即使像我这样多少有些置身事外的观察者,也往往看不见。只有在特定的情境下,这些才会显现出来,正如这个例子中,她们主动表明我试图教她们的规范英语的无用性,并明确表达了学习口语化的奉承和玩笑的需求。因此,并非研究者将其真知灼见赐予研究对象,而是这些女性展示了她们对自己日复一日所从事的工作更细致的理解。

同样,我也必须挑战我对美甲店顾客隐藏的偏见,认为她们被关于美容和女性气质的压迫性意识形态所欺骗,相反,我认识到她们积极参与到形塑美甲实践意义的过程中。我必须承认,一开始我认为顾客大多是虚荣、无聊的。我自己从来没有专业修剪过指甲,也无法理解这些女性为指甲所进行的投资。况且,我十几岁时打的第一份工是在郊区的一家美容院,主要是为有钱的老年白人女性服务。虽然我对顾客有一些美好的回忆,但我印象最深的还是不断被要求调整吹风机、端咖啡、帮拿手提包和外套等,伴随着顾客对我工作勤奋和英语发音纯正的评价。因此,我最初对顾客的倾向至多可被描述为疏远和有点不屑一顾。

然而,经过几个月的研究后,我开始了解美甲店的顾客,理解美甲对于她们的多重意义。在研究早期,我在城市各处游走,接受美甲和修脚。虽然这些走访的目的是拓展研究地点、与潜在研究对象建立关系,但我得坦白,和许多顾客一样,我很快就喜欢上这些服务了。在一家店里,有个美甲师坚持要给我免费修甲,我回忆起从她们那感受到的温暖,她们的按摩舒缓了我研究生学习和城市生活的紧张。当人们称赞我新打磨的指甲时,我也感到格外高兴。有一次,我花了大钱做了指甲贴片和艺术设计,当用长长的喷绘指甲敲击着桌面和地铁栏杆时,我沐浴在权力的感觉里。虽然我的美甲经历短暂,但这足以令我欣赏漂亮指甲和美甲服务的魅力,特别是对于每两个月做一次美甲的女性来说,那可能是她们唯一坚持为自己做的事情。

这种美容实践是消耗了女性的自尊、转移了她们对其他更高价值的追求?还是为女性提供了潜在的快乐和力量?在我教过的女性研究、社会学和亚裔美国人研究课中,我发现学生们对于美丽文化的理解分裂成以上两派。我认同当代关于女性美貌的标准已经达到了极端荒谬的程度,助长了对女性的剥削,但我也认识到,"美容"及其体制可以为某些女性提供价值意义和机遇。我批判企业为了盈利在广告中扭曲女性的形象,但我也不认为数十亿美元的美容产业会在短期内消失。此外,只要亚洲移民女性还被阻止进入其他工作,开美甲店和在美甲店上班就仍将是极具吸引力的工作之一。我还认为理解美甲所满足的顾客的各种需求至关重要,但与此同时,我并不放弃探索女性通过非美容的方式满足这些需求的可能。因此,与谴责或轻视美甲业相比,我将这些互动视为一个难得的窗口,通过它来观察女性以及形塑她们身体、情感和彼此关系的复杂力量。

本书概要

本书将美甲店作为研究场所,检视商业化情感和身体互动的模式,以及美甲店内外这些互动的情境。身体劳动的棱镜揭示了在这种互动中,一方看起来如此自然和合理的行为、信念、感觉,如何以及为何会被另一方视为粗鲁、贬损或不可理解的。作为社会学家,我的关注焦点不在个体对这些互动的内部处理(那是心理学家的工作),而是在形塑这些互动并为其赋意的社会结构。我描述和分析美甲服务也不是为了评价或谴责美甲桌两旁的女性。但是,我认为权力和地位的不平等给予一些女性更多的选择,因而她们有更多的责任,去形塑这些互动。

本书的章节涉及美甲互动的多个维度。第一章考察了美甲行业的发展,聚焦于纽约市亚洲女性,尤其韩国女性在这一就业市场的聚集。美甲店及其提供的服务是如何变得如此普遍的？哪些女性参与到这些服务互动中？是什么因素把她们带到了美甲桌的两边？简而言之，美甲可以透露给我们哪些关于其所处的更大社会的信息？本章将美甲业放到服务业的扩张及全球化的背景中。推动亚洲女性主导纽约市美甲业的条件包括性别化就业模式、劳动力流动、族裔社区资源、种族化再现以及美韩之间的政治和经济关系。

第二章记录了一些在美甲店工作的韩国女性的故事。这些女人是谁？她们是如何找到这份工作的？她们为什么留下来？这份工作是如何影响她们的生活的？本章深入考察了韩国老板和员工的故事，将她们放到性别与移民研究的争论中，特别是关于移民、有偿工作和重整家庭关系给女性带来的得与失。

第三章则聚焦顾客。经常惠顾美甲店的女性是谁？影响她们美甲的因素有哪些？她们为什么选择特定的美甲样式？她们如何理解自己的美甲实践？顾客的叙述表明，美丽并不是整齐划一的，来自不同种族和阶级的女性根据千差万别的女性气质和美丽的规范来构建和重构美甲的意义。

接下来的三章重点转移到不同种族和社会经济背景下不同类型的美甲店顾客、美甲师和老板之间的关系上。现实中的陌生人，是如何跨越种族、阶级、移民和性别的界线，协商一种包含了身体和情感准亲密接触的关系？不同形式的身体劳动涌现在不同的场景中，这种工作形态形塑了亚洲人的种族化建构及其与其他群体的关系。

第四章考察了通过"呵护型身体劳动"，为以白人中产阶级和上流社会为主的顾客服务的"美甲护理中心"。这些场所里的互动显示出，单维度的媒体再现与现实中亚裔与美国白人复杂关系之间的鸿沟。性别化的服务实践与亚裔"模范少数族群"的主导性文化再现交汇的方式恰恰是维护白人中产和上层顾客的种族和阶级特权、强化亚裔族群值得称赞但依旧边缘的观念。

第五章探索了通过"表达型身体劳动"，为以黑人工薪阶级为主的顾客服务的"美甲艺术沙龙"。这类服务提供原创的指甲设计，同时对顾客和美甲店所在的社区表示出尊重和回馈。表达型身体劳动反驳了"韩黑冲突"的媒体再现，后者将两个族群之间的紧张关系自然化。相反，这些美甲店里的互动展示了亚洲移民服务者与黑人顾客是如何协商不断变化的性别、种族和阶级联盟的。表达型身体劳动的性别化表演可以以缓和但不超越主导种族话语的方式颠覆种族等级。

最后，第六章聚焦在通过"常规型身体劳动"为混合种族和社会经济地位的顾客服务的"折扣美甲店"。这些场所体现出的性别化工作条件，助长了对亚洲人的负面种族刻板印象，即"黄祸"，传播疾病、拉低工资和生活水平。通过递送既不特殊也不烦人的服务，亚洲女性在折扣店的身体劳动旨在打破这种玷污论。然而,这些精简了的美甲服务供给,依然受到有毒产品、侵犯劳工权益以及顾客需求快速廉价服务的制约。

结论部分回应了一个问题:"美甲的价值是什么?"并将美甲店里的互动置于当前关于新移民的可欲性(desirability)与其对美国社会、文化的影响的辩论中。这一章突出了女性之间持续存在的分化,即便是在涉及亲密和相互依存的互动中亦是如此。同时,本章也探索了理解和改善美甲桌两旁的女性生活的前景,通过提升美甲店的工作条件、回应顾客通过美甲来满足的生活中的各种需求。

写这样一本书既有成就感又令人沮丧,它需要排除许多值得探究的重要途径,以寻求理论上和经验上的一致性分析。我对本项研究的局限性负责,并期待着与希望投身这一令人着迷的研究领域的学者们探讨。① 通过有血有肉地呈现服务工作对不同女性社会关系的影响,我希望给经常购买和提供美甲服务的人提供新的洞见,理解这一复杂社会互动。此外,如果读者中有谁此前从未接触这一领域,但决定要到街角美甲店去探寻这其中的神奇世界,我将感到非常高兴。

---

① 下一步研究的可行方向包括检视特定的劳动力招聘机制,这些机制导致某些亚洲群体在这一领域聚集;美甲行业中不同种族和族群的经验比较分析;美甲行业中移民雇主和工人之间同种族和跨种族关系的比较;男性美甲师和男性顾客;以及提升该行业工作的政策和宣传。关于亚洲人开办的美甲店的其他方面的研究,见 Roelofs 等 (2008), Oh (2007), Federman, Harrington, and Krynski (2006)。

第一章 "没有什么生意像美甲一样"

在这个最注重美甲的大都市——每1000名纽约人中就有1名美甲师——对于一些女性来说,廉价的美甲服务几乎成为她们不可剥夺的权利。

克里斯汀·豪尼,2003

一个带着韩国情调的古老的美国梦……

一部富有纽约特色的美国经典作品。它是关于移民的,没有多少英语技能,没有多大的资本投入,但是有着很多的辛勤劳作和广泛的成功。这也是个老式的梦想,因为没有中小企业贷款(SBA)①,没有拨款,没有补贴。

亚尔·A.汤森德,1989②

美甲不再是一个女人在自家浴室的静谧氛围中给自己、给女儿或闺蜜的私人仪式。现在,它越来越成为她去美甲店向亚洲美甲师购买的一项服务。在美甲服务的买卖中,女性既将自己的身体卷入亲密的商业化互动中,也将服务经济的边界拓展到囊括个人卫生和身体装饰领域,而这些都曾是私人的。这样一来,她们也近距离地遭遇了另一些平时只会保持在安全距离之外的女性。

为什么美甲店会突然出现在美国的城市街区和郊区购物中心?为什么这么多的女性去美甲?为什么这些服务在纽约这样的城市激增?为什么这么多亚洲女性,尤其是韩国女性,开美甲店或在美甲店里打工?这些问题指出了供应、需求和地理位置等多种因素如何同时作用,形塑全球服务经济的增长以及如美甲店等特定族群主导的市场的发展。这些虽然是不同的问题,但却密切相关。要回答为什么如此多的亚洲女性在美甲店工作,就必须回答为什么如此多的美国女性想要并购买这些服务。此外,要了解美甲店在特定地点(比如纽约市)的扩

---

① SBA,Small Business Administration,美国中小企业管理局。——译者注

② 引言分别出自 Haughney (2003) 和 Townsend (1989)。

张,不仅要考察这项服务的消费者和提供者,还要考察这些交易发生的经济、政治和文化背景。

在本章中,我将回应这些问题——为什么是指甲?为什么是纽约?为什么是亚洲女性?我将考察美甲服务对不同顾客的吸引、美甲行业在纽约市的发展以及亚洲女性尤其是韩国女性在该就业市场的聚集。美国的种族、阶级和移民政治以及全球服务经济的动态变化,构成了形塑美甲桌两旁女性关系的重要背景。美甲服务的发展反映了资本主义市场的普遍扩张,特别是与女性身体商业化相关的性别化过程,以及女性在劳动力市场中的地位。一个因素是女性涌入有偿劳动力市场增加了对这类服务的需求,因为更多的女性能够负担得起。而另一个重要因素是美容作为商品的欲求也提升了。关于女性外貌的社会标准的提升,以及女性自身对美容装备——包括相关的护理服务——的渴望,推动了人们购买与身体美容相关的服务。

与此同时,如果没有一支随时准备提供美容服务的移民女工队伍存在,女性对美容服务的渴望也就只是渴望,而无法进入日常实践。在纽约等城市被视为理所当然的这种生活方式之所以成为可能,就是因为大量涌入的新移民愿意拿着低薪、长时间从事那些土生土长的美国人不屑于做的工作。虽然来自特定族裔群体的移民女性不是这些工作或这些工作条件的唯一创造者,但她们通过利用身边为数不多的机会,从而为这些特定市场的出现贡献了一臂之力。

纽约美甲行业的形成及该行业由亚洲女性主导,既借鉴又挑战了两种相互竞争的种族话语。一方面,正如汤森德警句(Townsend epigraph)中提到的,亚裔在该行业成功的文化再现例证了亚裔美国人的创新和勤奋以及他们不需要政府的"特殊待遇"。另一方面,这些成功也助长了反亚反移民情绪,反对者指责亚洲人拉低美国的工作条件。这些言论——我将在随后的章节中展开讨论,都没有充分说明推动纽约和其他城市美甲店发展的综合因素。虽然亚洲移民女性的确勤劳机智,但仅凭这些特征并不能解释她们在美甲行业的主导地位。

相反,正是"全球性城市"的背景形塑了对廉价便捷美容服务的持续性需求以及谁来做这份工作的条件。① 换言之,尽管顾客对美甲的欲求和美甲师谋生的需求无疑是美甲店扩张的重要因素,但这背后的驱动力是与城市和城市生活相关的后工业转型的宏观过程。通过全球和地方因素的偶然汇合而非独特的文化特征,韩裔女性成功地动员了个人和社区资源,来支撑在这一服务市场的创业和就业。

为什么是指甲?美甲和身体的商业化

为什么现在越来越多的女性花钱请别人来美甲,而不是自

---

① Sassen 2001。

已修指甲？这个问题的答案,远不是一个关于女性天生渴望美丽的简单故事,而是拉开了20世纪后期社会生活神秘而具革命性重组的大幕。阿莉·霍赫希尔德将这一巨变描述为"亲密生活的商业化",在这一过程中,越来越多的之前由家人、朋友和社区成员一起参与的人类活动,被纳入了全球资本经济中。①简而言之,资本主义已经在空间上扩展到从未被商品市场触及的腹地,并伸入了曾被视为私人的甚至神圣的生活领域。其他学者也进行了类似的探索:以前没有报酬的活动,如抚养孩子、照顾老人、准备食物、洗衣服、修剪草坪等,为何现在已经常规性地外包给有偿服务人员。②此外,资本市场催生了新的职业,从在线婚介到私人助理、家庭收纳师、派对护卫和生活教练等。这些服务被设计出来,满足人们的情感和社会需求,而这些需求之前由朋友、教堂、保龄球联盟、邻里协会和社区团体来满足;这些服务也反映出公民关系的整体下降。③对本研究而言最重要的是,一系列新的服务提供商——私人教练、按摩治疗师、整形外科医生和美甲师——已经将身体的外观、舒适和健康划为盈利场所。

霍赫希尔德的研究侧重于人类情感的商业化,而美甲店中的互动揭示了同时迎合人类情感和身体的服务的复杂性。这

---

① Hochschild 2003.
② 除了霍赫希尔德,一些学者还探索了资本主义扩展到私人生活的过程。见 Braverman (1974)和 Glenn (1992)。
③ 见 Putnam (2000)。

些互动并不是美甲店独有的,而是揭示了身体及其外观的日常保养如何催生出一系列可购买的服务。的确,美甲店的增长引人瞩目——而且美容服务的整体增长令人震惊。像修指甲一样,孩子的第一次理发已经不再是在厨房凳子上进行的一种仪式,而是外包给全国连锁的理发店。① 在漫长的一天结束时,两个疲惫的伴侣可以选择在回家的路上进行 15 分钟的按摩椅按摩,而不再是在家互相捶背。给孩子换尿布的、给老人倒便盆的,是越来越多的有偿照料者,而不是家人。为身体——包括外观、功能以及身体接触方式标上市场价值的过程——产生了新的工作形式,我称之为身体劳动。通过考察身体劳动交换的发生以及参与者的得失,关于美甲的研究可揭示其他身体服务中的相似模式。

虽然消费这些复杂的身体和情感服务的程度和种类在增加,对大部分人来说,购买这些服务的手段却已经减少了。然而,经济压力非但没有减少人们对身体服务的需求,反而会刺激身体服务的市场。就像去看电影一样,享受身体服务可以是经济衰退中理想的逃避方式。随着失业和裁员成为持续性的威胁,工作日的纷扰侵占了越来越多的个人和集体生活。人们并没有对市场解决方案避之不及,反而越来越多地转而拥抱消费的力量,不仅获得物质产品,而且购买提供照料和亲密关系的服务,尤其是为疲惫不堪和压力重重的身体提供的这些

---

① 关于理发产业链发展的讨论,见 Gallagher (2003)。

服务。

然而，寻求商业化解决方案以满足亲密需求的过程并不是流畅而省心的。正如薇薇安娜·泽利泽在《亲密关系的购买》一书中写道的，虽然亲密领域和经济领域长期以来以各种形式混合在一起，但协商这种混合的条件常常令人困惑和忧虑，而且在社会惯例尚未完全形成的新领域，情况更为严重。① 人们必须在现有框架内协商形成亲密关系的新形式，即使这些框架尚无法充分解释商业和亲密关系如何以不为人知而又无处不在的方式混合在一起。

美甲店就是这个商业化亲密关系的新世界的一部分。在缺乏触碰和美感的日子里，美甲店为消费者奉上了二者。只要不到 15 美元，顾客就可以拂去心中忧虑。美甲师宠溺着她们，按摩她们的手以消除她们一天的紧张，修饰她们破裂或暗淡的指甲。这种认为美甲是万灵药的信念反映在了一张引人共鸣的卡片上，这张卡片上画着一名年轻女性正在浸泡手指。配文写道："生活艰难。我建议去美甲，再戴一顶非常可爱的头盔。"② 如此，美甲可以快速修复一系列问题，从烦人的孩子、唠叨的配偶、挑剔的老板和穷困的朋友，到因看起来无法解决的个人和社会问题而引发的更大焦虑。

尽管有很多不同的方法让人们从家庭、工作和社会生活的

---

① Zelizer 2005: 34.
② Standley 2007.

担忧和负担中解脱或分散出来,但一个照顾女人需求的港湾,提供情感和身体的双重关照,就有特别的吸引力。女性在家庭和工作场所的地位的动态变化,以及她们大幅增加的收入,是理解美甲行业增长,以及更宽泛的与身体相关的服务商业化发展的重要一环。自20世纪60年代末以来,女性以前所未有的数量涌入了有偿劳动力队伍。① 尽管她们的工资收入通常对维持自身及其子女的基本生活至关重要,但也给了她们更多的自由支配开销。工作为她们提供了可购买美甲服务的收入,也刺激了她们对这些服务的消费,因为许多女性认为专业修剪的指甲是她们职场装束的一部分(见第三章)。即使在工作场所对外观标准没有明确要求,精心修剪的指甲也能提升职业形象,为一些女性提升自信。

美甲也可以是让女性及周围的人安心的方式,确信她们确实符合传统女性的标准,尽管她们在生活的不同领域都在挑战和重新定义着这些标准。另外,一些女性运用原创美甲设计来表达不同于甚至对抗于主流女性规范的身份。鉴于每周一次的美甲可以满足各种各样的需求,美甲店已经成为一个快速增长的行业,这有什么奇怪的吗?

---

① 参见 Blair-Loy(2003),Cohen(1996),Padavic and Reskin(2002)。美国劳工统计局2000年2月报告称:"在1950年,大约三分之一的女性加入了劳动力大军。到了1998年,处于工作年龄的女性中,有将近五分之三加入了劳动力大军。"

美甲店成为新兴行业

"没有什么生意像美甲一样。"一份越南社区报纸《越南日报》(Nguoi Viet①)的头条大肆宣传。报道称2004年,美国美甲店的收入超过60亿美元,美甲店的数量从1993年的32674家增加到2003年的53615家,10年内增长了60%以上。② 2006—2007年《美甲》杂志估计美国有58330家美甲店,347898名美甲师,美甲行业产值达61.6亿美元。③ 即使是保守很多的美国劳工统计局的数据,也估测2006年至2016年间美甲师数量有28%的增长。④ 尽管增长如此迅猛,美甲师的工作和美甲店的工作环境仍然很容易被官方统计和日常认知忽略。⑤

美甲店的发展也受到了两项技术创新的推动——电子锉刀和丙烯酸美甲产品——二者经常受到褒贬不一的评价。通

---

① *Nguoi Viet*,《越南日报》,美国发行量最大的越南报纸。——译者注
② Dickson 2005.
③ Nails 2008: 62.
④ 美国劳工统计局,2007年。
⑤ Postrel(2004)指出美国劳工统计局的估计和行业估计之间的巨大差异,认为"劳工统计局漏掉了30多万名美甲师,它给出总数大概是3万人,而根据《美甲》杂志利用私人调查和州执照的数据的估算,是37.2万名左右,10年前是18.9万名左右。即使不是所有有执照的美甲师都在执业,劳工统计局的数字也差了一个数量级。全国有5.3万家美甲沙龙,其中大多数都有不止1名美甲师。美甲行业有2本主要的行业杂志,每本杂志约有6万名订户"。

过提升美甲过程的速度和多样性以及培养顾客对定期到店修剪的依赖,这些创新大大增加了美甲店所提供服务的数量和种类,使其能够触及更广泛的消费群体。在接受《美甲》杂志调查的美甲沙龙中,63.2%的美甲沙龙使用电子锉刀,这种使用不再被贬低为"懒惰的修甲技师或流水线店铺的象征。现在即便是老式的锉刀主义者也在用这种过去被称为钻头的东西"。①这些技术突破彻底改变了指甲护理设计的技术和产品。与老式的压入式指甲片不同,亚克力化合物可以形成耐用、纤薄、自然的表面,可以容纳各种颜色和形状。②亚克力可以用来修复破损的指甲,抚平不平整或受损的指甲表面,防止指甲被咬破,还可以做成又长又厚的延长甲。但是,这种材料需要特殊的技能来操作和维护,使得顾客必须经常光顾美甲店。

技术和产品的进步虽然大大扩展了整个行业,但并不一定为美甲店和美甲师带来了更大的利润。大众消费意味着更低的价格、更多的顾客。通过加快速度和削减价格,电子锉刀加大了美甲椅上的流量,从而扩大了美甲客户的潜在市场。与此同时,随着这种流水线式的服务提供,不满意的顾客数量也在不断增加(见第六章)。

---

① Nails 2005:27. 该调查报称,美甲店服务发生了重大转变,传统美甲仅占18.5%,而丙烯酸树脂、艺术美甲和其他人造产品占44.7%。

② 牙医Stuart Nordstrom博士,被公认发明了用于丙烯酸树脂的化学物质。Nordstrom对牙液和粉末进行了实验,创办了一个成功的指甲产品公司,发明了许多被广泛应用于美甲行业的产品。见Postrel (1997)。

此外,顾客数量的增加也吸引了更多竞争者进入这个行业。以前许多大城市每隔三四个街区有一家美甲店,而现在一个街区内能看到几家店的情况也并不少见。简·黄经营了多年的美甲店,哀叹道:"现在的美甲店太多了。我刚开业的时候可没有现在这么多。不过来美甲的人大大增加了。每个人,从小孩子到老太太,都在美甲。但是价格却下来了,我的收入基本保持不变,未来还会下降。"为了追赶竞争对手,许多美甲店老板升级了他们的服务,包括按摩、修眉和腿部去毛、使用名牌产品和高科技设备。随着美甲店在街对面竞相开业,2001年《纽约时报》的一则头条报道赫然写着:"美甲店靠低价获得成功;韩裔生意喜忧参半。"①

在这种激烈的竞争环境下,美甲沙龙必须调整不同的策略保持竞争力。它们要么把价格以及员工工资和其他成本降到最低,要么提供更高质量的产品和服务合理化更高的价格,要么创造出新的产品和服务。换句话说,美甲店不仅必须挖掘现有需求,还必须主动拓展此前并不经常美甲的顾客,以产生新的需求。在尝试扩大顾客群的过程中,美甲店为不同类型的顾客开发了不同种类的服务。本研究关注了三种主要的美甲店类型:主要面向中上阶层白人女性的美甲护理中心;主要为非裔美国工人阶层顾客服务的美甲艺术沙龙;针对各种族裔和社会阶层顾客的折扣美甲店。后面的章节会分别介绍不同类型

---

① Sachs 2001.

的美甲店，这些店铺反映出美甲店店主个人的创新和机智，整个行业的流动性，以及全球服务经济中的消费的动态变化。为了更好地理解性别、种族和移民对形成不同的美容消费和服务供给模式的重要性，比较美甲店和美发店的不同模式能带来诸多启发。

美发店对比美甲店："只有黑人女性会编辫子"

美甲和美发有何不同？或者换种说法，少数族裔开办的美甲店和少数族裔开办的美发店有何不同？一个明显的不同是，美甲店吸引了来自不同族群的顾客，而许多美发美容店，特别是那些由少数族裔开办的美发店，顾客绝大多数都是相同族群。例如，朱莉·威利特描述了非裔美国人社区的美发店如何满足顾客的需求，这些顾客之前被排除在主流美发店之外，或者后者提供不了他们的美发需要。正如我采访过的一位非裔美国人所说的："只有黑人女性才会编辫子。"除此之外，黑人美发店也是社交网络的中心，在一些情况下还是政治组织的中心。拉丁裔也出现了类似的情况。正如吉内塔塔·坎德拉里奥所呈现的，在与曼哈顿上西区相邻的华盛顿高地，多米尼加人开办的美发店从本国进口特定的美发样式和美发程序，同时也为新来的同乡提供社会关系和信息，这对找工作、找房子和学校至关重要。① 这些机构提供了重要的社区功能,但它们很大程度上依赖本族裔成员的支持。这就把它们的客户群和店铺选址局限在本族群聚居区,从而限制了它们的整体盈利能力。

但是,为什么美发店主要迎合同一种种族和族裔群体的成员,而美甲店却能够吸引不同族群的顾客?答案一部分在于头发和指甲以及二者种族含义不同,一部分则在于经营这些企业的群体之间的文化再现和资源有别。有趣的是,亚洲人开办的美甲店大量涌现在城市、郊区甚至小镇中,与此截然不同的是,亚洲人开办的美发店却非常有限,主要出现在大城市的亚裔聚居地。惠顾亚裔美发店(顾客为同一族群)和美甲店(顾客为不同族群)的客户模式的差异表明,相比于指甲,无论是在外表上还是在护理上,头发成为种族认同的主要标志。发型、发质和美发方法是种族和族裔认同的标志,处理特定类型头发的经验和技巧也成为种族差异的表现形式。因此,头发在实践和象征层面,都赫然成为种族的标记。②

正如我在第三章中会讨论的,指甲也承载着种族含义,柔和的法式指甲承载着与白人女性的联系,喷绘亚克力指甲象征着黑人和拉丁女性的气质。然而,创造某种指甲所必需的知识并不仅限于顾客所在的特定族群。相反,正如以下章节所要探

---

① Willett 2000; Candelario 2000.
② Craig 2002; Banks 2000.

讨的，不同的顾客有意看重和寻找亚洲美甲师，因为他们认为亚洲女性具有明显的种族化特征，特别适合做美甲师。

这些将亚洲女性视为首选美甲服务提供者的种族化现象出现在许多吸纳了大量移民的大城市，比如纽约。此外，在大城市，外表承载着一种特定的威望，顾客定期购买美甲服务的意愿明显更高。

为什么在纽约？

纽约，纽约——在这个以专业化为专长的城市里，基于美甲这一单一产品的商业发展是一种文化和经济组合的产物，这种组合产生了诸如遛狗、自行车快递和街角按摩等各种服务。什么因素形塑了美甲行业在纽约市的发展，它们与其他城市的美甲行业有哪些异同？倒回去看，美甲热潮会率先在纽约流行似乎是显而易见的。纽约人习惯于想要获得并且立刻获得大量基本或非基本的产品和服务，美甲店的层出不穷就是这种无处不在的服务文化的产物。贾妮丝是一名30岁的配饰进口商，她"虔诚地每隔10天"做一次美甲。她解释道："纽约人更有时尚意识。这儿都是关于外表的事儿。这么做一部分是让自己打扮得体，一部分是让他们为你服务。一天结束的时候做个指甲，这样很放松。我敢说纽约有一半的女性都在美甲。"盖尔是一位非裔美国顾客,她称赞纽约的美甲艺术高度发达:"如果我去别的地方,在另一个州,那么我会说……我不会看到像这里这么多的设计和创造力,不会的。我绝对相信,至少是在大城市,你才会看到这些,但是纽约的水平远远在它们之上,接近巅峰。"

除了服务的范围和种类,便利性和价格也是纽约美甲行业的特色。在纽约的韩国人开办的美甲店"物美价廉",声名远播,以至于身为空姐的顾客吉尔告诉我,来自世界各地的空姐会专门安排在纽约市中转停留,以便享受"韩国美甲店15美元的特价美甲/足疗服务"。这份证词反映了服务经济的全球化以及纽约市的枢纽地位。

纽约美甲店的发展始于20世纪80年代,在20世纪90年代开始成指数增长。1991年,美甲行业数据统计显示纽约州有1132家美甲店,10年后,这个数字增长了近2倍,达到3236家。到2004年,虽然增速放慢,但在稳步增长,达到3798家。① 根据美国人口普查局的统计数据,1997年纽约州的美甲店工资总额创历史新高——193万美元——占全国美甲总收入的14.06%,仅次于加州的14.22%。② 这些数字反映了纽约州的特定情况,也反映出20世纪后期美国更为普遍的社会和经济因素。

---

① Nails 2002:38, and 2005:42.
② 美国人口普查局,2004。

尽管有其他城市,尤其是洛杉矶的竞争,纽约仍在象征意义上(如果不是实际上)保持着它的地位,既是时尚圣地,又是世界移民之都。纽约作为著名移民学者萨斯基亚·萨森所说的"全球性城市"的地位毋庸置疑。① 全球性城市是国家和跨国经济的指挥中心,同时吸引了资本链顶端的高技能、高收入的劳动力和提供日常支持服务以维持该经济体的低技能和低工资移民工人。根据高级服务部门的规模和多样性——包括金融、酒店和餐饮、时尚、广告和咨询,这种"为服务部门的服务"在纽约市呈现出鲜明的特点。② 因此,纽约尽管独树一帜,也体现了一种总体趋势,即从制造业向高度专业化的服务经济转变,以及吸纳新移民以满足这一部门对低工资服务的需求。③

其他城市美甲行业发展的因素与纽约市既相似又不同。具体而言,越南裔主导了加州和得克萨斯州的美甲行业。华裔女性也在不同城市占有一席之地。纽约和其他大多数州都没有统计许可证持有者的族群分类信息,因此很难找到相关数据。尽管如此,据业内人士估计,越南裔占到加州美甲师的80%,占全国的25%。④ 因此,一方面,纽约的美甲市场具有一

---

① Sassen 2001.
② Saskia Sassen-Koob,"劳动力迁移与新产业分工",见 Nash and Fernandez-Kelly 1983:195。
③ 有关纽约市社会经济结构调整的研究,请参见 Bean 和 Stevens (2003),Foner(1987),Logan and Alba(1999),Mollenkopf and Castells (1991),Sassen(1989),Waldinger(1987)。
④ Hill 1997a:100。

定的特殊性,体现在规模、时间点和由韩裔主导;另一方面,它也符合亚洲新移民在美国及其他国家创办的美甲店的模式。

总而言之,美甲店的出现并不是意外,而是纽约和其他城市按需服务文化的一部分。但是,如果没有劳动力来满足这些需求,纽约人和其他城市的居民认为理所当然的大多数服务只能是幻想,而不是现实繁荣的产业。大量新移民持续涌入城市,愿意并有能力做这些工作是必要但非充分的先决条件。同时还必须有有利的政治和监管条件,允许移民从事这些工作。

当韩国女性刚开始创办专业美甲店时,她们能够在工作中获得必要的技能,并且绕过了全职美容师的培训和许可要求。53岁的玛丽·李是曼哈顿上东区玛丽美甲店的老板,1978年移民来美,很快在美甲店找到工作,并于1982年创办了自己的美甲店。拥有大学体育专业学位的她讲述了她轻松获得美甲技能,并将其转化为成功创业的故事:"一开始,任何人都可以开美甲店。我们只需要几张桌子和基本装备。我们都是边做边学。"不用接受正规培训就能在工作中获得技能的特点吸引了许多女性,而强大的社交网络进一步将同族群女性引入这一市场。鉴于韩国女性接受教育和培训的时间和资源都有限,这种开放的监管氛围对吸引韩国移民女性起到重要作用。

在早期,缺乏监管的美甲店工作构成了非正规就业,为新移民尤其是女性提供了难得的机会。萨斯基亚·萨森指出,与流行的观念相反,发达社会中非正规经济的增长并不是欠发达国家移民的结果,而是后工业经济转型的普遍现象。① 非正规经济可以为新移民创造机会,但这些机会的出现和消失取决于当地的商业环境、州政策和社会包容程度。大多数州采取了美甲师资质认证。② 而纽约州直到1994年才要求美甲师许可(相关的法规及其影响将在本章后面和第六章中讨论)。即使考虑到这些后来的趋势,最初非正规的美甲店工作也为创办小企业和在服务领域就业创造了机会,让亚洲移民女性得以涉足其中。

为什么是亚洲移民女性?

谁主导了某个服务市场,为什么? 任一特定的就业市场被某个移民群体主导,都是全球经济长期、复杂、变化的节奏以及个人和族裔社群随之起舞能力的结果。电子锉刀和亚克力指甲等各种创新,以及一系列的条件,比如身体服务日益商业化

---

① Sassen 1998:154.
② 美国劳工统计局在其2008—2009年职业展望手册中报告,所有州要求除了洗发员和化妆师外的理发师、美容师和其他个人美容工作者获取执照。获得执照的资格因州而异,但一般来说,一个人必须有高中文凭或GED文凭,年满16周岁,从州许可的理发师或美容学校毕业。从国家认可的培训项目毕业后,学生参加国家执照考试——大多数州要求对美甲师、修脚师和皮肤护理专家进行单独的职业考试。(见"服务职业:清洁、食物和角色",http://stats.bls.gov/oco/reprints/ocor010.pdf)。根据Willett(2005)的说法,许多州自20世纪30年代和40年代以来就要求美甲师必须获得执照了。

和缺乏监管,为美甲行业的扩张打开了市场机会;而纽约的一小群韩国移民女性将这一机会变成了一个真正繁荣的商业领域。1992年行业杂志《美甲》里写道:"美甲店长期以来一直是大城市移民就业的据点,但是韩国人的进入对这个行业产生了最大影响。"①近年来,越南移民成为这个行业的主力军。1997年,奈科(Nailco)沙龙市场的CEO拉里·盖诺尔告诉记者:"三年来,美甲行业几乎没有起色,现在由于亚洲美甲店的出现,美甲行业又开始发展了。"②

为什么美甲店能从亚洲吸引如此众多的移民,主要是女性来做服务者?这又是如何做到的?回答这些问题需要考虑综合因素,包括移民就业市场是如何性别化,又同时被特定族群所主导的。这种对性别化工作的交汇性分析回答了以下问题:为什么是女性(而不是男性)在特定的市场领域工作?为什么是移民而不是本土女性?为什么是来自某些特定国家的女性?为什么她们选择了这个特定的工作而不是其他工作?要解开亚洲女性为何在美甲行业聚集的谜团,需要问为什么其他族群的女性没有在这一市场领域取得成功。当然,并不只是亚洲女性,尤其是韩国女性,意识到美甲可以作为盈利渠道并耕耘其中。很多因素,从个人动机和技能到族裔社群的资源,到国家监管,再到种族和性别的刻板印象,将一些女性置于更有利的

① Wurdinger 1992.
② Hill 1997a: 102.

地位，从而在这一就业市场取得成功。尽管一些因素推动了移民女性进入这一行业，但其他因素却是亚洲人，特别是韩国人所特有的。

媒体和流行文化再现没有剖析亚洲人主导美甲市场的复杂原因，而是简单套用了亚裔是勤劳刻苦的"模范少数族裔"的框架。这些文化再现与亚洲女性温顺听话、适合细致的手工活儿的刻板印象结合在一起，为亚洲女性聚集在服务行业，尤其是美甲行业提供了简单但错误的解释。这些本质主义的描绘——亚洲移民天生勤劳、擅长服务——忽略了那些推动他们进入美容服务业工作的特定条件。

要理解为何大量亚洲女性进入美甲店工作，还需要问为何她们没有从事其他类型的工作。当我问一位韩国女性为什么在美甲店工作，她的回答简单明了："还有什么其他的工作可以做吗？"其他受访者也表达了类似的观点（见第二章）。美甲店工作机会的反面正是她们难以进入如护理、教学和秘书工作等其他传统女性职业。因为语言和认证的要求，许多亚洲移民女性无法进入这些白领工作领域，转而在小企业就业或自主就业。比起其他低薪工作，例如在服装厂、家政服务、餐馆、酒吧、夜总会工作，或成为无偿的家庭劳动力，在美甲店工作甚至还有可能拥有一家美甲店，这成为一种有吸引力的选择。

为什么是韩国人？移民和工作的性别模式

韩裔美籍律师昌荣九开玩笑说，一个新韩国移民来美国后找到的工作"取决于接机人的职业"。① 像所有的笑话一样，这个笑话很有趣，因为它激起了现实的共鸣。在族裔市场的形成过程方面，它表明社交网络对决定新移民所进入的就业市场起到的重要作用。这些社交网络将新移民连接到特定类型的工作，并正当化那些原本可能污名化的工作。在韩裔美国人社群里还有另一种经常听到的说法，它强调了美国的韩国移民的性别维度："如果韩国是男人的国度，美国则是女人的选择。"如果结合上述说法，昌荣九的评论就有了特定的含义。正如朴界永在《韩裔美国梦：纽约的移民和小企业》中提到的，该说法就指出了驱使韩国人移民美国的"女性发起的移民"模式。② 因此，韩国女性集中在如美甲店等特定就业市场，揭示了全球经济结构调整的性别化模式以及大韩民国（韩国）和美国之间特定的历史关系。

两个国家之间的政治、经济和军事关系促成了从韩国到美国的女性移民潮，这是因为战争、快速工业化和国家政策对女

---

① D. Lee 1999.
② K. Park 1991: 8.

性产生了特殊的影响。第二次世界大战、朝鲜战争和持续的朝韩分裂引发了人们对战争和政治镇压的恐惧,成为韩国人外移的主要推动因素,而美国的劳动移民和家庭移民政策则偏好韩国女性,尤其是护士和美国军人的妻子。①

韩国不均衡的经济发展进程也成为女性移民的推动力。20世纪70年代以来,大韩民国依靠外国资本投资和出口贸易,迅速从一个贫困国家转变为新兴工业化的"亚洲四小龙"之一。② 在催生了大城市中产阶级、更高消费水平和现代基础设施的同时,这种发展模式也助长了专制的国家权力、阶级分化、反工会化和强大的外国驻军,所有这些因素都对女性产生了特殊的影响。③

文成淑称韩国的发展模式是一种"军事化的现代性"和"性别化的公民身份",通过强制兵役来定义男性公民,通过母亲和家庭管理者的角色来定义女性公民。④ 性别化的公民身份将女性参与有偿工作的可能性仅局限在被迫从事低薪工厂工作的贫困女性。随着1987年军事独裁的衰落,尽管经常面临暴力和

---

① 关于韩国女性移民美国的影响因素研究,见 K. Park (1991), B. Kim (1977), N. Kim (2008), E. Lee (2005), Kim and Yu (1996), Bonacich, Hossain and Park (1987)。

② 见 Bello and Rosenfeld (1990), Garran (1998), Goldstein (1998), E. Kim (1999)。

③ 关于韩国快速的工业(rapid industrial)发展、威权国家政权和抵制运动的进一步讨论,请参见 N. Lee (2007), Rhee (1994), and Shin (1999)。

④ S. Moon 2005.

镇压，妇女们通过参与女权和劳工权利运动铸就了其他模式的公民身份。尽管文成淑的分析没有明确将性别化的公民身份模式作为影响性别化的韩-美移民潮的一个因素，但她的研究为理解韩国女性为何移民美国提供了重要背景。面对顺从的家庭角色的压力、有限的工作机会以及参加社会运动的风险，移居美国的选择对渴望更大的经济、政治和社会自由的女性颇具吸引力。

20世纪60年代和70年代，这些因素刺激韩国中产阶层女性移民美国，也使得美国的韩国移民社群中受过教育的专业人员相对较多。尽管20世纪80年代韩国移民的阶层动态发生了变化，吸纳了更多的劳工阶层，但早期的移民潮带来了大量的金融和人力资本。[①] 由于语言或资质的要求，他们无法进入专业就业市场，因此许多人将资源投向创办小企业。

但是，即使韩国方面有这些重要的"推力"，韩国女性移民也需要美国方面有相应的"拉力"，其中最重要的是美国移民政策的变化。1965年的《美国移民和国籍法》取消了自1924年以来实行的来源国配额制度，最终推翻了近一个世纪的亚裔排斥法案，为大量亚洲移民在美国永久定居打开了大门。[②] 韩国移民大量增加：从1976年到20世纪90年代初，平均每年超过3万人，1986年达到顶峰，35776人。之后，受包括亚洲经济环境

---

① Danico 2004，Le 2007a，and L. Park 2005.
② Chan 1991a，Takaki 1995，and Zolberg 2006.

等一些因素的影响,情况发生了一定的变化。但直到 2007 年,韩国移民平均每年仍约有 19500 人。①

从 20 世纪 90 年代开始,韩国移民人数减少,这受到了一些因素的影响。随着韩国经济快速发展、生活水平显著提高,越来越多的人发现没必要移民以获得高薪工作和城市中产阶级的生活方式,因为他们可以在迅速扩张的首尔和其他大城市中获得这些。1988 年汉城奥运会、平民政府的民主选举,以及与朝鲜和解的迹象也有助于提升韩国的民族自豪感和国际地位。此外,随着国际通信的发展和移民返乡,韩国移民在美国遭遇经济困难、种族主义以及社会和文化边缘化的故事散布开去,给美国梦抹上了一层阴影。最引人注目的是,1992 年 4 名洛杉矶警察殴打黑人罗德尼·金被无罪释放,随后洛杉矶发生骚乱,导致 2000 多家韩国人开的商店被抢劫和烧毁(见第五章),这不仅改变了美国国内韩裔美国人的观念,也在韩国国内对移民美国产生了负面影响。

然后,在 1997 年到 1998 年间,韩国和其他亚洲国家遭遇了一场重大金融危机,导致资本外逃、大型企业集团倒闭、货币贬值和失业,国际货币基金组织提供颇具争议的数十亿美元的救助。根据联合国的一份报告,亚洲经济危机对女性产生了更为严重的影响,因为她们集中在低工资、不稳定的工作岗位上,从

---

① 美国移民统计局 2007。

而引发了"失业增长的快速女性化"。① 尽管很难测量经济危机对韩国女性移民美国的直接影响,但移民人数的总体增长表明,不稳定的经济形势刺激韩国女性在21世纪初期移民美国。

在韩国经济发展的起伏和由此产生的韩国移民潮的兴衰中,纽约市一直是韩国移民的主要目的地。抵达美国后,韩国女性进入美甲店工作的路径部分取决于她们自身的技能和资源,也同时取决于流动性受阻、劳动力市场歧视、职业性别隔离,以及她们相对于美国主流的种族化地位。

纽约的韩国人和美甲店

"你能想象吗?1万名韩国女性在纽约的美甲店工作,每周收入约500美元。这500万美元不仅仅是对韩国社区的贡献,也是对纽约经济的贡献。这笔钱支持着其他韩国商业——餐馆、干洗店、杂货店等。因为如果韩国人赚的钱越多,他们从别人那里买的东西就会越多。"《韩美美甲美容杂志》的编辑李界松如是说。尽管他所估计的韩裔女性美甲师的人数和收入高于其他官方数据,但他的评论捕捉到了美甲行业对纽约韩裔社

---

① 联合国1999。

区的巨大经济贡献。①

纽约的韩国人聚集在皇后区,最主要在法拉盛,也集中在埃尔姆赫斯特、贝赛德、白石和大学点附近。闵平岬的报告显示,1990年大约有15万韩裔美国人生活在纽约-新泽西大都会区。在美国,12％的韩裔居住在纽约州,5％的韩裔居住在新泽西。② 根据美国人口普查局的统计数据,2000年纽约市有韩国血统的人口(包括国外和美国本土出生的)为86473人,其中46％为男性,54％为女性。2006年,人口普查局报告显示,纽约市的韩裔人口为91561人③,仅次于洛杉矶的韩裔社区。纽约市的韩裔高度集中,使得他们能够巩固在美甲市场的主导地位,抵御来自监管和其他族群竞争的威胁。

与面临越南人和华人激励竞争的洛杉矶不同,纽约市的美甲店仍主要由韩国人开办。正如一名越南裔美甲店老板所言:

---

① 李界松(Kye Song Lee),作者访谈,2000年5月30日,密苏里州圣路易斯。《韩美美甲美容杂志》更名为《美容时报》。美国劳工统计局报告称,2008年5月,美甲师和修脚师的小时工资中位数为9.46美元,年收入中位数为19670美元(www.bls.gov/oes/current/oes395092.htm)。
② Min 1997:14.
③ 人口普查数据来自"概况介绍-纽约市-人口状况概要-选定的人口群体-仅韩国人",2000年,http://factfinder.census.gov。要访问这些统计数据,请单击概况介绍/种族、民族或血统组的概况介绍。在"亚洲"下,选择"韩国",并在窗口上填写"纽约"作为位置定位。2006年的人口普查表格可以在"纽约市,纽约:加勒比国家联盟人口和住房估计:2005－2007"中找到。http://factfinder.census.gov/servlet/ADPTable?_bm=y&-geo_id=16000US3651000&-qr_name=ACS_2007_3YR_G00_DP3YR5&-ds_name=ACS_2007_3YR_G00_&-_lang=en&-redoLog=false&-_sse=on.

"韩国人是最好的。每个人都受到过韩国人的训练。越南人速度很快,设计也很好,但是韩国人仍然是最好的。"韩裔享有优质服务的美誉,即使要价更高,这使得她们能够保持主导地位。本研究访谈过的一位韩语媒体记者如此描述:韩国人即使面对其他族群的竞争仍占据主导地位,"约80%的美甲店由韩国人开办——大约2500家。另外20%的美甲店由越南人、华人、拉美人和美国人开办。俄罗斯人也试着进入,但大多数人失败了,因为他们没有韩国人的技能。"

虽然韩国女性在早期辛勤努力地开拓了这一创业市场,但韩国男性和男性主导的机构为维持这一主导地位也贡献了重要资源。相当多的男性在法律上是美甲店的唯一或共同所有者,尽管他们大部分不提供美甲服务,而是提供运营、财务和后台支持。此外,男性也是美甲店兴旺的直接和间接受益者,因为该产业生产出对指甲产品供应商和制造商的需求。美甲店不是边缘或多余的企业,而是与杂货店一样,是韩国移民社区经济安全的堡垒。正因如此,美甲店获得了韩裔社区通常由男性控制的资源的支持,包括韩语媒体、商业协会和培训学校。美甲店带来的收入也使其他韩国人经营的生意蓬勃发展。韩国女性和男性移民被吸入这种女性化的劳动形式,也是他们被排斥在主流职业之外的结果;正如颜·埃斯皮里图指出的,他们"被禁止在一般的劳动力市场从事体面的有薪工作"。① 因

---

① Espiritu 2008:87.

此，韩国人开办的美甲店之所以兴旺发达，不仅是因为他们的老板努力工作，也是因为性别化的工作过程限制了就业选择，并促成了族群共同努力维持韩国人对该市场的控制。

整个韩裔社区的投入对保持韩国人对美甲市场的掌控至关重要，一个例证就是韩裔成功地与纽约市和纽约州认证机构就关于加强美甲店监管的提案进行了谈判。1991年，纽约州立法机构开始监管美甲店。根据最初的议案，法律要求600小时的培训和资格考试才能获得美甲专业许可证。① 这项议案有可能摧毁韩国移民对纽约美甲行业的掌控。大多数韩国女性无法负担完成培训要求所需要的时间和费用，许多人也无法用英语通过考试。面对这种威胁，纽约韩国美甲协会动员起来，提出了一项替代议案。前负责人南安植向我解释："这里的关键是我们很快组织了这个协会，让他们（韩国美甲店店主）有所依靠，帮助他们处理所有这些监管。美甲协会提供了一个韩国人可以组织起来、协力解决问题的活动中心。"② 协会成功游说通过了一项祖父条款③，允许那些能证明有一年以上从业经验的人无须参加额外培训或考试就可获得执业资格。

当行业不受监管的早期条件消失，州政府制定了严格要求之后，韩裔社区做出了回应，开办提供培训和许可的韩国美甲

---

① Sae Gae Times, January 29, 1991，转引自 Min 1996。
② An Sik Nam，作者访谈，2000年8月31日。
③ 祖父条款，指旧的法律规定因为一些原因不因为新法规定而失效。——译者注

学校。信徒美甲学校(位于曼哈顿中部韩裔商业聚集区附近的34街)和法拉盛美甲学校(位于皇后区韩裔社区)提供了各种技术指导,以及与健康和安全标准、纳税申报和工人补偿相关的各种法规信息。此外,通过增加对客户服务和英语教学的重视,这些学校在向移民女性提供美甲技术培训的同时,也为其提供了了解和实践主流社会价值观的社会化过程。这些学校的建立和运营发展成了一个新的韩国女性的创业领域,在美甲技术培训之外,她们还提供语言教学、翻译、考试培训和商业咨询。

另一个重要的韩裔社区机构是非正式的互助会(kye),朋友、家人或老乡团体投钱到一个共同基金,然后轮流从中提款。这些互助会为许多小企业主提供了启动资金。一位要求匿名的社区领袖告诉我:"大多数女性(美甲店店主)通过另一个家族企业如杂货店或通过互助会筹集资金。"

韩国教会在建立社会网络方面也发挥了重要作用,帮助韩国女性找工作、开办美甲店。韩国教会还为族群主导的行业扮演起就业经纪人的现实角色。玛丽·李1978年开始在第一家由韩裔开办的美甲店工作,是美甲行业的先驱,她讲述了教会如何帮她在美甲店找到第一份工作:"我必须工作,所以我请求牧师的妻子帮我找一份工作——我什么都不知道。我甚至不知道那是一家美甲店。我只是跟着牧师的妻子,到了那儿才知道。"同样,许多新的韩国移民,不管他们是不是基督徒,都涌向韩国教会完善的社会网络，寻求同胞的支持，帮忙找工作、找房子，以及满足他们在定居过程中的其他基本需求。

韩国教会的网络合法化了女性的美甲工作，使原本可能回避的女性也能接受这份工作。一位美甲师评论道："耶稣都给人们洗过脚——我为什么要为此感觉不好呢？"一些受访者援引了耶稣洗脚的比喻，诉诸他们的基督教信仰作为从事这份工作的重要源头。一名工人解释说，起初她不喜欢在美甲店里用"美国名字"，但从《圣经》中选择一个在美甲店里用的名字减轻了转变的不适。"我在店里用露丝这个名字，刚开始工作的时候我和牧师的妻子在一起，她从《圣经》中为我选了这个名字。在店外（和韩国人一起时）我不用这个名字，但在店外和美国人打交道时，我会使用这个名字。现在我喜欢这个名字。"在美甲店工作往往需要艰难的重新自我协商身份认同的过程，教会和基督教信仰缓解了这份艰难。

活跃的族裔媒体上的招聘广告以及口耳相传的职位空缺消息也将韩国女性引向美甲店工作。被问及店主如何招募员工时，南安植解释道："当美甲店需要员工或者有人需要找工作时，他们会问邻居、朋友、家人，或者会去韩文报纸上找……在韩国本土，美甲店的业务也在增长，我想是因为美国的影响。人们听说了在美国发生的事儿，美甲店有多成功。"①跨国通信和旅游将美甲店工作的消息传回了国内，许多新移民了解到韩

---

① An Sik Nam，作者访谈，2000年8月31日。

国女性在美甲店的高就业率,很快就填补了行业空缺。

各种各样的族裔社区资源——商业协会、互助会、教堂和韩语报纸——维持了韩国人在美甲行业中的主导地位。此外,它们推动了有利的政策,提供了培训和其他形式的商业支持。韩国移民相对较高的教育水平使他们能够获得不同阶层和社区的资源。族裔资源的敞开和主流职业的屏障,这两个因素将移民女性和男性的劳动力引向这一女性化的创业市场。因此,韩国人掌控纽约美甲市场,依赖的是在有限的机会面前有效地调动族群资源,而不仅仅是其天生的勤奋或对服务工作的偏好。

小　　结

一个被比作熔炉的城市依然可以酿造出像独立美甲店这样既不同寻常又司空见惯的企业。构成这种组合的因素包括制造业工作的缩减和服务业工作的扩张,女性参与有偿工作的增加,新移民潮涌入低薪的族裔劳动力市场,以及全球城市中服务业的发展。然而,如果没有合适的劳动力来满足这些需求,物美价廉的美甲只会是另一个不被满足的需求,而不会成为新移民的繁荣市场。

宏观结构力量为移民创业和就业创造了机会。这些力量包括全球移民模式、族裔社区资源和美国社会的种族化结构。移民流与特定市场的族裔聚集，是对全国和全球经济机制的回应。这些机制将特定劳工引入特定地域的特定岗位，同时将他们排除在其他的就业和移民轨迹之外。同样重要的是，韩国人能够吸引自己社群之外的各种不同的顾客，而不像大多数少数族裔开办的美容机构（如拉丁裔和非裔美国人开办的美容机构）那样，只迎合本族裔的顾客。

然而，接收国的社会背景是决定这一工作市场中性别、种族和族群聚集的主要因素，但就业结果也反映了特定女性和群体的能动性，以及他们将资源和技能投入特定企业的选择。在下一章中，我将深入探讨这些创造、发现和从事这项工作的女性的个人故事，以及在这个过程中她们的得与失。

第二章 "还有什么其他工作吗?"

美 甲 师

(我和我丈夫的关系)比以前更好。因为我大部分时间都在美甲店,我的家人也努力对我更好。我的女儿和丈夫准备晚餐,所以等我回到家,我就只管吃了……在美甲店工作的人学习英语、适应美国的生活都更快。在干洗店和杂货店工作的韩国人没有像我们这样的机会,可以和美国人面对面地坐着交谈……我喜欢美国。在韩国,你必须在意他人,在这里却不用。

我自己过我的生活,用我自己的方式。

布鲁克林,店主,杰基·洪

我第一次给人洗脚后,店主问我感觉如何。她问我还好吗。她这样一问,我就感到很难过……我开始哭泣。一开始,我认为没有什么是我不能做的,"只要我有一颗坚定的心,我就能做到!"但当我开始做这份工作时,就是另一回事了:我开始怀疑自己。我在韩国有一份很好的工作,我都不敢相信我会在美国做这个。我觉得我在这里是倒退了。

曼哈顿,美甲师,乔安妮·申

要理解大多数移民女性只在父权制的边缘吹毛求疵,我们必须放弃这一观念,即性别等级在她们的生活中是最具决定性的结构。

帕特丽夏·佩萨,"把移民研究性别化"①

在美甲店工作的女性是谁?她们是如何到那里的?这项工作如何影响了她们的生活?与媒体将美甲行业的亚裔女性视为移民的终极成功故事不同,这些女性讲述了一则则矛盾复杂的故事:漫长的工作时间、艰难且时带羞辱的工作、与配偶和

---

① 前两句引文来自我在本研究中进行的访谈,第三个来自 Pessar(2003:31)。

孩子的冲突、融入新国家的不易。一些人，如杰基·洪，认为尽管工作辛苦、时间长，但美甲工作帮助她们融入新的国度，并使家庭关系变得更为平等。其他人，如乔安妮·申，则认为自己在"倒退"，从事的工作需要付出高昂的情感和体力的代价，获得的却是低工资。在本章中，我通过探索美甲店工作形塑韩国女性生活的不同方式，深入探讨性别和移民研究中的核心问题。女性移民美国，得到了什么，又失去了什么？在美甲店这样特定的族裔市场就业，如何改变或复制家庭、社区和劳动力市场中性别化的不平等模式？

在第一章中，我探讨了地方、国家和全球层面的经济和政治因素，这些因素推动了美甲行业的发展，并将亚洲移民女性引入其中。在这一章中，我从鸟瞰的视角转向接地气的经验，重点讲述女性在寻找、学习和从事这项工作时的日常体验。本章的叙述挑战了流行的观念，即非西方女性通过逃离贫穷落后的国家以及实现了向上流动的美国梦，获得了自由和财富。这种通过移民美国获得解放的意识形态强调了亚洲移民"模范少数族裔"的刻板印象，即他们通过努力工作、自给自足和强大的家庭价值观获得成功。① 一种观念认为亚洲人开办美甲店，即是最终的成功。在本章中，我将批评把亚裔开办美甲店视为终极成功的意识形态，展示亚洲女性在这一细分市场创业就业中

---

① 有关"模范少数族裔"刻板印象的批评，见 Chan(1991b)，Fong(2007)，Kawai(2005)，Sun and Starosta(2006)，T. Yu(2006)。

的矛盾以及并不均衡的所得。我将展示性别分析如何揭示了移民的一个重要但常被忽略的维度，尤其是关于工作和身份认同中的身体与情感。

性别和移民学者皮尔瑞特·洪达内乌-索特洛，探讨了移民给女性带来的复杂的得失，特别是在转变传统性别角色和关系方面。她解释说，一些学者试图纠正移民研究中女性的"不可见性"，他们凸显了性别，但忽略了种族和其他压迫性结构因素。仅仅关注谁在何时何地何种条件下迁移的性别差异是不够的，她着重指出了日常实践和制度结构中出现的关于移民的一个新的性别化维度。最近的性别和移民研究讨论了一系列的话题，比如性身份和实践、童年的建构、通过汇款和参与家乡协会及政治来维系的跨国联系、对移民法的回应、美国公共机构的可及性（比如学校、医疗保健和社会服务），以及对公民身份的含义及条款的协商。①

我希望通过揭示移民女性生活中未被充分研究的身体和情感维度，为这一新兴的性别和移民研究领域再添一个维度。身体劳动的视角聚焦于常被忽视的移民和工作中性别化的方面，特别是女性的身体和情感在其工作、家庭、身份认同和同化模式中的核心作用。尽管没有任何一个女性的经历可被认为

---

① Hondagneu-Sotelo 1994、2003. 关于性别与移民的文献不断增多，包括 Ong(2003)、Benhabib and Resnik(2009)、George(2005)、Pessar(2003)、Espiritu (2008)、Hondagneu-Sotelo and Avila(1997)、Huisman and Hondagneu-Sotelo (2005)、Kibria(1993)、Lamphere、Zavella、Gonzalez and Evans(1993)。

具有典型性,但我在本章中深入描述了两个案例。这两个案例戏剧化地呈现了本研究其他女性受访者在表达关于移民和美甲店工作如何形塑她们的生活方面所出现的一系列共同的核心主题。

查莉·崔和金妮·金的案例研究揭示了美甲店老板和工人亲密生活的经历,同时也提出了重要的理论问题,即女性的身体和情感是如何受到种族、性别、阶级和移民的交织影响的。查莉·崔是一家高档美甲护理中心的老板,美甲护理中心坐落在布鲁克林一个主要由白人构成的时髦街区,盈利颇丰。她讲述的故事中,自己做生意的骄傲与家庭关系和移民生活的困顿交织相伴。她的故事戏剧性地展现了韩国女企业家"成功"的复杂性:她们努力适应在美甲行业工作带来的新的责任和期望,同时还要满足家庭生活的传统要求。第二个案例描述了金妮·金,她在大学期间移民到美国,雄心勃勃地计划在美国创出一番事业,但却在一家位于以黑人为主的低收入街区的美甲店工作,既没有执业执照,又没有合法身份。她的故事揭示了一种并不罕见的经历,即流动受阻导致移民女性长期从事美甲师的工作。由于没有多少时间或精力拓展社交网络或获得额外的教育,金妮身处夹缝之中,她觉得自己是双重局外人,既脱离了美国主流和韩裔美国人社区,又脱离了之前在韩国的生活。查莉和金妮的故事挑战了亚裔美甲师作为移民成功故事的单一框架。相反,她们戏剧化地展现了移民、受雇于美甲店这样的性别化族裔市场,以及每日密集的身体劳动所带来的得与失。

查莉·崔——橱窗里的美甲师

一个穿着职业服装的白人女性站在专属美甲店前,似乎在对着窗户里的镜像说话。"我的指甲不是很配这个包包吗!"她带着夸张的手势说道。当我走近时,才意识到她不是在自言自语,而是在和坐在窗户后面的查莉隔窗交谈。我在这家美甲店做研究时,经常发现这种现象:顾客路过时,经常向这位广受欢迎的美甲师和店主挥手致意或口头问候。查莉微笑着参加了这个断断续续的橱窗猜谜游戏,似乎也很享受这个角色。甚至她的名字也适合这个角色。查莉的原名叫海真,她的美国名字来自于顾客误读了她的姓氏发音。"崔(Choi)是我的姓,一位顾客把崔误读为查莉(Charlie),我非常喜欢查莉。查莉是一个香水设计师的名字。"的确,她没有辜负她时髦的名字,介绍我们认识的韩国金牧师说,查莉是"在美甲店工作的最美丽、最友善、最虔诚的韩国女性"。

我初次见到查莉时,同行的有金牧师和一位新来的、请金牧师帮忙介绍工作的韩国移民妇女。尽管当时查莉正忙着接待顾客,但她欢迎我们的到来,就好像那是她家的客厅一样。她向新来的同胞打招呼,安慰她说:"我知道你的感受,这工作看起来很奇怪,不是吗?……我现在不招工,但如果你想坐下来看看、问问题,那完全可以。"同样,当我跟她解释我的研究时,她很认真地听着,同意接受访谈,并让我在她的店里进行研究。这一天,查莉的丈夫正和一名电工一起在店堂后面安装新灯具。尽管这家店已经很舒适干净了,但他们又在重新装修,以跟上竞争对手的高档装潢。查莉的丈夫礼貌地向我打招呼,但当我进行访谈时(花了两个多小时),他时不时地向我们投来不赞同的目光,尤其是当查莉讲述她的家庭故事,情绪开始激动起来的时候。她丈夫显然不高兴妻子分享这些私人生活故事,所以常常用各种与工作相关的问题偷听并打断我们的访谈。查莉简短地回答这些问题,然后全身心回到访谈中来。最后,她丈夫喊道:"你什么时候才能完?"她反击道:"我不知道!"继续无视他。我感觉到气氛越来越紧张,问她是否愿意以后再完成访谈。她热情地回答:"我还从来没有能够像现在这样谈论我的工作。他可以做他的工作。我都不麻烦他让他帮我做指甲——他为什么打扰我让我帮他?"

查莉的回答揭示出她作为美甲店老板的经历中几个重要的方面。首先,她在工作场所显然有权力挑战丈夫的权威,因为她抵制了丈夫提出的结束访谈、继续工作的要求。但是,尽管她对抗了丈夫,但这些努力显然是非常耗神的——因为她试图和他一起工作,但又不完全听从他的要求。最后,查莉激烈和深思熟虑的回答表明,她有着强烈的意愿在这项研究中表达自己的心声。查莉非常清晰地描述了自己的故事:作为妻子和母亲来到美国,成为一名成功的美甲师和美甲店老板,并在此过程中重新调整自己的身份。她热爱自己在美甲店的工作,不仅是出于经济上的需要,也是为了实现自己对自由和流动的梦想,但同时她也批评了这些梦想太过天真以及实现这些梦想的障碍。

查莉1964年出生于韩国仁川。她回忆说,小时候,她痴迷于冰激凌和美国电影,产生了强烈的"美国热"(miguk byung)。"美国热"是一种韩国流行的表达方式,形容移民美国的强烈愿望。① "总的来说,我来这里是因为我想实现我的梦想。"她解释道。正如纳迪亚·金所写,许多韩国人"通过好莱坞电影和亲美国的意识形态来理想化'美国'。有大量故事讲述'美国'将韩国从近乎不可阻挡的命运中拯救出来"。② 和许多从20世纪70年代开始移居美国的韩国人一样,查莉之所以得以实现她儿时的梦想,依赖于地方、国家和全球因素的综合作用。正如我在第一章中讨论的,这些变化包括美国移民法的改变,以及美韩之间密切的军事、政治和经济联系。此外,作为一名女性,她觉得美国提供了更大的自由和更好的经济机会。然而,像查莉一样,许多拥有相同梦想的韩国移民也对移民后现实生活的艰辛深感失望。

---

① 关于韩国的美国热及其对战后移民的影响,见Yuh写的《美国热》第2章,2002:42-83。
② N. Kim 2008:44.

1993年,查莉与丈夫携十岁的儿子移民到纽约市。两个月后,她全职在一家美甲店工作。在移民之前,查莉只在结婚前做过一份兼职的办公室工作。她坦承自己不知道作为一名新移民在美国会有多辛苦,更不知道她会做什么样的工作。"我甚至不知道我会在这里工作,我当然没有想过会做这个。我之前甚至从没见过美甲店。当我来到这里,看到许多韩国人都在美甲店工作时,参观了几家,就开始工作了。"因此,尽管美甲店本身让查莉感到惊讶,更别提在美甲店工作了,但是其他韩国女性都受雇于此的景象将它正常化了,并且,这也是她能通过韩文报纸广告找到的工作。

起初,查莉对在美甲店工作的前景感到兴奋,期待这份工作相当轻松愉快。"此外,大多数顾客都是美国人这一事实对我来说颇具挑战和吸引力。我不想做与韩国人打交道的工作,认为没意思。"她说。不同于广泛流传的认知——移民希望留在自己的族裔社区,查莉和许多其他美甲师一样,被美甲店工作吸引是因为可以让她与美国和美国人建立联系。然而,第一天的工作就很快打消了这种兴奋感。这份工作及其要求让查莉震惊,离她从事有趣工作、与美国人发展友谊的梦想相去甚远。"当我第一次开始干的时候,我是从脚开始的。我差点就不干了。太紧张了。最初,一个熟练工20分钟就能完成的活儿,我得花40分钟。那时候也没有美甲学校,我就是边学边干、边干边学……我从卸指甲油(旧式美甲)开始。老板就让我拿她的手当脚,训练我。"

许多美甲师刚开始在美甲店工作时,也有类似的惊讶甚至羞辱感,特别是给人修脚。乔安妮·申讲述了1999年她在美甲店第一天上班后强烈的负面情绪:

> 开始的时候,我很紧张。我第一次给人修脚,指甲油怎么也涂不上去,我就哭了。我感到太挫败了。我看上去很糟,我还在想别人会怎么看我……我的室友帮我介绍的(美甲店)。我从没想过会来美甲店这样的地方……我真的不喜欢。不仅仅是洗脚,我在韩国都没有涂过指甲油,打理过自己的指甲;如果我本身是一个爱涂指甲油这些东西的女孩,也许我会更容易接受。

尽管最初有这些强烈的反应,乔安妮和大多数美甲师还是很快学会了控制自己的厌恶情绪。乔安妮说,她几乎忘了自己早期的反应,现在她喜欢做美甲,并以此谋生。"老实说,我现在不介意做美甲……单纯做指甲,我不喜欢,但做指甲能挣钱,我就喜欢。"她对于早期负面情绪的重构在修脚上表现得最有戏剧性。"我现在不介意修脚。我现在喜欢脏脚,因为修脚后,脚变得又干净又漂亮。我感觉很好,就像把我自己的脚洗干净一样。"通过日复一日地做这份工作,像乔安妮这样的美甲师内化了一种服务意识,使她们能适应之前觉得有羞辱感的工作。

像查莉一样,这些女性重构她们对美甲店的工作和在美国生活的情感期待。许多人降低了与顾客交朋友的期望,仅满足于友好的接触。随着时间的推移,许多女性不再大量投入建立客户关系,而是专注于自己的谋生能力、对子女和家庭的贡献、与同事的关系以及对自己技能的掌握感。随着她们的业务越来越熟练,积蓄越来越多,她们把注意力转向了开办自己的美甲店。

创 业 之 路

度过了最初的调适期,查莉评估了自己的积蓄和大家庭的资源,然后开始留意成为美甲店老板的条件。

我了解到有两种获得资源的方法。一种是租一家空店白手起家;另一种从别人手里盘一家店。不管怎样,我都需要钱……我租了一家空店,装修了一下,就从那开始了。一切东西都需要置办,从桌椅、小设备到指甲油。总共花了大概8万美元……如今,开一家美甲店要贵得多。生意时好时坏。平均来说,我的毛收入大约是每周3000美元。人员工资、租金和其他费用占到毛收入的40%。此外,这店是我和我姐合伙开的,剩下的收入我们就对半分。

根据这些数字,加上她很少关门休息或度假,查莉的总收入估计约为每年156000美元,其中62400美元用于支出,剩下93600美元,她和姐姐平分,税前纯收入约为46800美元。这个数字对于移民创业者来说很可观,也远远超过许多移民女性的收入。与此同时,这些数字反映了长时间的辛苦劳作,平均每周60小时,还不包括丈夫提供的无偿家庭劳动、医疗开销以及其他不定期支付的经营成本,如更新设备和改造店面。此外,查莉的美甲店经营状况良好,在同行中属于利润丰厚的,许多其他美甲店的回报明显较低。①

像许多韩国女性一样,查莉走了一条迂回的创业之路。李娥珠记录了韩国移民女性进入小企业创业的三种轨迹,查莉似乎体现了第三种轨迹。第一种是受过高等教育、思想独立的女性,并且"部分地受韩国社会的性别不平等的影响",她们将目光投向创业,积极追逐做自己的老板的目标。第二种是那些勉强开始创业,她们这样做主要是因为丈夫的收入低;她们把自己经营的小生意看作是强加给自己的负担。第三种是本来没有做老板的打算,但她们来到美国后,意识到开办美甲店是她们向上流动的最好机会,就开始创业了。她们认为创业既不是梦想的实现,也不是糟糕的宿命,而是移民在面临有限的就业

---

① 正如我在第一章中注释的,对于美甲店收入的估算统计,美国人口普查数据与行业数据之间的差异很大。

机会时做出的现实调适。① 与李的发现一致,查莉认为自己很幸运,成了一家位于"好街区"(主要是白人和中产阶级)、成功的美甲店的老板。但是,经济上的成功背后有着高昂的代价,体现在工作和家庭中所付出的时间、体力和情感。

接送和午餐:与同族的情感劳动

像许多美甲店老板一样,查莉把员工的情绪管理视为工作中最困难的部分之一。与跟顾客维系关系一样,她与员工保持良好关系所需要付出的情感劳动是双重的。她真心关心员工,但面对她们的抱怨和要求也感到很有压力。为员工提供午餐和接送是少数族裔女店主特有的情感劳动形式。这些要求构成了隐形的性别化工作形式,但对留住同族女员工来说是至关重要的。查莉的一日工作流程揭示了这一点:

> 过去我通常早上8:30左右离开家,但现在我要早走,因为有员工搭我的车。两个员工住在附近,其他的人住在皇后区。所以我8:15离开家,大约在晚上9:30或10:00到家……这个街区的韩国人很少,所以没有多少人可以来这儿上班。我要是住在这个街区,工人每天上下班就是个问题。我曾想过搬到

---

① E. Lee 2005.

(店铺)这边住，但那样的话(如果我不提供接送)可能就有几个人要离开了。"

查莉为她的员工提供接送的做法在韩国女性美甲店老板中很常见。因为真实的或被认为的危险，许多员工害怕独自去陌生的街区。许多美甲师住在皇后区，在我研究的时候，这里公共交通主要靠拥挤缓慢的7号线地铁和昂贵的长岛铁路。虽然一起搭车对女性来说可能成为工作日中有价值的部分，她们彼此分享和相互了解，但也可能会带来额外的情感劳动，因为店主不仅要当司机，还要当知己和调解人。

有一天，我和一个老板、两个员工一起坐车回家时，就经历了这种情况。在90分钟的通勤途中，这些女性交流了很多关于顾客的笑话，一起唱了韩国流行歌曲，还给一个年轻员工出主意如何与男友交往。最后分手时，我明白了这样一起上下班是如何缓解紧张气氛、培养牢固友谊的。与此同时，我也能明白它是如何给老板增压的。正如店主后来证实的那样，其他日子的搭车途中充满了对走走停停堵车的沮丧以及员工之间的抱怨和冲突。

鉴于提供接送上班的沉重负担，老板可能会向丈夫求助。然而，有时丈夫会抗拒，有时这些女性，包括老板和员工，也都会对这种安排感到不舒服。在我的研究中，我经常听到通勤关系发展成为婚外情的故事。玛丽·李评论道："许多和丈夫一起开美甲店的人都离婚了。这就是为什么她们关了店去了别的地方。在美甲店工作的男性更有可能与女性接触。(一位美甲店老板的朋友)也经历了这样不幸的事情。有很多这样的麻烦。"不管现实是否像传言那么猖獗,对不忠的怀疑引起了一些老板的担忧,她们会避免让她们的丈夫接送员工上下班。

在另外的案例里,为了避免提供接送以及雇佣同族人所需要承担的其他责任,一些美甲店老板选择雇佣非韩裔员工。李先生是下城美甲店的老板,解释了他为何偏好拉丁裔员工:"西班牙裔的员工更便宜,我也不用担心要提供午餐或接送,但对韩国员工就必须提供。① 她们也不会让我觉得累——韩国女人让我太累了!她们抱怨太多,总要求加工资。"李先生没有处理这些复杂的情感关系,而是转向雇佣非韩裔移民员工,他不必对后者承担什么义务,但同时也不能像查莉和其他韩国女老板一样,与其员工之间有密切的关系。

像接送一样,午餐时间为查莉及其员工提供了增进友谊的机会,但这也构成了额外的工作。大多数日子里,韩国女性每人带上一份菜在店铺后屋聚餐,查莉则提供米饭和电饭煲、小冰箱、小碗和餐具,这种安排在许多美甲店都有。不忙的时候,这种安排可以成为一天中受欢迎的休息和友谊时间,但这也给女性增加了压力,她们要准备更多的食物、参加工作场所的社

---

① 比起用"讲西班牙语的美国人"或"拉美裔美国人"这些词,韩国移民通常简单地把说西班牙语的移民称为"西班牙人"。

交。除了在家做饭,女性还要负责为工作地方的冰箱和架子置办食物、帮助保持干净愉快的用餐区。虽然这些任务是分担的,但仍然是大量的额外工作。

在一家美甲店里,美甲师打趣我说不能只吃她们的,也要做些饭与她们分享时,我亲身体验到了参与这份分享餐的复杂感觉。在克服了最初的尴尬之后,我很高兴做这些,认为这是把我当成自己人的欢迎信号。尽管如此,预先准备合适分享的菜肴无疑让我的田野调查变得更为复杂,这让我体会到,在忙碌的一周中,参与这样的分享餐可能是一个很大的负担。

很难想象非移民小企业主,无论男女,会常规性承担接送员工上下班的责任,并为员工提供传统的民族食物做午餐。然而,对于像查莉这样的韩国移民女创业家来说,这些是经营店铺的预期之一。移民女店主与在美甲店工作的亚洲女性有着明显差别,但这也揭示了移民女创业家的工作关系如何因性别和种族的共同影响而变得丰富而复杂。同样,美甲店老板在工作和家庭中投入情感劳动的协商方式,也揭示了移民女性生活中性别和族群的复杂交汇。

工作和家庭之间的权衡

霍赫希尔德描述了全职工作的女性如何继续当仁不让地

承担照顾孩子和做家务的"第二轮班"。① 这在亚洲移民家庭中表现得更加明显。在亚洲移民家庭中，传统的父权制关系经常对移民带给女性和男性的新经济角色有诸多抵制。尽管查莉可以被视为成功的美甲店老板，但她觉得自己作为母亲失败了，并认为工作让她在照顾孩子和其他家务方面付出了太多的代价。

> 自从我到这儿（美国），最失败的就是孩子的问题。一方面，我仍然感到抱歉……就在今天早上，我还因为不得不努力工作而没法多照顾儿子而感到内疚。另一方面，我在给自己找借口，说我没办法，必须养家。但这对我来说仍是个重担，我没有那么多时间关心他（她哭了起来）。我们几乎没什么时间聊天，越来越疏远了。尽管我们试图更多地理解、了解对方，但效果仍不太好，即便是我儿子也讲韩语。起初，这不是大问题，但慢慢地，我能感觉到我们不再像以前那么亲近了。我们已经在这里住了十年了。在这十年里，我感觉好像只是很短的一段时间，我的家人不像以前那么亲近了。但现在我才意识到，不是很短的时间，已经是很长时间了。

查莉讲述着这些年来，随着工作越来越多地吞没她的时间和精力，她和儿子之间的关系如何变得越来越差。因此，像许

---

① Hochschild 1989.

多移民父母一样，查莉很晚才意识到自己错过了儿子的童年。

在《全球移民的孩子》一书中，拉塞尔·帕雷拉斯记录了亚洲孩子所经历的艰辛，他们的父母必须移民到美国或欧洲去找工作，而把他们留在菲律宾。① 就像帕雷拉斯研究中的菲律宾家政工一样，查莉的故事展示出，和家人一起移民到美国的女性，也不得不经常把孩子留在家里自己照顾自己，即使她们只是从皇后区到布鲁克林上班。与学业成功、注定会上常春藤盟校的亚裔学生的刻板印象相反，查莉的儿子挣扎着完成高中学业后就无所事事了，既没上学也没就业。查莉哀叹道：

我们家住皇后区。（之前）我儿子必须去曼哈顿上学，我必须来（布鲁克林的）店里。所以早上就像打仗一样。因为我对美国的教育系统了解不多，而且一直忙店里的事，我的日子很艰难。我不知道该怎么办……我儿子刚刚高中毕业。事实上，他没有毕业，只是参加了GED考试。我想过段时间，他自然会去上学然后毕业。现在，回头看看，我觉得我错过了我应该关心、关注他的时间，现在已经太晚了（她哭了起来）。

像许多职业母亲一样，查莉为平衡工作、照顾孩子和家庭责任而苦恼，但她还肩负着适应新的文化和教育体系的额外负担。与"模范少数族裔"的刻板印象所描述的成功亚洲企业家

---

① Parreñas 2005.

及其向上流动的孩子不同,查莉和她的儿子揭示了一种在亚洲移民家庭中出现的不同场景。"挂钥匙儿童"一词越来越多地被用来称呼这些因父母长时间工作、无法提供学业和职业支持而遭受忽视的亚洲移民的孩子。丽萨·顺海·朴对亚洲移民企业主子女的研究发现,许多孩子认为自己错过了一个"正常的童年",心怀怨恨又夹杂着要回报父母的牺牲的巨大压力。①

此外,这些孩子中的许多人缺乏像父母一样在小企业努力工作的意愿,但同时也无法进入主流教育机构和职业市场。这些因素的不幸汇集使得一些学者预测他们向下流动的轨迹或"第二代陨落"。② 萨拉·曹就是代表这种趋势的年轻美甲师。尽管她毕业于一所著名的公立高中,并被纽约城市大学录取,但她母亲出了车祸,需要她帮忙经营美甲店,她因此推迟了大学学业。当我访谈萨拉时,她已经从最初的延期一年持续到了第三年。虽然她离异的母亲希望萨拉接管美甲店,但她坚决拒绝了。她解释道:

　　一开始,我只是兼职来帮我妈。现在我全职工作,本该申

---

① L. Park 2005.
② Gans 1979. 对于1965年后移民子女"新二代"同化模式的研究发现了社会流动的混合模式,取决于教育、邻里、父母社会经济地位、跨国关系以及种族和民族认同。见 Portes, Fernandez-Kelly and Haller (2009), Mollenkopf (2009), Kasinitz (2008), Farley and Alba (2002), Levitt and Waters (2002), Portes and Rumbaut (2001), Perlmann and Waldinger (1997), Neckerman, Carter and Lee (1999), Portes and Zhou (1993).

请个执照,但这就等于承认我会继续做这个……我很早就开始工作了,十四五岁。(那时)妈妈需要帮忙,所以我来做除了美甲以外的所有事情——打扫、接电话、记账。我母亲让我看着其他美甲师学习,十六岁我就开始做美甲了。我有时放学后也会来送员工回家,但不可能每天……我甚至没有研究过(如何获得执照),因为过了今年我就不打算做这个了。我打算去上大学,成为一名建筑师。

萨拉拒绝将美甲店的工作视为一项长期规划,所以尽管已经在那里工作了几年,她仍冒险无证上岗。她的梦想是成为一名建筑师,但她离开学校的时间越长,她对自己能够进入大学并完成学业的信心就越低。因此,她对母亲的照顾责任、缺乏来自父亲的经济和情感支持,以及在美甲店做"地下"工作,这些都减少了她向上流动获得专业职位的机会。

其他美甲店老板的孩子可能不会遇到萨拉·曹或查莉的儿子所面临的困难,但是本研究中的女性经常担心自己的工作可能会对孩子产生负面影响。和查莉一样,其他我访谈过的女性也发现,作为一名移民母亲,创业远非解决平衡工作和家庭需求的完美方案。

创业作为一种(失败的?)儿童照料策略

很多研究假定创办移民小企业的是男性,这样一来,就忽略了创业的重要动机之一是可以更灵活地协商儿童照料。本研究中的许多女性指出,她们创业的主要原因是觉得这样可能有更多时间照料孩子。但是,令她们沮丧的是,创业的现实不允许她们像期望的那样自由地平衡工作和家庭。这对单身母亲或离异母亲来说尤其如此,她们既承担着照顾孩子的责任,又承担着提供经济支持的责任。当被问及成为美甲店老板的动机时,48岁的单身母亲珍妮·朴回答说:"1992年我第一次创业时,我祈祷在家附近开一家店。我女儿刚开始上高中,还处于青春期。我想离家近一点,在她身边。上帝回应了我的祈祷,给了我离家两个街区远、紧挨着火车站的'最棒美甲店'。(我女儿)在她从学校回家的路上,就可以来店里,因为美甲店就在火车站旁边。"作为美甲店老板,女性可以选择在工作场所照顾孩子,或者必要时离店,回家或去学校回应孩子的需求。在美甲店这样由女性主导的服务机构,孩子的存在对老板、员工来说不那么分心,对顾客来说也不那么反感,这与处于人来人往的杂货店或有危险机器的干洗店形成了鲜明对比。此外,美甲店对孩子们来说也更舒适友好(尽管孩子接触化学物质一直是一个主要的健康顾虑,这一点我将在第六章讨论)。

39岁、离异的苏珊·李是越城美甲店的老板。她使用了第二种育儿策略,利用开美甲店的灵活性——往返在店铺和家之间照顾儿子。她解释道:"我儿子9岁了,我为他感到难过。放学后我妈妈在家里陪他,但他们沟通有困难。最近,我试着在下午顾客少的时候离店去学校接他,五点后忙的时候再回(店里)。"苏珊的儿子正在上学,所以她需要更大的自由离开店铺,开车送他上学,因为她年迈的母亲不会开车。这虽然不是完美的解决方案,但作为老板,她有权安排自己的日程和工作职责,以满足做母亲的责任。

李氏夫妇是布鲁克林美甲店的老板,孩子小的时候,他们就利用当老板的灵活性,离开店铺照顾孩子。他们以照顾孩子为目的选择了店铺的位置,同时靠近家和孩子的学校。这也是李太太不愿在长岛开设第二家店的原因,因为那里离家很远,她回家不容易。她回忆道:"我一直等到孩子可以自己照顾自己的时候,才开了第二家店。我想在家等他们放学回家,问候他们。尽管做不到每天都这样,但这也足以确保他们不会惹上麻烦。"

这些女性指出,能够灵活地满足育儿需求,是她们创业的主要原因。比起当员工或在其他行业当老板,作为美甲店老板,她们能够进行更为灵活的安排。然而,即使这种更大的灵活性也无法充分地满足她们的育儿需求;正如查莉所哀叹的,即使作为美甲店老板,她也无法给儿子所需的支持。而且,尽管查莉同情员工育儿的需求,自己也曾挣扎过,她也承认她无法如自己所希望地去通融员工的需求。

> (我儿子)还小的时候,我在美甲店打工。因为美甲店是我的工作场所,我甚至没有想过带他去那儿……他在学校出现问题,我接到电话,不得不去学校,但是我却遇到了麻烦,因为我不能在最忙的时候离开。所以我想,如果我成了老板,那就可以轻松应对孩子的事了,这是很难和老板谈的。我成为老板后,当员工需要处理孩子的事儿时,我尽力为她们调整工作时间。我最难过的是有的员工孩子不到一岁,也得深夜才回家。对母亲和婴儿来说,即便一个小时也是宝贵的,但并没有像我期望的那样实现,我对她们感到抱歉。

查莉坦白无法满足员工的育儿需求的例子表明,即便老板有心,经营小企业的要求也往往凌驾于对家庭、自己和他人的承诺之上。

工作——家庭研究文献讨论了在岗照顾孩子的选择可以成为为职业女性创造"响应家庭需求的工作场所"的重要因素之一。[①] 对低收入女性,特别是移民来说,这种考虑尚未得到广泛发掘。相反,对移民家庭的研究主要集中在满足孩子需求的

---

① Glass and Riley 1998.

其他策略上，例如依赖大家庭成员或将孩子留在国内，由亲戚或家政工照料——这些人在女性化工作的全球等级中处于更低的位置。① 虽然这样的模式很普遍，吸引移民女性在美甲行业创业的一个重要原因依然是，作为美甲店店主，她们能够调整工作时间以回应育儿需求，尽管结果并不尽如人意。这也揭示出家庭责任如何形塑了女性的工作轨迹。创业也给女性在与丈夫重新分配家庭性别分工方面提供了一些筹码，然而，她们的所得往往还是不充分且不断被挑战的。

亚洲父权制与移民女性的工作

移民使传统男性挣钱、女性照顾孩子的角色分工发生了重大变化，但是移民家庭中的父权制力量明显抵制着更为平等的角色分工调整。正如塞西莉亚·门吉瓦尔对中美洲移民的研究中指出的，"因此，当地劳动力市场的动态结构为这些女性移民提供了就业机会；她们经常比男性工作更长的时间，甚至挣得也更多。但是，这一局面的结果反映出女性的脆弱性，而不是她们的独立性；它不会自动让女性受益，有时反而会强化家庭中的性别从属关系。"② 同样，亚洲移民女性参与劳动力市场

---

① Parreñas 2000；Moya 2007.
② Menjivar 2003：120.

并不一定能够使她们重新协商在家庭和社区中根深蒂固的性别不平等关系。在一些情况下,通过增加女性的责任去寻找和从事低工资、低社会地位的工作或经营劳动密集但不稳定的小企业,有偿工作反而加剧了她们的脆弱性。

尽管美甲店老板花很长时间照管生意,她们还必须继续履行作为妻子和孩子的主要照顾者的性别角色。许多情况下,丈夫提供了有限的帮助,同时也强加了额外的压力和冲突。查莉评论道:

> 大多数韩国男人从小被教育就是男人主宰家庭。他们认为男人不应该做家务,所以就不愿意帮助妻子……我们一开始也有很多争吵。他也抱怨我,认为我没有尽到妻子的责任……我认为这是职业女性经常遇到的问题。首先,与家人在一起的时间少了。店里唯一不开门的日子是周日,但我的丈夫和儿子周六也休息,所以这是我最忙的一天。

查莉展现了通往在家庭和工作责任更平等的分工过程中来之不易的每一步。除了平衡照顾孩子和工作的责任外,她还必须与丈夫协商他们各自的分工,这给她每日的平衡任务增加了又一层的压力和冲突。

像查莉一样,许多在美甲店工作的韩国女性,做着全职工作,却仍然承担主要的家务责任。根据闵平岬的报告,她们"工作的时间特别长,比美国同行长得多",而"承担的家务比美国的职场妻子多得多"。① 虽然大多数人外出工作是出于经济需要,但她们也获得了成就感和自主权。许多女性对自己的工作有积极的感受,但同时也有被两边撕扯的感觉:被金(Kim)和赫(Hurh)称为的,一边是"传统家庭意识形态的持续存在",另一边是"在美国移民生活的条件下妻子们被迫扮演全新角色"的要求。② 这些女性认为,一个强大的父亲对于管教孩子和传承民族文化非常重要,因此她们可能会合伙维系男性在家庭中的特权。③ 与此同时,尽管创办美甲店并没有让女性摆脱父权制的期待以及违反这些期待的结果,但也确实为她们提供了颠覆或重新定义这些期待的空间。

就查莉而言,尽管人们普遍怀疑丈夫接送美甲师、经常与美甲师互动会导致不忠行为,她还是敦促丈夫更多地参与到生意中。但是最终,查莉和她丈夫在工作场所保持了传统的性别分工,她从事实际的美容工作,处理与顾客、工人的关系,丈夫则负责日常维修。这种传统的劳动分工也延续到他们的家务劳动中。查莉下班晚,她丈夫为此不得不做出一些调整。但查莉解释说,即便这些小贡献也是许多斗争的结果:"他的确帮我(做家务),尽管我对此并不满意。事实上,他的帮助对我来说

---

① Min 1990:33.
② K. Kim and Hurh 1988:162.
③ Kibria 1993,1994.

根本不够,但他却认为帮我干得太多了! 我们刚到美国时,他几乎没有帮过我。我负责所有的家务,从打扫卫生、做饭到照顾孩子。但是因为我太忙了,不得不请他帮忙。这些要求经常演变成争吵……现在,我们已经习惯了分担家务,随着我儿子的长大,家务活也越来越少。"因此,查莉的工作迫使她丈夫承担起某些家务和育儿的责任,但这些转变有着很高的代价。

韩国妻子的角色是家庭照顾者、丈夫是养家糊口者的性别假设在移民过程中受到了挑战,因为对女性化劳动力的需求往往意味着女性移民比丈夫挣得更多。正如颜·埃斯皮里图所指出的,"女性劳动力密集型产业的最新增长——以及对移民女性劳动力的种族主义和性别主义的'偏好',将女性的可雇性提升到了超过男性的程度,也改变了她们的家庭角色,如果不是主要供养者的话,也成为家庭的共同供养者。"[1]但是,女性日益增长的经济角色并没有转化为家庭内外更大的权力和尊重。相反,男性经济地位的下降给家庭关系带来了额外的紧张。许多移民女性不想进一步削弱丈夫的地位,因此不太愿意挑战传统角色。这些动态变化体现在一位身为美甲行业代表的韩国男性的评论里。他比较了韩国女性和犹太女性,断言韩国美甲店的女老板破坏了家庭中合适的性别关系秩序:"韩国女性和犹太女性不同。如果是韩国女人变得独立,她就瞧不起丈夫。韩国丈夫因此受伤,失去自尊。犹太女人却总是尊重她们的丈

---

[1] Espiritu 2003: 95.

夫。即便他赚不到多少钱,她们也尊重他。他们从不在孩子们面前争吵,所以孩子们尊重父亲——他永远是国王。所以他们的家庭维持得很好。我们对此感到担忧——韩国女性没有维持家庭的良好状态。"他接着描述了几例韩国女性开办美甲店后与丈夫离婚或经历婚姻冲突的情况,包括家庭暴力,他也将此归咎于女性对丈夫的不尊重。他的评论揭示了限制女性协商更平等关系的文化背景。对这些努力会导致争吵、离婚或暴力的担忧缓和了女性对丈夫作出改变的要求。

对韩国女性在家庭和工作中都应该提升丈夫的权力感和自豪感的期待使得在女性主导的美容服务行业中开办自己的企业成为有吸引力的选择。我访谈过的几名女性都提到,不用男性支持就能开办自己的店铺是美甲店创业的卖点。莎拉·金44岁,是曼哈顿一家美甲店的老板,丈夫是一名白人建筑工人,曾经是驻韩国的一名美国兵。她对与丈夫一起做生意有自己的看法:"(我丈夫)对生意一无所知,一点也帮不上我。但即便我有一个韩国丈夫,他知道怎么做生意,我也不想跟他合作。美甲店对我来说很好,因为我可以自己做任何事情。我不需要一个男人来帮忙搬重物或提防小偷。"独立经营美甲店的能力对于想要与丈夫分开工作的已婚女性来说,是一种奖励;对于是家庭唯一供养者的单身、分居或离婚女性来说,是先决条件。

尽管她们继续挣扎在家庭和工作的不平等的性别关系中,美甲店的女老板们在很大程度上还是比其他小企业的老板享有更大的自由。即便是夫妻合伙开店,在干洗店或杂货店工作的女性也经常要准备饭菜、打扫卫生,并以各种方式照顾她们的丈夫。闵平岬讨论了在丈夫的店铺里作为无偿的家庭劳动力的韩国女性的"双重负担",她们作为家里人,工作不拿报酬,同时还继续在家里承担家务。① 在一家韩国杂货店里进行田野调查时,我观察到同时为丈夫和雇员服务的女性,她们的双重负担又加重了。杂货店老板的妻子在地下室的小厨房里,为丈夫还有至少五名员工做饭、打扫卫生。她评论道:"在店里,我做饭和打扫卫生;回到家,我还是做饭和打扫卫生。"我之前讨论过为员工的分享餐做准备增加了美甲店老板的工作量,但与在其他类型的小店铺中与丈夫一起工作的女性相比,工作量已经少了很多。相比之下,美甲店店主在她的员工中享有较高地位,而做饭和清理的任务也是相互分担的。

自从查莉开始在美甲店工作以来,她和丈夫在家庭和工作中的关系变得更加平等。但她透露,维持这些安排对他俩都有压力。因此,开办美甲店为家庭关系创造了更大的平等,但要求她与丈夫、孩子以及她自己的认同感不断地协商。简而言之,女性创业并不必然转化成父权的削弱或身份的解放。

本研究中的其他亚洲移民女性也有查莉类似的经历:对家庭生活付出的减少更像是失败而不是胜利。移民降低了她们对家务和育儿的标准和付出,但是许多人渴望更多地关注家庭

---

① Min 1990,1996.

生活。作为一名美甲师,凯西·洪说:

> 很多东西都变了。在韩国,我每天打扫卫生,但在这不可能,因为我没时间……我丈夫做的家务比我多;他洗衣服、做饭。他晚饭前回家,比我更有时间……他也更受孩子们欢迎,因为他是一个好的倾听者;孩子们可能不喜欢我,因为我吼他们,尤其是最近。家,与其说是一种温馨舒服的感觉,不如说是乱成一团。所以我更加烦躁。我的大女儿告诉我我变了——她有一次说:"你变了很多你知道吗?"

凯西、查莉和其他受访者透露,对许多移民女性来说,在育儿和家务上投入的时间减少会引发一种深深的失落感,因为她们无法完成许多女性仍深以为然的首要角色——母亲和持家者。因此,对于这些女性来说,与丈夫更平等地分担持家和育儿的工作,更多体验到的不是收益而是让步。这一发现与对不同族群的移民女性的研究以及对本土的非裔美国人和其他有色人种女性的研究一致:将工作置于家庭和家庭责任之上体验到的不一定是解放,而是失落。① 与此同时,这些女性对照顾孩子的渴望不仅仅是出于对传统家庭价值观念的固有依恋,而是因为各种不平等制度将她们的家和家庭置于脆弱的位置,反而

---

① Hays 2003;Lareau 2002;Sidel 1998.

需要她们持续而费心的关注。①

查莉的经历展现了有孩子的已婚女性权衡工作和家庭时的喜忧参半的收益,而金妮的故事则凸显了年轻单身女性移民在美甲服务市场就业所遇到的另一种紧张关系。与通过开美甲店为其孩子提升机会的做法不同,像金妮·金这样的年轻移民女性,通过美甲工作来提高自己的经济地位。尽管金妮对自己的美甲技术很自豪,但她非常清楚,如果还有其他机会,她是不会选择这一职业的。

金妮·金——性别和移民的隐性伤害

森内特和科布的经典研究——《阶级的隐性伤害》重点关注了底层社会形成的一种不足感和自暴自弃的行为。② 本研究提供了一个有趣的类比,性别和移民因素如何结合起来削弱了移民妇女的自我价值感和归属感。许多像金妮·金这样的韩国美甲师,从事这项工作与其说是出于选择,不如说是出于必须,这导致了她们产生怨恨和幻灭感,因为这条默认的路径显然无法实现她们移民的梦想。

---

① 见 C. Freeman (1999), Fujiwara (2005), Kibria (1993), Parreñas (2005)。
② Sennett and Cobb 1993.

金妮是一家主要为黑人工薪阶级服务的、大型而忙碌的艺术美甲店的经理。尽管她对顾客态度粗暴，但也因她的原创手绘设计收获了很多追随者。一名非裔美国女孩走近金妮的工作台，同行的孩子母亲说，她要把第一次美甲作为生日礼物送给女儿。金妮应付自如，她小心翼翼地清洗和打磨女孩的小指甲，用专业的手法涂上指甲油——但这才刚刚开始。孩子的大拇指指甲盖就像金妮的画布，她画了一个完美的新月，然后在食指上画了太阳，接着剩余的指甲上是各种形状的星球。顾客们聚集过来，对这些设计赞不绝口，小女孩羞涩但真诚地喃喃说了句谢谢。金妮回复了一个不常见的带着感情的微笑，然后用韩语苦涩地对我说："如果我不会做这些原创设计，我就没法干这份工作了。"多年的美甲工作显然给金妮留下了烙印。她的故事揭示了美甲店的工作如何既给了亚洲移民女性的一个机会，又把她们送进了死胡同。

当移民梦想遇到竹子天花板

玻璃天花板是指限制女性和少数族裔进入高级别专业工作的结构性障碍。基于玻璃天花板的概念，竹子天花板一词指代亚洲人和亚裔美国人进入商业、教育和政府等领域职位的流动受阻。① 金妮的案例表明,对许多新移民来说,竹子天花板不仅基于种族,还基于性别和移民身份。此外,对于移民女性来说,竹子天花板要更矮,甚至阻碍了她们进入相关领域的初级职位。

查莉认为移居美国实现了她的童年梦想,而金妮认为移民美国是来改善经济条件这一想法更加务实,也更愤世嫉俗。移民后,她原计划上大学,学习会计,然后做股票经纪人。一开始她在美甲店里找了一份兼职工作,以便在大学期间挣些钱,她从没想过这会成为她的全职工作。

> 我真傻(苦涩地大笑)。在韩国时,我在一家贸易公司工作……在韩国我没钱读完大学,又想学更多,所以就来了这儿……我上了两年会计课程,毕业了……但是我仍然很难找到工作,和美国人一起工作。我想成为一名股票经纪人,在证券交易所工作。我原来不知道这有多难。我只是在那做梦。我以为会跟我幻想的一样赚到钱,赚很多钱。

获得会计学位后,金妮无法找到股票经纪人的工作,而是在曼哈顿的一家小型电脑公司找到了一份工作,但是她很快就

---

① Hyun, 2006. 有关亚裔美国人在专业性工作就业中流动受阻的其他研究,见 De Jong and Madamba(2001),P. Kim and Lewis(1994),Tang(1993),Woo(2002),Wu(1997),Young and Fox(2002)。

大失所望，因为她受到了美国本土出生的白人同事的排斥。她回忆道："钱还不错，但我不喜欢。那有大约七名员工，第一天就出问题了。午餐时，他们一起出去了，什么也没问我。我真的很孤独。我只喝了一杯咖啡，他们回来时也一句话没说，只是忽略我，就好像我不知道一样。"虽然金妮没有明确指出她同事的行为是种族歧视，但她在评论里暗示，这种持续的边缘化经历，影响了她离开那里去韩国人开的公司找工作。"我曾经想过去一家韩国银行工作，但又觉得'太无聊了！'……另外，在这儿（美甲店）的工资比银行的多三倍，所以我就决定在这儿工作。"因此，虽然她觉得韩国人的公司会更友好，但她对干杂活和低报酬感到不满。

金妮的经历挑战了这一观念，即受过教育的亚洲人可以不受歧视地顺利融入美国的职场文化。相反，像金妮一样，许多人面临着这样的障碍，转而去本国人开办的企业寻找工作，或者自我雇佣，然而这些机会需要非常努力地工作，而且并不总能得到预期的回报。①

---

① 关于亚洲人在小型族裔企业中被雇佣和自我雇佣的影响因素，见 Light and Bonacich(1988)，Min(1990,1996)，Le(2007a)，Zhou and Bankston(1995)。

还有什么其他工作吗？

要么在美国主流劳动力市场的排斥性环境中工作，要么在跨国或本地韩国公司做一份没劲的、低薪水的白领工作，面对这样的困境，金妮做了第三种选择——到性别化的美容服务市场里的一家韩国人开的店铺工作。当被问及为什么做出这个决定时，她耸耸肩说道："第一呢，我知道怎么做美甲……而且我想，'还有什么别的工作吗？'"鉴于之前的负面经历，她对在主流白领市场寻找工作并不热情。相反，由于在大学时代已经兼职立足了美甲行业，她很容易就过渡到全职工作了。

金妮的艺术能力和商业意识使她迅速晋升到经理的职位。她说："我不需要花很长时间就能学会所有东西。因为我的老板真的很喜欢我……我只做了三天修脚。老板说她花了两年的时间，但我仅仅用了三天就做到了！然后她就雇我当经理，尽管我从来没做过美甲。"在涉足主流劳动力市场的尝试以失望告终后，在第一家美甲店里跟同族裔雇主的良好关系把她拉了回来。

金妮的工作轨迹可以被视为拉塞尔·帕雷拉斯所说的"矛盾的阶级流动"，在这种情况下，移民带来了在他国工资更高但地位更低的工作。① 与这种模式一致,金妮在地位较低但报酬丰厚的美容服务领域工作,使得她在社会经济地位的阶梯上,在职业声望方面向下走,但在实际收入方面明显提升。许多像金妮这样的亚洲移民女性一开始有雄心勃勃的职业规划,但在教育挑战、法律障碍和工作场所歧视等现实面前渐渐偏离轨道。她们从事地位较低的美甲店工作,一开始作为支持她们实现抱负的短期过渡,但一旦她们适应了这项工作,就很容易无限期地干下去。因此,她们跟随了前几辈的移民女性的脚步,后者也有着职业抱负,将从事家政服务等低地位工作作为临时过渡,最后长久地留在了那里。②

和查莉一样,金妮起初不喜欢这份工作,但一旦跨过了入门障碍,留下来就成了阻力最小的路径。她克服了她之前在韩国的老师向她灌输的负面认知,最终跨过了这一步。那位老师曾在美国学习,"她认为这是一份肮脏的工作、低级的工作……(我老师告诉我)'嗯,你真的会过得很艰难。如果能找到新工作,就不要去美甲店。'"尽管老师不赞许,但金妮意识到,在有限的选择中,美甲店的工作是她最好的就业选择。

尽管金妮清楚地讲述了她进入美甲店工作的主要原因之一是在其他工作中受到的排斥,但被问及为何她和众多韩国女

---

① Parreñas(2001:150)针对菲佣发展了这一概念,他们移居美国后,职业声望下降,但收入增加。

② Grace Chang 2000;Glenn 1992;Hondagneu-Sotelo 2001;Romero 2002.

性都在这个细分市场工作时,她反而提到了亚洲女性天生擅长服务工作这一刻板印象。当我问为何这么多韩国女性在美甲店工作时,金妮肯定地表示:"我认为这是一种天赋。韩国女人的手是天生的。真的,这是真的。而且韩国女人真的很坚强,比韩国男人更坚强。要在这个国家生活,你必须坚强。"金妮没有指出亚洲移民女性的从属地位,而是诉诸本质化的群体特征,这忽略了韩国人之所以开拓了这个市场正是对主流职场就业受阻的回应。此外,她和其他韩国女性也用个人优势,以及"不想成为失败者"的说法,以此作为她们投身美甲工作的动力。因此,尽管她讲述了在其他工作中受到的排斥,但这并没有转化为对美国社会或全球服务经济机制的批评。在讲述自己的困难时,她也淡化了无证移民身份的风险,以及这对她在美甲行业内外就业所造成的限制。

美甲店和移民身份

这是一个非法移民引发仇恨,并为许多经济和社会弊病"背锅"的时代。作为一名无证员工,金妮成了在这一时期生活在不稳定状态中的人们的代言人。选择讲述金妮的故事,我意识到蕴含着某种风险,会强化人们对亚洲美甲师以及移民总体的误解,认为她们是违法者的同谋。但是,金妮的故事又值得讲述,因为它揭示了美甲店工作和移民问题中重要而且经常被误解的方面。像她的经历这样的关于移民日常生活和工作现实的一手资料,可以为目前关于移民的辩论注入急需的事实澄清和亲身感受。

亚洲美甲师有多少没有合法身份,这个很难确定,但各种研究表明,美国无证移民的数量和影响远远低于公众的敌意所认为的水平。这绝不是要低估众多社会成本、对驱逐出境和骚扰的恐惧,或对非罪化和合法身份的需要。相反,它展示出,将非法移民视为美国经济问题的原因与美国经济广泛依赖非法移民之间的错位。正如历史学家艾明如所言:"无证移民既受欢迎,也不受欢迎:他们被织入国家的经济之布,但只是作为用完即丢的廉价劳动力。"①因此,尽管在任何行业中存在大量无证件、无执照的劳动者对工人、企业主、顾客乃至美国社会而言都不可取,但如果不考虑导致并促使他们非法身份的诸多因素而让个人为其身份全权负责,也是具有误导性的。

考虑到许多无证移民生活在持续的恐惧状态中,我对许多女性拒绝讨论她们的移民身份并不惊讶。在金妮的案例中,尽管她没有告诉我具体细节,但她讲述了一个艰难但仍未完结的移民传奇。金妮的轨迹并不罕见:持学生签证来到美国,找到

---

① Ngai 2004:2.关于确定非法移民的规模、影响和对策的复杂性,见 Passel and Cohn (2008), Durand and Massey (2004), Massey et al. (2005), Passel (1999), Congressional Budget Office (2007), Nadadur (2009)。

一份工作,然后放弃那份工作并逾期居留。她本没打算以美甲师为职业,所以一开始没有申请执照,但也找到了一份美甲师的工作,"但三年以后,我需要执照了,所以我去美甲培训学校申请……我去学校只是为了(获得执照)"。许多美甲学校为注册其培训项目的外国公民提供 I-20 和 M-1 学生签证。① 然而,这些学生必须支付培训费用,并且保证每周培训 20 个课时,这对新移民,尤其对有工作的新移民来说可能很困难。即使他们有能力支付学费,从无证到有证也越来越困难,而且,这么做可能会使新移民更容易受到刑事诉讼和驱逐遣返。② 像金妮一样,许多人启动了这个过程却无法完成。她说她的情况"目前还可以",她可以一边等待获得合法身份的渠道开启,一边继续在目前的美甲店无证工作。她补充道:"她们(她之前的雇主)不在乎(她有没有执照)。她(现在的雇主)也不在乎。事实上,她很在乎,所以在为我想办法。"然而,尽管一些雇主可能在乎,也可能不在乎,但许多其他人——海关人员、政府官员、政治家、权威人士——强烈在意像金妮这样的女性是否有合法的证件,并组织起对无证者的严厉制裁。

像金妮一样,许多女性最终在美甲店找到工作并留了下

---

① 例如,曼哈顿的基督教指甲学校(Christian Nail School in Manhattan)的宣传册中,宣传了一个为期两个月的全日制美甲技术课程,费用约为 2000 美元,并为执照和签证申请提供支持。

② 关于无证移民寻求合法身份的困难,见 Johnson(2007)、Das Gupta(2006)、Swarns and Drew(2003)、Menjivar(2000) and Mahler(1996)。

来,因为这是她们就业的有限渠道之一。许多人在美甲店工作了一段时间后,寻求相应的工作许可和合法移民身份。因此,在美甲店这样的本族裔开办的小店铺工作,可以成为进入劳动力市场的入口,也是获得合法移民身份的方式,但这一切并不能保证。

随着美国移民政策越来越排外,合法入境越来越困难,越来越多的亚洲移民尝试从邻国入境。金妮就是首先移民到墨西哥,然后又移民到纽约。"在来纽约之前,我先去了墨西哥。上了两个学期的西班牙语课。"尽管金妮解释道她去墨西哥是为了学西班牙语,但通过拉美二次移民,是亚洲移民来美国的策略之一。人类学家朴界永记录了一名从墨西哥提华纳(Tijuana)入境的韩国移民女性钟(Chung)女士的叙述:"四个韩国人和一个其他国家的人爬进隧道,从早上六点等到下午六点。然后上了一辆运输蔬菜、水果的农用卡车,爬到座位后面的农产品下面。一个小时后,他们到达美国加州的圣地亚哥,被转移到一辆小货车上。在接下来的一个小时内,他们被转移到七辆不同的卡车上。最后,钟女士被送到洛杉矶的韩国城附近。在那里,她必须支付其余的费用。"[①]尽管金妮在入境时不必忍受如此艰苦的条件,但她也生活在没有合法证件的恐惧之中。

尽管"非法移民"的问题经常围绕着拉美裔展开,但像金妮这样的大量亚洲移民,面对着强烈的排外主义情绪,也在无证

---

① K. Park 1997:26.

身份所处的经济、法律和社会边缘化中挣扎。正如胡安·佩雷拉所写的:"如今排外主义的目标是墨西哥人、中美洲人和亚洲人。"①像无证拉美人一样,没有合法身份的亚洲人也采取谨慎的协调举措,他们认识到自己处境的不稳定,但也想办法与之共存。1997年,萨尔瓦多共和国首都圣萨尔瓦多市长赫克托·席尔瓦访问洛杉矶。他表示他曾期望找到"一个贫穷、恐惧的萨尔瓦多人社区",但意外地发现,"许多人已经扎根,成为公民,并积极参与所在社区的生活。"②同样,像金妮一样,没有证件的亚洲人挣扎在恐惧和身份限制中,但同时也为社会做出贡献,并依旧抱有希望,只要他们有耐心和努力,就能够改变自己的身份。不幸的是,面对打击非法移民的严厉政策和言论,这种希望越来越难以维持,甚至可能成为一种误导。

对亚洲女性的种族化性骚扰

不管有没有官方执照和移民文件,美甲师的边缘地位,加上对亚洲女性种族化和性别化的刻板印象,使得她们很容易成为性骚扰的目标。男性越来越多地光顾美甲店,这增加了美甲师必须提供的身体接触和情感管理形态的复杂性。亚洲女性,

---

① Perea 1997: 2.
② McDonnell 1997, cited in Hamilton and Chinchilla 2001: 189.

尤其是那些持传统观念的女性，经常发现与男性的服务互动让她们不舒服，因为这违背了她们所认为的合适的性别关系。我问金妮什么是工作中最困难的，她回答说："我不喜欢（服务男人）。有时我修完指甲后，不得不按摩他们的手，我不喜欢这样。我不喜欢那种感觉。我讨厌……（有些男人来这里）只是想牵女人的手。是的，有时候我就是感觉这是他们喜欢的。"我问她如何处理这些情况，她说："我什么也不说，只是忽略它。"然后，她举了个例子，有个男人不停地摸她的手，并暗示她跟他回家。"我就告诉他立刻离开，因为店前总是停着一辆警车。"金妮本人并没有把男性对她的越界行为归咎于她是亚裔，但其他受访者觉得，这种遭遇源于认为亚洲女性"性易得"（sexually available）的普遍观念。萨拉·金说道："有些人认为我们很轻浮，就像陪酒女一样。他们看过电影，或者有些可能在韩国当过兵，去过营地小镇。"这样的假定加重了这些女性面对隐秘和公开形式的性骚扰的脆弱性，苏美·周称之为"种族化的性骚扰"，即一种使亚洲和其他有色人种女性在工作场所容易遭受性骚扰的"特殊伤害"。周记录了两种对亚洲女性种族与性的刻板印象——一边是被动顺从的"模范少数族裔"，另一边是充满异国情调和情色意味的"苏丝黄们"①——如何结合在一起，

---

① 英国作家理查德·梅森（Richard Mason）1957年出版的一本英文爱情小说《苏丝黄的世界》（*The World of Suzie Wong*）中的虚构人物，1960年被好莱坞拍成电影。苏丝黄是一名与白人男性陷入爱河的香港妓女，体现了西方种族主义视角下亚洲女性的典型形象之一。——译者注

助长了骚扰者的信念,认为这些女性会接受或者至少不会拒绝他们的骚扰。① 与周的分析一致,由被性别化、种族化的亚洲女性——尤其是那些缺乏合法地位的移民——所提供的亲密的身体劳动的交集,加重了美甲店员工遭遇性骚扰的脆弱性,让她们无甚资源可与之对抗。

在我的研究中,我遇到了两家经常拒绝为男性服务的美甲店。我将在后面的章节中谈到,这主要是因为害怕犯罪,但服务男性的性别政治也是一个促成因素。美甲店老板卡拉·朴说,当她店里有很多男性顾客时,美甲师的离职率会更高。"尽管大多数男性都是好顾客,但如果员工有过一次不好的经历,她就会感觉很糟糕,不想再回来。大多数韩国女人除了丈夫的手,从来没有碰过其他男性的手。"这位老板把大多数男性描述为"好顾客",这与我所观察到的一致,男性顾客与美甲师的互动大都是亲切而尊重的。然而,我看到几起男性与韩国美甲师的互动,显示出明显的性色彩。有一次,在上城美甲店,我看到一个身穿职业装的白人老男人开玩笑地挑衅美甲师:"难道你不想嫁给我吗?我敢打赌,我比你丈夫更英俊有钱。"另一个例子则发生在下城美甲店,我看到一个年轻的黑人男子坚持要一个特别有魅力的年轻美甲师为其服务。店主解释那名美甲师正在做一个比较耗时的活儿,并尝试介绍给他另一名中年美甲师,他轻蔑地看了看第二名美甲师,反击道"在别家我能找到更

---

① Cho 1997:165.

好的",就扬长而去。

这些例子表明,一些光顾美甲店的男性将亚洲女性视为性对象。① 关于性骚扰的研究表明,性骚扰普遍存在于许多职业中,损害了女性的职业发展和心理健康。② 性别、种族、移民身份、低薪的身体工作等因素汇集,形成了一种美甲店的环境,这种环境可能会煽动骚扰者,同时使员工很难拒绝或阻止这些不想要的骚扰。就连在各种场合都与女性顾客直接对峙过的金妮也告诉我,尽管她讨厌与男顾客之间带着性意味的接触,但她也只是试着无视那些讨厌的骚扰。

因此,种族化的性骚扰让美甲店已经颇具挑战的身体劳动笼罩在阴影之下。尽管大多数光顾美甲店的男性都很尊重女性,但少数进行性骚扰的男性,即使只是以"玩笑的"旁敲侧击的方式,也使女性必须保持警惕。在美容服务部门工作的需求,特别是对身体和情感关注的期望,会增加女员工被骚扰的概率。当像金妮这样的亚洲女性美甲师遇到男性顾客时,这样的相遇被公共话语充注了种族和性的刻板印象,而她们还必须在这样的情况下管理好自己和顾客的感受。

---

① 正如我在前言中所讨论的,这些行为不仅限于男性,还可以包括女性顾客。
② 关于各种工作场所性骚扰的行为、环境和影响,见 Collinson and Collinson(1996)、Cortina and Wasti(2005)、Dansky and Kilpatrick(1997)、Huerta 等(2006)。

既非此处，也非彼处——夹在两个世界之间

公开的种族主义和贬损性言论进一步削弱了金妮对美甲店工作和移民生活的满意度，强化了她在美国社会被边缘化的感觉。

有时候我感觉要哭了，但我从来不哭，因为不想哭。我想成为人生赢家……有时我会遇到不好的顾客。我就想："好吧，我是移民——可你也是移民！你知道美国历史吗？"……在我看来，我可以（对他们说这些），但我不能大声说出来。所以我只是无视他们……有时他们咒骂我——"该死的中国女孩"或者是"回你的国家去"之类的话。但我能应付……"好，没问题。非常感谢。"就这样……起初我什么都试过，第一年我还报警了。但是现在我已经习惯了，所以就直接无视他们……当我非常生气的时候，我就什么都不想，拿包烟离开，连抽三支，就基本没事了……等我见到我的韩国朋友时就一起喝酒，我们一直喝到夜里两三点，没人想停下来，只有我想停。

我在后面的章节中会谈到，其他美甲师也提到在工作时遇到类似的赤裸裸的种族歧视。金妮声称自己无视这些，但与人

分享这些经历时，她明显很沮丧，并透露出她经常将工作压力内化，并转化为不健康的行为，如过度吸烟和酗酒。金妮的老板告诉我，她担心金妮"粗鲁的朋友们"，以及她的身心健康，她试着让金妮去韩国教堂，但金妮不想去。

金妮对未来的预期不高，这也增加了她的忧虑。早期的韩国移民女性把美甲师当作自己开美甲店之前的短期过渡，而金妮觉得这条道路对她来说不太可行。她非常清楚眼下开店所面临的挑战，包括不断增长的启动资金、激烈的竞争和不断攀升的市场淘汰率。"我听说现在80%的美甲店是韩国人开的，但是10到15年后将降到20%到25%，因为竞争的缘故。这里大约有5家韩国美甲店。去年冬天，1家中国美甲店开业，就在这附近。价格比我们低得多，而且指甲做得非常好。那为什么还来这里？"因此，金妮认为从长期来看，要维持一门盈利的生意，可能性不大；在这一点上，她和许多美甲店员工相似，放弃了自己开店的愿景。布鲁克林的美甲师兼店主珍妮·朴评论说：

我想说，不是所有开美甲店的韩国女性都成功了。许多店也就是能维持开着，并不挣钱。像我这样的人有很多经验，但现在，很多只有几年经验的女孩也开店，因为不想再给别人打工了。她们希望被当成"老板"，但内幕是，她们开了店，但没有任何的利润。能拿回工资，她们就很满意了。

鉴于许多小美甲店,开店和打工的收入相差无几,当老板的欲望越来越被开店创业的不确定性压倒。因此,对许多韩国移民女性来说,通过创业寻求经济流动和在美国的归属感变得不再可行。①

金妮认为美甲店的市场几乎饱和了,所以滋生出有朝一日开个贩酒店的心愿。"等我四十五岁或五十岁时,我要开个自己的贩酒店,因为我喜欢喝酒。开玩笑啦。但我真的正在考虑开一家贩酒店。我不想长期做这个(美甲)。不超过十年……现在我是别无选择。这是最好的方法,所以我还可以做。但如果我有了更多的钱,我就不干了。"但是,金妮是否能开成贩酒店还是个未知数。这样的创业需要投入大量的成本,日常的管理也需要大量的支持,这是金妮作为一个没有家庭或商业伙伴的单身女性所欠缺的。因此,她一边怀揣着拥有自己事业的梦想,一边接受了现实,从事着这样一份没法实现她的职业目标、每日艰辛并增强着她在新国度的疏离感的工作。

金妮告诉我,在美国生活了将近十年后,她觉得很难再回到韩国。与此同时,她经常觉得自己在美国主流文化和韩裔美国人社区中都是局外人:"韩国人不认为这份工作是体面的工作,他们觉得很难堪。我从来没有,但是他们当中大多数人,尤其是老年女性,认为给别人洗脚真的很难堪。"虽然金妮声称她

---

① Kyeyoung Park(1997)讨论了很多韩国移民如何将开办小企业视为在新国家获得地位和安全的标志。

对美甲店的工作没有类似的负面感受，但她的故事却有着其他的暗示。与她所梦想的金融业的高级职位相去甚远，她的工作在她任何的社交圈里都无甚威望。

女性在美甲店工作中的得与失

女性在移民中有什么样的得与失，尤其在从事着像美甲这样的社会地位低的、性别化的、少数族裔的工作？查莉和金妮的故事提供了复杂的答案。在美甲行业打工和自主开业使得许多像查莉和金妮一样的亚洲移民女性克服主流劳动力市场所设置的障碍，抓住了自己的机会。此外，这项工作有着一定的灵活性，可以平衡工作、家庭和社区责任的不同需求。与此同时，这些女性的经历揭示了关于亚洲移民被同化和向上流动的意识形态中深深的裂缝。

与其他性别和移民研究者一样，我认为，尽管女性移民的经济贡献越来越大，但移民在个人自主权、家庭权力和性别平等意识方面带给女性的"所得"却很有限。这些女性在改变父权制关系上"失败了"，反映出她们的从属地位，不仅仅是作为女性，而且是作为从事低社会地位职业的少数族裔外国人。尽管女性确实为维持传统的家庭价值观和家庭关系做出了贡献，但如果认为这些安排得以持续存在就是因为女性通过"自然"

的母性或女性情感内化并再生产了它们,那就大错特错了。历史和全球的力量形塑了特定的认知,即亚洲女性移民比男性移民更温顺努力,这使得女性获得了更多的经济机会,经常把她们推到了主要的挣钱者的位置。虽然女性不得不起身承担这一经济角色,但她们没有得到额外的物质或意识形态资源,因为她们的丈夫、社区和政府往往未能给她们的多重责任提供支持。

小　　结

认识到美甲店创业和工作的得与失,并非贬低韩国移民女性通过这项工作做出的诸多贡献,也并不是佐证亚洲少数族裔的成功叙事。事实上,它捕捉的是女性在以此为生的过程中的紧张与妥协。有一次,我在大学研讨课上展示了这一章的成果,一名韩国研究生过来跟我说,我的研究发现与她的观察恰恰相反。她表示,她认识的在美甲店工作的韩国女性"感觉她们是在帮助别人,并不觉得自己被歧视";她们如果知道这份工作被我描述得如此卑微,会很难过的。我回答说,我同意大多数韩国美甲师确实为自己的工作自豪,即使他们也认识到了其中的艰辛。但是,没有认识到形塑她们工作的排斥性动力并不意味着这些动力不起作用。对于大多数人来说,如果只关注工作中被剥削的部分,那每天去上班将是一项困难的任务。相反,大多数员工通过各种方式来获得满足感,比如通过积极地与客户互动或是通过养家糊口的自豪感。即使像金妮这样的女性,清晰地讲述了自己因被排斥而去美甲店工作的经历,仍然会说自己的技术和对工作的喜爱是她们"选择"这份工作的原因,即便她们是在非常受限的条件下做出了这些选择。

后面的章节将探讨这项工作的身体层面,而在这一章中,我侧重于情感管理的动态变化,包括美甲店老板和美甲师们对移民生活的复杂感受,以及她们在工作和家庭中管理这些感受的方式。这个视角有助于回答性别和移民研究中一个持久的问题——移民过程如何改变女性的生活?女性如何体验这些变化?像查莉这样有孩子的已婚女性,并没有因为美甲店的工作而感到自己从家庭责任中解放出来了,而是被迫将她们情感劳动的开支从照顾家人转移到了照顾顾客。同时,这些女性为没法履行家庭责任而不断承受着情感压力。像金妮这样的单身女性则感觉被困在这个她们觉得配不上自己的工作中,但在寻找其他就业机会时却受到了限制。此外,像金妮一样,在私人生活领域,她们感到同时被排斥在韩裔美国人社区和主流美国社会之外。非法移民身份、被贬低的种族化与性骚扰相结合,加剧了个人在新国度的不安全感和社会疏离感。将亚洲女性视为在性方面"易得"的刻板印象使这些女性更容易受到性骚扰,破坏了工作作为她们的经济和个人力量来源的感受。韩裔美国人社区对美甲店就业的负面看法进一步削弱了这项工作潜在的赋权面向。这些因素结合起来对就业者造成了很大的压力,助长了不健康的身体和社会行为,例如过度吸烟、酗酒,脱离社交活动。

  查莉和金妮的经历生动地展现了在美国美容服务行业,移民女性生活和工作的复杂性。虽然她们的经历很显然受到性别的形塑,但是单单性别因素并不能解释她们工作和身份的多重维度。事实上,性别化的过程被种族、阶级和移民身份所折射,生产出绝非千篇一律的女性经验及其感受。相反,这些经验和感受与女性的具体定位——亚裔、移民、雇员或从事身体劳动的服务工作者——息息相关。接下来的一章将从美甲店老板和美甲师的情感和身体视角转向顾客的视角。

第三章 美甲上瘾

顾　　客

像是成了它的奴隶一样。一旦来了,你就必须一直来,保持你的指甲,因为一旦你看到美甲后的指甲有多好看,你就不希望它们再回到从前的样子。你就上瘾了——这是一种迷恋。

亚历山德拉,顾客,专属美甲店

(我自己设计指甲)因为我不喜欢跟别人的一样。我的指甲就是"我"。指甲是人们注意到我的第一件东西。

贾米拉,顾客,下城美甲店

我低头看着人行道,被女人们的脚迷住了。其中一个穿着露趾凉鞋,趾甲涂成了粉红色。我还记得指甲油的味道,记得如果过早地涂第二层,指甲油起皱的样子,记得透明连裤袜轻拂过皮肤,记得脚趾被整个身体的重量推向鞋子开口的感觉。涂着趾甲油的女人两脚不停地变换。我能感觉到她的鞋子,就像穿在我自己的脚上。指甲油的气味让我感到饥饿。

玛格丽特·阿特伍德,《使女的故事》①

是什么渴望驱使女性去修指甲?是对美丽、力量和浪漫爱情的渴望吗?或者这些是对更深层意义和认可的渴望的替代物吗?是什么让修剪过的指甲同时满足和剥夺了女性的欲望?即便在共同追求美甲的过程中,不同的女性有何不同的渴望?在玛格丽特·阿特伍德的反乌托邦小说中,涂着指甲油的指甲在叙述者心中激起了她对之前在民主社会中曾经拥有的自由的强烈渴望。她被当权的基督教激进主义者强制分配一个只基于生育功能的角色,现在,她必须穿得像个修女,不能有任何身体修护装备,包括护手霜。在一次有趣但不完美的角色转换

---

① 前两句引文来自我在本研究中进行的访谈,第三句来自 Atwood(1998:29)。

中,她艳羡地盯着一名想给她拍照的日本游客那涂了指甲油的脚趾。阿特伍德创作这个小说场景的时候,亚裔开办的美甲店尚未普及,一名观光旅游的日本女性也不能等同于韩国移民美甲师。但是,一名白人女性羡慕亚洲女性涂色的脚趾,这种反常提供了一个强有力而令人不安的形象——关于一个与当下美国截然相反的社会。

这个小说图景的价值在于,它提供了一个反思当下的机会,并扰乱了当代的社会景观。在当代社会景观里,亚洲女性并不渴望修整自己的指甲,而是更想修整另一个女性的脚。阿特伍德从本质上抓住了修整过的指甲的强大吸引力,或者说尤其在女性缺乏基本资源和机会的情况下。如阿特伍德笔下的女仆,对于许多女性来说,对美甲的渴望不是一种可有可无的甜点,而是填补她们自我存在感的主食。

修整过的指甲和女性对此的强烈渴望,可以作为一个切入点,来审视关于美丽的竞争性建构以及这些建构所揭示的女性生活。为什么有这么多各种各样的女人都做指甲?她们对指甲赋予的含义有什么异同?什么是可接受的指甲的边界?如何定义、监管和挑战这些边界?越界的后果又是什么?尽管本研究中,几乎所有的女性都认为她们对美甲的追求实际上是对女性美的渴望,但对于什么是美、什么是美丽的指甲的看法,却形成了鲜明的对比。美丽和美容服务的性别化建构被附加了种族和阶级意义,但不能简单地还原为种族和阶级位置。相反,具有相似社会背景的女性可能做了相似的指甲,但却给出了非常不同的内涵;而那些指甲看起来非常不同的女性,却可能被共同的欲望连接着。

与此同时,虽然不同的女性可以选择是否和如何修指甲,但她们给自己的指甲赋予的意义与别人对此的理解可能并不相同。在本章,我将探讨女性是如何看待自己的指甲,从表达个性自立到专业精神和关系承诺。然而,对可接受与不可接受的女性身体展现的狭隘言论,往往凌驾于女性的自我定义之上。女性对指甲样式和美甲服务的选择反映了"美丽"的社会建构,它不基于自然或生物特征而形成,而基于深深扎根在性别、种族、阶级差异中的社会品位而形成。

修饰自我呈现中的这些差异,类似于食物、消遣及其他类型的文化消费中的炫耀性展现,起到了按照"好"和"坏"的品位来维护和增强社会声望的作用。正如皮埃尔·布迪厄在《区分:品位判断的社会批判》中所写的:"艺术和文化消费是预先倾向于满足一种使社会差别合法化的社会功能,无论人们愿不愿意,无论人们知不知道。"[1]布迪厄"惯习"(habitus)的概念指的是"条件制约与特定的一类生存条件相结合,生成惯习",阐明了看似多余的展现(如女性的指甲)实际上充分表明了社会地位的差异。[2] 因此,女性的美甲不仅仅代表个人的品位,还反

---

[1] Bourdieu 1984:6-7.
[2] Bourdieu 1990:52-53.

映了与顾客惯习相关的身体差异。尽管布迪厄关注的是阶级差别,但正如我在本章中所展示的,指甲样式所体现的女性的惯习,也深深地借用了种族和性别差异。通过对布迪厄惯习概念的交汇性分析,本研究扩展了这一概念范围以纳入除阶级之外的其他多种多样的影响,并把注意力集中在一系列服务提供者的身上——从厨师到高尔夫球童,再到理疗师和美甲师——这些服务提供者对于保持展现身体区分非常必要。

我考察了六位顾客,将她们互相比较以及与其他案例比较,重点关注顾客是如何从特定的惯习或从与其社会地位相关的一系列审美倾向中协商美的含义的。并不是说这些顾客代表了所有经常光顾美甲店的女性,我也不想从她们的经历进行推论。相反,这些剪影揭示了在特定场所出现的主题和差异,显现了形塑这些场所的情境化力量。前两个顾客——亚历山德拉和贾米拉——凸显了跨越种族和阶级界限的"好"与"坏"的美的竞争性建构,以及这些类别是如何在相互对立中被界定的。特蕾莎和布里安娜的美甲则反映了她们作为母亲的身份认同,以及该身份被社会确认或未予确认的不同方式。埃拉和谢丽尔强调了美甲在工作场所的意义,并阐明了种族和阶级分化如何作用于身体呈现的机制。最后,我考察了女性与男性的关系以及定义了这些关系的社会机制,如何影响了女性的美甲行为。

这些女性的案例显示出,美甲店的顾客既不是剥削性父权美容文化的简单受害者,也不是完全自主的行动者。尽管她们的确声称根据个人的喜好来进行美甲,但是女性的美甲实践形成于更大的社会背景和意识形态中。以下的讲述从顾客自己对美甲行为的解释开始,然后深入探究这些行为中女性自己也许没有意识到的维度。

修饰种族化和阶级化的女性气质

帕特里夏·希尔·柯林斯在其广受赞誉的著作《黑人性政治》中写道:"所有女性都处于一种意识形态里,即认为中产阶级、异性恋、白人女性特征是一个标准……而且,如果没有黑人女性和其他不达标的人的显性存在,这些女性美的标准就没有任何意义。"她进一步谈到,美丽和丑陋的两分法框架固化成基于种族、阶级和性的等级的、标准的和边缘化的女性美的类别。这些类别通过特定的身体特征来辨别——主要是肤色、头发质地、体型和面部特征。① 我在这个列表中添加了指甲这一之前被忽略的塑造女性美的重要维度。不管美甲的女性自己的意图是什么,法式美甲和浅色系象征着白人、中产阶级、异性恋的

---

① Collins 2005:193-94. 性取向也是形塑女性外表的性别建构中的重要力量。遗憾的是,在我的研究中,我无法完全讨论这个问题,本章重点介绍异性恋伴侣和身份。有关女同性恋、双性恋和变性女性中的外表分析,请参见Atkins(1998)和Cogan(1999)。

女性美，而喷绘精雕的指甲则象征着黑人、贫穷、性反常、边缘化的女性气质。简言之，女性的指甲使她们"变白"或"变黑"，因为根深蒂固的社会分化将意义强加于身体的自我呈现之上。

柯林斯在强调黑人-白人的差别时，认为其他有色人种的女性在种族化的美丽等级中，也居于从属地位。同样，朱莉·贝蒂在对加州墨西哥裔和白人高中女生的研究中发现，发型、衣服、化妆以及指甲油的颜色是表现不同形式的女性气质的基础，她将这些不同形式称为"异议"与"主流"。贝蒂指出，"颜色是一种重要的区分工具"，其中"墨西哥裔女生"更喜欢深色，而"大学预科生们"则穿浅色。① 她发现，某些颜色被解读为阶级和种族标记，这与本研究在美甲市场的发现相似。但我发现不仅是颜色，指甲的设计、长度和形状，都体现着阶级和种族标记。

下面介绍两个美甲店顾客的故事——亚历山德拉和贾米拉——在白人中产阶级与黑人下层女性气质的二元框架中比较二者。这种二元框架是有问题的、不全面的，但它仍然是一个霸权框架，渗透到其他女性的经历中，并形塑了种族化美丽的参数。像亚历山德拉和贾米拉这样的女性，努力通过指甲表达自我，但她们自己的意义只是一件外衣，包裹着种族化的、阶级化的、性别化身体的厚厚的社会等级。

---

① Bettie 2003：15.

亚历山德拉

我必须注意外表，必须做指甲。我不能带着一大排没上指甲油的、光秃秃的指甲到处走，人们肯定会注意到。即使我觉得自己被"驱动着"，有很多事情要做，即使我真的没有时间，但我也必须挤出时间去美甲。有长指甲的时候，也很难自然地就保持着长指甲。看，这是一个社会问题。我们的社会糟透了。就到这一步了——长指甲很漂亮，但实际上，没人帮助的话就不可能有长指甲。

亚历山德拉27岁，是一所私立小学的白人教师，也是专属美甲店的常客。她讲述的美甲经历，展现出一幅复杂的画面：一个女人从批判到最终默从女性的美丽规范。她承认自己对美甲"上瘾"，投入了大量的时间和金钱来保持她柔和的法式指甲和精心装扮的外表。与此同时，亚历山德拉也批判社会要求她留又长又漂亮的指甲——以及在她未达到这些标准时对她进行负面评价。但是，尽管分析得很清楚，她也并没有改变自己常规的美甲行为。亚历山德拉自称迷恋美甲，是美的"奴隶"，是美容行业及其意识形态的受害者，但她也说，她选择做指甲是因为这让她感觉良好。我们如何理解这些自相矛盾的观点呢？

一方面，我们持严厉的观点，认为亚历山德拉就是个伪君子，说得到做不到。但我们仍然需要进一步挖掘，询问为什么她会这样。她到底是不愿意,还是不能够按照自己的批判精神行动、进行积极的抵制呢?她是缺乏足够的权力来应对有失优雅的现实后果吗?还是她一边攫取表面顺从的好处,一边策略性地展开她自己关于指甲和整个身体展现的计划?我无法直接问亚历山德拉这些问题,她自己的回答也不一定能说明整个原委。我没有更多地探究她自己的美丽信念,而是分析她对其他女性指甲的评论,尤其是对那些低于她的接受标准的指甲的评论,从中得出一些推论。

亚历山德拉没有明确提到美丽迷思(beauty myth)的概念,但在她对社会的大段批判中,提到了这一概念的许多主题,她指出社会迫使她投入时间、物质资源和精神能量来保持容貌,代价是牺牲了其他被"驱动"去做的活动。尽管像亚历山德拉这样的女性熟知对美丽文化的批判,但她们不仅在美丽游戏中继续玩、继续赢,而且还成为游戏规则的执行者,从而将其他女性排除在美丽的队列之外。为了在个人和职业环境中吸引到男男女女的正面关注,亚历山德拉在指甲上遵守了女性气质的狭隘规则,并将这些规则强加给其他女性。当被问及是否做过延长甲或指甲设计时,亚历山德拉拼命地摇了摇头。

你看起来庸俗,也是廉价或者什么的,我认为你看上去就在浪费钱,挺蠢的。我做的美甲看上去更实用,符合我的形象——整洁,头发不长,简约时尚的衣服。我认为如果花钱去做指甲,指甲应该给你带来正面的关注,而不是负面的。还有另外的原因就是,一些人会说,"哦,你的指甲真好看,真漂亮。"感觉也不错……男人和女人都会注意到指甲。我相信如果我不做美甲,他们会注意到的……因为用了一整天粉笔后,指甲看起来真的很脏……谁把那样邋遢的指甲举起来,真是疯了。如果做个简单的设计,我会喜欢,那很好,我可以接受,但是我不想太出格。

亚历山德拉遵从主流的美丽标准,但她既不是一个简单的"文化受骗者",无意识地复制主流意识形态,也不是一个美丽价值的纯正信奉者。① 相反,她计算着什么样的指甲会带给她所期望的关注,并做出了相应的选择。但是,这是一个受限的选择。她敏锐地意识到了做出错误选择的负面后果:要么是指甲看起来没打理,正如她所表达的对指甲沾满粉笔灰的顾虑,要么是显得"廉价"和"愚蠢",如果她的指甲太过夸张。

亚历山德拉并没有明确地将带着精雕甲片的长指甲归类于黑人工人阶级女性,但她清晰地将自己和自己的品位定位于是独特的,而不是"看起来有点疯狂"的。她没有说出种族和阶级,但她对"出格"指甲的顾虑为正常的女性气质建立了清晰的

---

① "文化欺骗"的概念(Horkheimer and Adorno,1972)是指大众被操纵,特别是通过媒体,对流行文化买账,这是兜售资本主义的重要组成部分。Stuart Hall 则反驳说,文化是一个持续斗争的场所,包括对主流文化形式的同意和反对。见 Hall(1981,1990)。

边界,并暗示出那些越过边界线的行为。亚历山德拉在谈到女性美丽的形象和标准时小声抱怨"社会糟透了",但她并没有在自己的美容实践中抵制这种意识形态。此外,她与那些遵循不同美丽习俗的人划清了界限。

相似的,本研究中的其他白人女性也在避免将精雕长指甲当成种族和阶级的象征,但同时也明确地将自己与这样的美甲实践及其实践者脱钩。什么样的女性会做延长甲或指甲设计?在回答这个问题时,研究中的大多数白人中产阶级女性编码了一个暗示性而非明说的潜台词,种族。例如,一位叫西尔维娅的顾客如此解释她对艺术美甲的厌恶,她表示喜欢艺术美甲的女人是"媚俗的女人,希望被人关注",间接暗示了有色人种女性爱炫耀。其他女性在评估什么是合适的指甲时,强调年龄和肤色等因素,但没有明确说种族。例如,玛格丽特说:"我根据自己的肤色选择指甲颜色,选个不会让我看起来很蠢的颜色,就像我在努力扮嫩一样。"因此,她对肤色和皮肤的评论没有被表述为关乎种族,而是对年龄的"愚蠢"否认。

最直接地指出指甲是种族和阶级标志的女性,既不是拥护规范女性气质的白人中产阶级女性,也不是体现其对立面的黑人工人阶级女性,而是位居二者之间的女性。文是一名亚裔美国大学生,也是越南工人阶级移民的女儿,她根据自己被边缘化的社会地位,就装饰指甲与种族和阶级的关联发表了意见。"有一次,我去买了喷枪——只是想试试——我父母就吓坏了。

他们说他们不想让我看起来像个社会下层的……是的,我想他们看到更多的黑人女孩有这样的指甲,黑人和西班牙裔女孩,这是他们不喜欢的。但我也认为他们不喜欢这些是因为'他们觉得'那样太艳俗了,看起来很不整洁的样子。"尽管文明确认识到指甲的种族和阶级含义,但她仍然使用编码化的描述,如用"艳俗"和"不整洁"来解释这些女性气质形式的边缘化。

同样,不到四十岁的二代意大利裔美发师杰奎琳,是一名来自工人阶级移民家庭和社区的白人女性,她从这样一个半边缘的位置上表达自己的想法。她非常认同父母的移民身份,这成了一种动力,让她学会说流利的意大利语,拜访自己的母国,与亲戚联系。美容服务工作者的经历进一步形塑了她的观点。与本研究中的其他白人女性不同,她公开评论了指甲的种族含义:

非裔美国人是亚克力指甲和喷枪的大力支持者。坦率地说,我很认可她们这样做,因为看起来很好看——她们以自己的指甲为荣,而且很有艺术眼光。你必须对自己有自信和安全感,才能做出令人咋舌的指甲。它需要某种个性,非常有创造力和艺术性。我知道,因为如果我做了亚克力指甲,人们会看着我,觉得这指甲太大胆,太闪亮,也太长。也许大学和高中的孩子会做这样的指甲,而普通的家庭主妇则会做更成熟的指甲。

杰奎琳对做艺术指甲的女性表示钦佩，认为她们表达了自信和创造力，并将这些视为非裔美国女性的优秀品质。与此同时，她复制了将这些女性排除在"普通家庭主妇"规范类别之外的文化框架。像玛格丽特一样，她也援引年龄来弱化种族意味，表示精雕的指甲样式对"孩子"来说是可接受的，但对渴望更"成熟"指甲的女性来说却不行。①

大多数女性都闪烁其词，不明确指出种族或阶级，而侧重从年龄、整洁或"艳俗"等特征来评价指甲的样式。与这些隐晦的暗示相反，像贾米拉这样的非裔美国工人阶级女性直接挑战指甲的种族和阶级政治，因为按照主流女性气质的标准，她们的指甲样式给她们的身体打上了失范甚至丑陋的污名。

贾 米 拉

贾米拉26岁，非裔美国人，一名餐馆的服务员、半工半读的学生，也是下城美甲店的常客。她自豪地展示了自己5厘米长的指甲，装饰着醒目的黑色纽约市的天际线，衬托着橙黄色的夕阳。"我每次画好一个新设计去交给李先生。这就是我去找他的原因——他做手绘，不仅仅是喷一些贴纸，或者喷绘其他人的设计……我每两周花50到60美元。夏天我会修脚所以花更多的钱，大概每月150到170美元。这是值得的。"贾米拉以

---

① 有关年龄对女性美容实践的影响的讨论，请参见 Furman 的 *Facing the Mirror* (1997)。

自己的原创美甲为荣,讲述设计自己的指甲过程中的个人审美。"这完全取决于我的心情。像这个设计就感觉我在纽约之巅,不会掉下来。"我评论道:"纽约事实上已经在你的指尖。"她大声笑着回答:"是的,有这样的指甲时,没人会惹你。"这些指甲允许原创式的自我表达,给她带来了力量感,像她说的,没人会"惹"像有这样指甲的女人。鉴于她的服务员工作,我问她经理或顾客是否抱怨过她的指甲。她回答说:"他们抱怨的时候,我就转身走了。"因此,她独特的指甲样式优先于顺从主流的社会规范,即使后者是为了保住工作。

亚历山德拉在人际关系和职业生活中定制了指甲样式使之符合女性美的标准;贾米拉则炫耀自己独一无二的手绘设计,即使面对着社会的反对。然而,在截然不同的指甲审美的表象下,这些女性或许有着更多的共同之处,因为她们的品位反映了各自的社会世界。在亚历山德拉所遵循的中产阶级白人美丽标准前,贾米拉的指甲也许是不合格的,但在另一个美丽舞台上,那个反映着她的种族和阶级位置惯习的舞台上,她可以被视为赢家。当我问贾米拉为什么在美甲上花这么多钱时,她回答说:"我的手对于女性来说太大了。我从来没有那种又细又长的淑女手指。我父亲过去常说我的手比他的还大。我想要长指甲,因为这让我的手看起来更有女人味一些。"正如柯林斯所写的:"霸权型女性气质的一个基准是女性不像男性。"①亚历山德拉的指甲美学反映了她在意展现出"正确"的女性形象,既不蓬头垢面,也不华而不实;贾米拉的指甲则防止她被评价为"像个男人",即根本不是女性。

亚历山德拉认为有着夸张指甲的女性是失常的,与此相反,贾米拉的故事表明她的指甲在自己的社会背景下是有意义的。亚历山德拉的美甲过程大多是一次独自的经历,而贾米拉在美甲店的时间常常包含与其他女性社交和建立纽带。"我初中的时候,妈妈就开始带我去那。她看到这些美甲店,就决定我们应该去做美甲——最后……我要参加一个姐妹会,为了入会,我不得不剪掉指甲——她们知道这对我是一个真正的考验!我真的想过这是否值得,但我还是做了。"作为一种戏谑仪式,贾米拉姐妹会里的姐妹让她剪指甲作为忠诚测试,以此反过来强化了她们保持相似的艺术美甲风格。因此,虽然受到亚历山德拉等白人中产阶级女性的鄙视,贾米拉的指甲却获得了本社群女性的赞美,成了彼此之间坚固的纽带。

贾米拉强调她的指甲是自我表现的独特形式,但她将自我定位于黑人工人阶级惯习与平衡坚强、自立和创造性表达以获得她理想中的女性气质的需求之中。她和父母及妹妹住在一套公寓里,在几乎全职从事餐馆工作的同时,努力争取获得学士学位。贾米拉知道机会不大,但仍对未来抱有很高的期望,保持严格的生活准则,包括指甲护理。"我去之后,他们把指甲

---

① Collins 2005:193.

油卸掉,检查有无松动和裂缝的地方,还治疗真菌。我的指甲长得很不均匀。李先生揭掉旧的指甲片的时候就是一种折磨。他是老板,我也很挑剔,所以我只去找他——我期待完美。"因此,她投入了大量的金钱和努力来保持美甲。可悲的是,贾米拉如此勤奋护理的指甲,恰恰会让她在自己社群之外的社交圈中,被贴上是不可雇佣的,甚至是不够女性的标签。

贾米拉强烈地拒绝更换指甲样式,与其他黑人工人阶级女性形成了对比,她们为了寻求向上流动的机会,默默地调整自己的指甲和身体形象。24岁的塞琳娜是一个非裔母亲、半工半读的学生和包裹员,也经常光顾下城美甲店。她也做延长甲和美甲设计,但她把它们"降格"了,因为她知道这阻碍她找到更体面的工作。

我追求实用。不做太离谱的,(比如)青柠绿、紫色、亮粉色。我做棕色、浅粉色和中性颜色。对于设计,我就做花卉或热带植物,比如棕榈树。我从不过火。在我工作的地方,顾客会看我的手,如果指甲真的又长又野,就不合适。我总是被告知——就像在关于准备面试的书里写的——第一印象很重要,对方会看你的头发、衣服和指甲……我在考虑去MTA(大都会交通管理局)或华尔街工作面试,那我不能带着全黑的指甲去……如果他们看到我的手,我希望他们觉得还不错。如果你的手有疣,或者有真菌、有灰,他们可能会想,"我想知道她的房子是什么样的。"

塞琳娜意识到,她的手和指甲向潜在的雇主传递了强烈的信息,雇主们通过这一点来评估她生活的其他部分,比如她是如何打理家的。虽然她认为自己的指甲并不离谱,但她承认,为了找到更好的工作,她必须进一步调整指甲的样式。

同样,22岁的非裔女性阿莉娅,在超市做收银员的工作,但期望着能去护士学校。她表示要是换工作就需要委屈自己的指甲美学。"我想过——如果我成为一名护士,我就不会有长指甲,必须短一点,但我还是会涂指甲油。我只能戴手套,因为指甲油可能会掉,我必须保持卫生。如果留指甲真的是个问题,我想我就只做一般的指甲护理了。"对于像贾米拉、塞琳娜和阿莉娅这样的女性来说,她们的美甲选择会带来一些后果,限制或促进她们的社会流动。

如果这些女性意识到了不符合传统美丽标准的指甲会对工作产生负面影响,为什么她们不放弃呢?一位白人中产阶级的同事给我这一章做反馈时,分享了她的感受。当她读到贾米拉不惜妨碍工作前景坚持一种身体表达时,看起来贾米拉是在自我破坏,这让她最初感到很沮丧。"但后来我突然意识到:我辞职是因为我没法穿牛仔裤去上班,她们失去工作是因为雇主不让她们留喜欢的指甲,这有什么不同吗?"她的洞察力揭示了女性改变(或不改变)自我表达以适应工作需求方面的基本相似性。然而，她们是否成功实现各自的美丽标准的结果却大相径庭。在不同的工作中，女性根据职场的标准改变着自己的身体展示，但是难以维持的标准也可以变成辞职的理由。因此，尽管很容易认为这些留着装饰指甲的黑人工人阶级女性与亚历山德拉这样的白人中产阶级女性没有太多相似之处，无论是她们指甲的外观，还是她们赋予指甲的意义，但这样的解读会掩盖她们对女性美相似的追求。她们遵循的标准不同，需要面对的结果也不同。在亚历山德拉的例子中，她的美丽选择关乎是否自我感觉良好，是否引起正面关注，是否挑战或默从主流的美丽标准。对贾米拉来说，风险则要高得多。虽然在她的社群里，她的指甲可能为她赢得了羡慕和尊重，但在主流文化中她会被污名化，从而导致潜在的失业以及难以脱离城市贫困。

　　判断什么样的指甲是美丽的，女性必须协商不同的标准——她们自己社群的标准、特定机构（如家庭和工作场所）的标准、占主导地位的白人文化的标准，以及她们自己的标准。正如林恩·钱斯尔在《调和的差异》中写道："有色人种的女性不仅必须与坏女人/好女人二分法抗争，这种二分法本身在历史上曾经被种族化和性别化。对于一个非白人的女性来说，无论如何，还必须与令人抓狂的、复杂的、关于'什么构成美'的文化信息抗争……作为一个女人，她和所有女人一样，依据外貌和美丽被区别对待。但是美丽是按照谁的标准来衡量的呢？"①

---

① Chancer 1998：146-48.

判断构成美的因素要参照特定的社会情景。当亚历山德拉符合她白人中产阶级身份的美丽标准时,她就达到了"好美"的位置,而贾米拉坚持她黑人工人阶级背景的美丽标准则更有可能为她赢得"坏美"的名声。因此,与其假定存在丑陋和美丽的普遍分类,重要的是要认识到女性在不同的情境里,根据不同的身份,有着对美丽的不同界定。特别是,那些来自不同种族和不同阶级的母亲,挑战着不断变迁的可接受和不可接受的美丽实践,特蕾莎和布里安娜的例子就说明了这一点。

修饰好妈妈与坏妈妈

当一个女人走进美甲店时,她不仅仅是一个来做美甲的女人,还是一个在特定社会情境中具有特定社会地位的女人。对于身为母亲的女性来说,母亲身份是一种主身份,是其他人看待她们外表和行为的棱镜。与此同时,关于女性作为母亲的价值的言论是通过种族和阶级折射出来的,贫穷的黑人女性和中产阶级白人女性在成为母亲时会遇到不同的反应。① 正如凯伦·麦克马克所指出的,"当中产或上层阶级、已婚白人女性成为母亲时,是被尊重的;但是当贫穷的、非白人女性做母亲时,

---

① 关于母亲身份的不同文化建构,见 Kaplan (1997), Crittenden (2001), Hays (1996, 2003)。

其价值就被系统性地降低了。"① 法学家多萝西·罗伯茨进一步补充说,对贫穷黑人作为母亲的贬低导致她们受制于从绝育到坐牢的惩罚性国家政策,因为"社会一开始就不认为这些女性是合适的母亲"。② 女性的指甲,以及更宽泛的身体展示,成为社会判断她们是好母亲还是坏母亲的素材。

特 蕾 莎

"如果不做美甲,就会感到低落、沮丧。做完美甲,自尊心就会提升一点。"35 岁的白人中产阶级已婚母亲特蕾莎说。她穿着名牌牛仔裤和露趾凉鞋,带着期待和负罪感坐上专属美甲店的美甲椅。她雇了一个临时保姆来照顾她不到一岁的女儿和蹒跚学步的儿子,来享受有限的"特蕾莎时间"——其中很大一部分花在指甲护理上。她把去美甲店视为从家务责任中解脱的一种方式,但这并不完美,因为她的指甲样式需要顺从美甲店外的世界对她的要求:

现在我有两个孩子,所以不会让指甲留那么长。这很难——做饭、打扫卫生、照顾孩子——也没法留那么长……我喜欢做指甲。你的手看起来更美,你就会感觉更好。回家全职带两个小孩后,你只想振作起来。美甲可以给你一点动力和能

---

① McCormack 2005: 661.
② Roberts 1997: 152.

量……我喜欢非常简单和有品位的设计,也许我会用一颗小钻稍微装饰一下。我不太喜欢鲜艳的颜色,有时你可以在指甲上做点大理石花纹,但那太过了。

"为什么那样就太过了?"我问道。她犹豫了一下,若有所思地回答:"嗯,也许,那看起来太年轻了。"由于有照料孩子和家庭的责任,对特蕾莎来说,精雕的长指甲不仅不切实际,也与她家庭主妇的形象不一致。相反,它们象征着年轻和与之相伴的自由,这是她目前的生活所不允许的。她不好意思地承认,她来美甲店是"纯粹出于自私的原因",是从全职妈妈的负担里得到"解脱"和"激励"。

但是为什么特蕾莎如此需要这些激励? 如果她没能去美甲店,真的是指甲的样子让她感到沮丧吗? 她生活里缺了什么,是每周一次去美甲店能满足或至少缓解的呢? 特蕾莎说她每月大概花50美元美甲。我问这与她在其他美容服务上的花费相比如何,她大笑着说:"还有其他美容服务吗? 没有——这是一月一次的享受。"对特蕾莎来说,如果错过美甲,就等于放弃她通常允许自己的唯一享受。此外,之前她还在工作时也去这家美甲店,这是她与过去的生活为数不多的联系之一。"我之前在一家投资银行工作,必须很职业,"她说,"所以,需要稍微打扮一下。我认为这有助于在工作中增加自信……我想我可以在家做美甲,但我宁愿让别人来做。家里做有的时候会走形,会有意外。或者剪得太多了,指甲不一样,一个指甲方了,另一个圆了。反正就是不行。劳累的一天结束时,谁想要那样?"特蕾莎的美甲曾经象征着她在金融世界里的自信心,现在则缓解了她作为家庭主妇的地位缺失,帮助她免于自己修指甲带来的额外挫折感。

对于特蕾莎和类似处境的女性来说,美甲在暂时缓解她们的家务责任之余,还为她们提供了一种与之前高收入的职业女性身份保持着某种细微的连接的渠道。她略带歉意的话表明,作为一名全职家庭主妇,她认为支付美甲费用是不值得的,而她以前会理直气壮地说"我必须非常职业",来为自己的美甲辩护。因此,特蕾莎渴望通过专业美甲来提升自我——这曾经是上一代富裕女性的娇宠特权,反映出女性受约束的工作-家庭选择的当代情境。① 特蕾莎落入了"选择退出"的女性之列。"选择退出"是一个有争议的术语,指的是离开劳动力市场去做全职母亲。尽管研究者尚在质疑宣称女性已经纷纷离开职业岗位留在家里抚养孩子的论断,但是一场媒体和文化大战已经拉开,围绕着像特蕾莎这样的女性在做全职主妇还是职业女性之

---

① 社会历史学家 Julie A. Willett(2005)讨论了较早时期与指甲修剪相关的阶级区分:"到了1920年代和1930年代,光滑、修剪整齐的手不仅显示了女人的专注,还显示了她的阶级背景。"(60)。有关美容服务顾客的阶级背景的更多讨论,见 Peiss(1998)。

间所面临的真实或想象的冲突。① "妈咪战争"的对立框架一度充斥于公共话语中,将这些选择表述为女性个体之间的格斗,而忽略了影响女性进入劳动力市场的复杂因素以及她们对家庭责任的协商博弈。②

对那些迫于外部压力而离开职场的女性来说,离开有偿工作产生的矛盾情绪进一步加剧了。丹妮尔,一名40岁的平面设计师,在"9·11之后一切都被摧毁了",她失去了工作,在家全职照顾两个孩子。显然她对这种情况并不满意——"我爱我的孩子,但我从来都没想过做全职妈妈的事情"——她一边找新工作,一边依靠美甲来激励自己。她表示:"这关乎自尊。几个月前我失业了,所以我做了很多次美甲。我没有工作,但我也有漂亮的指甲,不是吗?"丹妮尔穿着运动裤,头发梳成马尾辫,她觉得有必要解释一下自己的样子:"我丈夫一进门,我就赶紧出门(来美甲店)了,要不我就错过机会了。"

像特蕾莎一样,丹妮尔透露,她将美甲店视为躲避孩子们各种要求的天堂,但她也认为美甲有助于她找工作。当我问她是否做指甲延长或设计时,她嗤之以鼻,"我在找工作,还有两

---

① Belkin(2003)推广了"精英教育女性"选择退出劳动力市场来抚养子女的概念。随后的学术研究质疑女性是否真的离开了劳动力市场,还是经济衰退和失业等其他经济因素解释了她们的劳动参与波动(Boushey 2005)。其他人则关注哪些压力让女性感觉是被推出,而不是自动选择退出有偿工作。(Stone 2007)

② 关于妈咪战争的各种观点,请参阅 Peskowitz(2005),Steiner(2006),以及 Douglas and Michaels(2004)。

个孩子。那样很有趣,但那样人们不会重视你。那样不适合工作面试。我过去常常咬指甲。我要去面试工作,人们就会注意到指甲。我不想给人这样的印象,所以我要确保我的指甲看起来很漂亮。"在丹妮尔失业期间,美甲既是情感的慰藉,也被认为会对找工作有利——它们使她免于因为咬指甲而影响职业形象。

在美甲店,像特蕾莎和丹妮尔这样的女性找到了精神安慰,逃避她们经常面临的追求事业还是照顾家人的两难选择。她们的美甲习惯不仅仅是个人嗜好,而且是女性职场处境和关于母亲的文化论战的产物。一方面,女性依旧在职场处于不平等、不稳定的位置;另一方面,文化论战给母亲强加了难以企及的标准。在这种背景下,对白人中产阶级女性来说,指甲以及美甲服务的消费成了安全感、刺激感和尊重感的替代物,而这些正是她们在有偿工作和作为母亲的无偿工作中所缺乏的。对于黑人工人阶级女性来说,正如布里安娜的经历所揭示的,美甲和母职也缠绕在一起,但围绕着截然不同的选择和限制。

布 里 安 娜

虽然布里安娜和其他黑人工人阶级的母亲同样把美甲和去美甲店视为母亲和工作身份的延伸,但她们遭遇到了截然不同的文化话语。这些女性的指甲,就像她们作为母亲的身份一样,不被视为中产阶级工作和家庭状况的标志;相反,指甲标示着她们在美丽、工作和再生产领域都是失败的。像布里安娜这样的女性抵制着这些病态的评判,她们以更加积极定义自己的女性气质的方式,努力重申自己的美甲实践。

布里安娜,32岁,自我认同既是黑人,也是波多黎各人,来艺术美甲店炫耀她的孩子,自豪地展示自己作为母亲和本社区一员的身份。在店里,她与其他女性亲切地互动着,后者给予她情感与现实支持:"哦,把你小子带过来。你去做美甲吧,甜心,我来抱他。他真是个英俊的小鬼!"布里安娜把她14个月大的儿子交给了一位坐在美甲等候区的老太太。后来,我问她这个女人是谁,布里安娜说她不知道名字,只知道是她祖母的朋友。

几个女人轻声逗着男孩,孩子边扭动身体边笑。布里安娜微笑着坐下来修指甲。她对女人们说:"要是抱烦了,你就把他放婴儿车里。别给他糖!"布里安娜、小婴儿和顾客们似乎都对这自发的照顾安排非常满意。布里安娜与这些女人并不是特别熟悉,但她从小到大都住在皇后区的这个街区,直到最近才刚刚离开。

现在我住在曼哈顿。刚搬家,大概不到一个月。我到这是因为我祖母还住在附近。真的很有趣,因为我是抽签才得到这套公寓的。这是一栋漂亮的楼,他们拿了20套公寓做了抽签,作为低收入住宅,我真的中了。我只想让孩子离开这个街区……我只是想离开这里,我把名字登记上去了,结果真的中了!这是个不错的社区,但我负担不起。我还得回到我熟悉的地方。比如,我的家人和认识的人还都在这边。所以我就来这儿待一天,做完所有的事儿。一会我顺便去趟祖母家。我还是回来这里做指甲。

布里安娜在一家大巴车公司做客户服务工作,在此之前,她领取了一年政府补助来养儿子。她是一个单亲母亲,在祖母的帮助下抚养儿子丹东。她和丹东的生父塔里克还保持着联系,但并没有住在一起,只是断断续续地见面。塔里克是餐厅服务员,也喜欢做美甲,所以他们偶尔也会安排在美甲店见面。布里安娜解释道:"是的,我和塔里克一起去……因为我们不常见面,想叙叙旧。就是这样。"

布里安娜可能无法为她的孩子提供稳定的家庭、住所或医疗服务,但在美甲店里,她不仅仅是统计数据里讨人厌的黑人和拉丁裔单身母亲、福利依赖者。相反,她可以与理解和关心她的女性一道体验美甲的快乐;在这里,她的梦想——实现完成大学学业和为儿子提供更好生活——也获得了情感和实际的支持。她说:"我大约有36个大学学分要修。不过,我还没完成。孩子出生了,哒哒哒,你知道的……我现在真的很想回去上学。是的,我会的。我会的。我会上夜校什么的。我知道是可以的……(我)只是想习惯我的街区,给儿子找个好大夫这些。"尽管布里安娜很有决心,但她似乎不太可能在近期完成大学教育。虽然她很幸运，找到了一套像样的公寓，但她不确定自己是否有能力支付扣除补贴后的房租。此外，在新街区中，她也缺乏之前祖母和朋友们所提供的那种熟悉感和实际的支持。

贾米拉认为她长长的原创指甲是"在说'我'"，而布里安娜却相反，坚持认为这样的精雕指甲并不代表她的自我意识。"夏天，我喜欢法式美甲，浅色的。我会读一本像《简》这样的杂志，我看到上面有涂亮粉色或者别的什么，我就会加额外的粉色……我不喜欢图案设计。那对我来说很俗气……我以前常做亚克力指甲。但我发现那不合适我。我真的不喜欢……后来我有了孩子。所以我不想要长指甲。那不是我。"与她们的自我定义相反，尽管布里安娜和贾米拉有着非常不同的自我认同，以及对美甲的不同的品位，但她们会被放在同一类里：黑人工人阶级女性。事实上，除了种族和阶级不同，布里安娜可以说和特蕾莎有更多的共同点，特蕾莎也避免留长指甲，因为这与她做家务和照顾孩子的责任不符。这两位女性可以被理解为遵从莎伦·海斯所说的"密集母职"的意识形态，即母亲应该是子女的主要照顾者，应该无条件地投入经济和情感资源来抚养子女。① 因此，母亲们被告知，她们必须将母职作为自己的首要责任，同时也要通过有偿工作来支持家庭的消费需求。特蕾莎和布里安娜对自己无法达到这一不可能的标准而感到沮丧，

---

① Hays 1996.

但这两位女性所面临的结果却不同。特蕾莎可能对自己美甲的习惯感到内疚，但她的社会地位保护她免受批评，即使她逃离看护职责来满足自己。此外，她有财力保证孩子在她短暂逃离时有人照顾。尽管她对为了孩子牺牲职业感到矛盾，但她被假定是一个好母亲，不管她多久做一次美甲、如何做美甲。

与此不同的是，布里安娜作为一个黑人单亲母亲，必须保持警惕，避免让自己引发对自己是个坏母亲的指控——这是为低收入、单亲黑人母亲准备好的指控。尽管布里安娜不再领取政府福利金，但依旧面临着不负责任的母亲的社会污名，因为她未婚生育、无法养活自己和儿子。在这种已经被污名化的身份下，布里安娜的美甲行为很容易被人挑出，作为她不配有孩子又疏忽孩子的证据。[①] 麦克马克的研究表明，对布里安娜这样的女性的指控不仅来自愤愤不平的白人中产阶级纳税人，认为自己在为这种自我纵容行为买单，还来自她们自己社群的成员。在麦克马克的书中提到了一名有两个孩子的黑人母亲琼·克拉克，认为往自己身上花钱就是一个坏母亲的标志。麦克马克引用了她的评论："一些获得（福利金的）人不把钱用在孩子身上……她们给自己买衣服，让自己看起来很漂亮，不为孩子做任何事。"[②] 虽然我没有观察到直接针对布里安娜的批

[①] 关于社会污名的经典研究，见 Goffman(1974)。关于贫困黑人单身母亲的污名化，见 Haight, Finet, Bamba, and Helton (2009). Hardaway and McLoyd (2009), Reutter et al. (2009)。

[②] McCormack 2005：670.

评,但我确实在美甲店里无意中听黑人女性对其他母亲及其消费习惯表示鄙视。一个中年黑人女性看到一个带女儿来美甲的年轻母亲时,一边斜眼看着一边嘀咕道:"还不如给孩子买些书。"年轻的黑人母亲因此面临着来自社区内外的大量负面评价。在布里安娜的例子中,来到美甲店是她重新与社区建立连接的一种方式,尤其是以新妈妈的身份。但是,美甲店里的互动并不一定认可或支持她母职或美甲的做法,即使她们同属于一个社群。尽管如此,美甲有助于布里安娜自我感觉良好,正如她表示的,"我的意思是这对我有用。我就是感觉很好。"

  通过美甲培养自我价值感有着不应低估的重要作用,但光是漂亮的指甲并不能帮助布里安娜抚养孩子、支付房租、完成学业或让她的伴侣承诺与她建立更稳定的关系。与此同时,她的美甲店之旅让她有时间与其他女性交往,尤其是那些像她祖母一样、以照顾孩子的方式提供切实支持的女性。美甲店还是孩子与父亲共度时光的场所。正如伊莱恩·贝尔·卡普兰所言,许多黑人单亲母亲都经历过"关系贫困"。在这种情景下,美甲店是帮助"关系不佳"的女性改善孤立状况的一个微弱但重要的资源。① 特蕾莎将去美甲店视为从家庭生活中获得解脱,与之相反,对布里安娜来说,美甲店则是她在曼哈顿所缺失的家庭纽带和社会支持的部分替代。

---

  ① 尽管卡普兰的研究重点是黑人青少年母亲,但她对人际关系贫困的分析也适用于其他母亲(Kaplan 1997)。

修饰职业身份

正如特蕾莎和布里安娜让自己的美甲符合母亲身份一样,职业女性也根据工作场所的文化来修饰指甲。有偿工作使这些女性负担得起定期美甲的费用,而且一些雇主也把专业美甲当作是职业形象的一部分。成长于意大利工人阶级家庭的谢丽尔是一名秘书,埃拉是牙买加裔的黑人理疗师。她们新近加入了美甲行列。这些女性把美甲更多视为一项任务,而不是一份犒劳。

谢 丽 尔

"我认为在纽约,几乎每个人——至少任何一个有体面工作、在意自己外表的人都美甲。并不是说我不做美甲,我的老板就会说什么,但我认为你得做一些事儿让人们知道你对待工作很认真,美甲就是其中之一。"谢丽尔如是说。她28岁,在曼哈顿一家房地产经纪公司当秘书。谢丽尔经常在午餐时间光顾上城美甲店,她把定期美甲视为自己职业形象要求的一部分。"有时我会选择与我的服装相搭配的颜色,但可接受的颜色范围非常有限——从粉色到红色,还不是鲜艳的红色。这就像化妆——你被期待化妆,但不能画得太浓。"德林杰和威廉姆斯在对工作场所形象标准的研究中发现,"适当的化妆与工作场所中健康、异性恋和可信度的假设紧密相关。反过来,这些品质又与职业成功相关联。"① 和化妆一样,指甲样式不仅聚焦性别,还聚焦种族和阶级,以形塑女性的身体在职场是被解读为有用的还是无能的。

　　谢丽尔在解释她的美甲行为时,并没有提到抽象的女性美的概念,而是在谈对秘书这种传统女性职业形象的特定期待。问及延长甲和指甲设计时,她做了个鬼脸,回应道:"哦,那个。那东西正是反面。我不知道那些女人是怎么工作的。戴那样长的指甲根本没法打字或接电话。"像本章中提到的亚历山德拉一样,谢丽尔对那些指甲审美超出她可接受范围的女性不以为意。但是,她瞧不上那些指甲样式并不是因为它们是华而不实的,而是因为它们违反工作规范、降低工作效率。

　　从着装和言谈举止来看,谢丽尔似乎是坚定的中产阶级,但是在出身、教育程度和职业地位方面,她的中产阶级地位是脆弱的。她形容自己"来自一个典型的意大利家庭,大家庭,勤奋努力",并有点不情愿地承认自己"只从社区大学毕业"。她并没有被默认的中产阶级特权,而是必须证明自己是其中一员。她的指甲在这一过程中有着双重用途。首先,指甲帮助她投射出一种职业形象,符合规范的性别、阶级和种族的自我呈现。其次,购买美甲护理服务的实际经验提升了她的阶级优越

---

① Dellinger and Williams 1997:174.

感,正如她所承认的:"我能说什么呢?很堕落。这是一种奢侈品,有点像吃歌帝梵巧克力。但这让我感觉很好,我喜欢被呵护。我想我可以自己做——我很擅长涂指甲油,但是别人来做这件事会让我感觉更好。"

谢丽尔在渴望呵护体验和购买划算服务之间寻找到了平衡。她在奢侈的地位与成本效率之间做了权衡,韩国美甲店胜出了。"我总是去韩国店。美容院的收费是韩国店的两倍,而且做得并不好。仅仅是为了在某个豪华美容院做美甲的那种地位感而花额外的钱,不值。"当被问及是否认为韩国美甲店地位较低时,她回答说:"嗯,就是这里不是那样的场景,你知道的,'看与被看'那一套。这里更像是'跑进来赶紧美甲,然后再跑回去工作'。"因此,尽管谢丽尔喜欢被呵护的一面,但美甲对她来说,并不是在寻求奢华的犒赏,而是为了巩固她在白人中产阶级中的一席之地而做的实用和专业的提升。通过购买美甲服务,谢丽尔既获得了漂亮的指甲,又在社会经济地位的阶梯上定位自己,高于那些无法获得这些服务的女性,也高于提供这些服务的女性。其他女性,像埃拉,也为了迎合工作而美甲,但却是不情愿的。

埃　　拉

埃拉,26岁的理疗师,自我认同既是牙买加人,又是非裔美国人(她5岁时移民纽约,并在这里长大)。与谢丽尔相似,她选择能够提升职业身份的指甲样式。两位女性都处于规范性和边缘化的女性气质的两极之间。谢丽尔是工人阶级背景的白人女性,埃拉是中产阶级的黑人移民,两人都选择了符合主流女性美的标准的指甲样式。然而,埃拉承认,她永远也不能完全进入这一优势阶级,同时,在尝试进入的过程中,她也感受到了种族忠诚与真实性的冲突。

埃拉柔和的指甲与她利落的紧身裤和剪裁考究的白色棉衬衫非常相配。她最近搬到了长岛,跟在那里做高中老师的未婚夫在一起。但她常来便捷美甲店,这里离她工作的保健中心很近。她解释说:"我通常只做最基础的,法式美甲、修脚,或者只是涂纯色……都是为了工作,我需要美甲。所以我不觉得有必要搞得美不胜收,病人不会想要那样,但要保持干净。"因此,像谢丽尔一样,她把美甲视为在工作场所展现职业形象所需要的配备,与此同时,她优先考虑廉价方便,兼顾一点呵护服务。她算计道:"嗯,做 spa,你得到全套的护理,花费好几个小时。你只需要经历一次就够了,不过确实,那个更享受。但是如果你花个 10 美元、15 美元修趾甲,比起花 180 美元做按摩,我觉得这也很棒。我觉得就价格而言,性价比很高。"

此外,埃拉和谢丽尔一样,很在意自己作为中产阶级职业人士的地位。谢丽尔的地位焦虑源于她的工人阶级背景,埃拉的担心则源于种族。"有时候,我走进去看病人,他们会惊讶地看着我,然后他们会说,'哦,你看起来真年轻',好像那就是他们看到我惊讶的原因。"我请她解释病人惊讶的真正原因,她冲我翻了翻白眼说,"我想你明白。"因此,她认为自己的种族是一个无法言说但显而易见的差异源,在某些患者的眼中,这破坏了她的职业可信度。由于她已经不时因为种族而受到质疑,所以她小心翼翼地不用指甲标记自己,以免进一步损害自己的合法性。我问她哪类女性会戴长指甲,她毫不犹豫地将指甲样式的差异归因于种族:"因为我来自黑人社区,大部分时间生活在那里。我看到黑人戴延长甲,但是在工作场所我看到意大利裔女性也戴延长甲,我看到白人女性也戴着。有趣的是我很少看到亚洲女性戴,而她们正是提供了大部分的美甲服务的人。我看到了意大利人、黑人,你知道,还有白人,但我会说人们认为这是黑人的癖好。"虽然她看到许多不同类型的女性都戴长指甲,但她意识到这和黑人女性有着密切的关联。埃拉事实上很喜欢艺术美甲,她自己在高中和大学时也戴过。"我看到她们的指甲,我会说:'哇哦,哇哦。'但是我不能做成那样的。"因此,她选择了更保守的指甲样式,不是出于个人的品位,而是让步于工作场所的期待和自己作为黑人女性身处其中的现实。

埃拉通过教育(硕士学位)、郊区住宅(住在长岛)和职业地位(理疗师)成为迈入中产阶级的众多黑人专业人士之一,但无论是在工作内外,她都持续经历着公开或隐蔽的种族主义。在一个勉强接受黑人进入主流职业的社会里,她不得不一直小心行事,远离像贾米拉和布里安娜这样被污名化的黑人女性。虽然埃拉是牙买加移民,但她的民族身份被她的肤色所取代,肤色使她与其他黑人处于同一种族类别,不管她们来自什么国家或处于什么阶级地位。① 在这种社会背景下,种族是折射其他身份维度的永恒棱镜,指甲可以成为种族身份的有力象征,也可以反映种族化的阶级观念。埃拉与谢丽尔的经历有些相似,谢丽尔也选择了特定的指甲样式来转移对她的职业地位的质疑。不同于埃拉的种族身份,谢丽尔的阶级背景不能通过她的外表立即辨认出来。因此谢丽尔不必从一开始就证明她的阶级地位,而她更担心自己会不会被发现是"假冒"的。在指甲上所体现的她的美丽表演是被种族和阶级编码的,以增强她在曼哈顿房地产经纪人办公室的白领世界里的归属感。与之相反,埃拉的指甲则可能引爆顾客对其职业身份的质疑,因此她选择了传统女性的指甲样式。

埃拉和谢丽尔的故事表明,性别本身并不能决定工作场所中女性身体的呈现,但特定种族和阶级化的性别表演形塑了女性的身体实践,正如在美甲上所体现的。不同种族和阶级的女性避开了精雕的指甲样式,不单是出于个人品位,而是因为这些样式会让她们遭受污名。性别化的自我呈现不仅标志着女性是美是丑,也标志着她们是否适合职场。

---

① 关于对中产阶级黑人的歧视的研究,见 Feagin and Feagin(1999),Feagin and McKinney(2002),Feagin and Sikes(1994),Waters(1990,2001)。

关于指甲和男性

在本研究中,大多数女性拒绝这样的观点,即她们做指甲是为了吸引男性的注意力,或是为了得到某个男性的认可。相反,这些女性坚持美甲是为了自己,即便她们身边的男性并不赞成美甲。然而,尽管女性否认或淡化将取悦男性的欲望当作美甲的动机,但各个种族和阶级的女性最终还是要受制于男性个体以及男性主导的机构的检查和控制。

维基是一名21岁的非裔单亲母亲,也是主修犯罪学的大学生。她表示:"我喜欢弯曲的指甲尖——我认为很性感……我男朋友也喜欢,但我不是为了他而美甲,我是为了自己。""为自己美甲"的宣言是本研究和很多女性访谈时都会响起的"副歌",但这首副歌常常在深入调查中被揭开真相。22岁的瑞文是来自牙买加的移民,在纽约住了两年。她一边在家得宝公司(美国家居连锁店)当销售员,一边学习完成了 GED(普通高中同等学历证书)①。她是单亲母亲,有一个7岁的儿子。接下来的对话揭示出她一开始抵制男友让她剪掉指甲的要求,但最终

---

① GED(general equivalency diploma 或 general educational development),普通高中同等学历证书,美国和加拿大为经学习并通过测试的未完成高中学业者颁发的官方证明。——译者注

屈服于男友的抱怨和职业期待的共同压力。

你为什么要做美甲？

因为我喜欢指甲和外套相搭配。这就是我美甲的主要原因——做完指甲很漂亮……（我做这些）主要是为了我自己，因为我男朋友不喜欢美甲。他总是说我应该去掉。

你跟他说什么？

不要。我喜欢我的指甲！

他为什么不喜欢它们？

因为他认为我戴着指甲做不了事。比如开车时，我没法转动方向盘之类的。

所以他不是介意指甲的样子？

不介意，他只是认为影响我做事情。这些指甲大约有5厘米长。我原来有过比这更长的。后来剪短了，主要是因为我的工作，指甲太长的话我确实没法做事。所以我把它们剪到不影响做事的长度，他也没意见。

尽管瑞文承认根据工作的需要和男友的批评调整了指甲，但她仍然坚称自己的美甲选择完全是出于个人喜好。甚至在我们进行了上述谈话后，她重申了她最初的说法，即她自己选择了指甲样式，她说："我只是进来看看她们都做了什么、有什么设计……上面的设计不错。我就挑我喜欢的。"

同样，布里安娜坚称，在美甲上，她不会顺从任何人，无论是她的朋友还是男朋友，但她的行为却与此相悖。有些女性，比如贾米拉，通过原创的指甲设计来宣称自己的独立性，而布里安娜挡住了留更长指甲的压力，选择更保守的指甲样式，说："我有朋友做卷边指甲，这太狂野了。这对她们来说是件大事儿，但不适合我。我一直说，'我不喜欢那个，但我知道那很流行。'"尽管她知道如果她选择更时髦的款式，别人会认为她"更性感"，但她选择端庄的指甲以显示她在美甲过程中的力量和个性。这些品质也显示出她为自己和孩子创造更好生活的决心，无论有没有男性伴侣。同时，她的自立令人钦佩，但并不排除她渴望男性的关注和支持，特别是与孩子的父亲塔里克建立更加稳定的关系——她让自己的美甲行为符合这个目的。布里安娜提到塔里克也喜欢美甲，有时他们安排来这里见面，一起做指甲，但主要看他的方便。在我问她塔里克是否有兴趣接受访谈时，我瞥见了他们的关系动态。布里安娜对帮助安排访谈表现得很兴奋："今晚我会想办法找到他。就像我说的，我不能保证能找到他。如果他在我找不到的地方干活儿，那我就找不到他。但是我会在你回去之前想办法联系你，告诉你。我觉得你们可以到我在曼哈顿的住处，这样他可以在上班前一小时来。你们可以坐下来聊，结束了他也就可以直接走着去上班。这是我想到的锁定他参加访谈的方法。"我感谢她的努力，但我感觉到，除了想帮助我进行研究，还有别的东西在激发她的热情。这次访谈似乎成了一个诱饵,吸引塔里克去她的公寓进行一次罕见的,甚至有可能是第一次拜访。最后,我没有访谈到塔里克,但布里安娜对安排这次会面的兴奋透露出,她努力地将塔里克拉入自己的生活,愿意在这场貌似必败之战中动用一切可能的武器,包括去美甲店。像布里安娜和维基这样的工人阶级黑人女性展现出她们在美甲实践中的矛盾性。虽然她们通过对美甲样式的选择来行使对身体的掌控,但与此同时,她们的指甲以及身体的外观和护理,显然都是在她们的重要社会关系中进行协商的。

女性身体的个体能动性和社会控制之间的紧张关系以种族和阶级的特定方式出现。一些中产阶级白人女性的美甲选择,及她们的整体外貌形象,都源于她们与男性伴侣的关系以及她们的社会地位。这些女性的指甲提升了她们的地位,不是通过增加自己的职业成就,而是通过显示她们与高地位丈夫或男朋友的关系。温迪30多岁,以前是一名时装设计师,自我认同为可以全职在家带两个娃的犹太裔美国人。她为配合与丈夫工作相关的活动而专门进行美甲。她解释说:"我丈夫有社会地位——他是一个艺术品经销商——所以我们会参加很多应酬活动,人们都精心打扮。我陪他参加活动时,如果我做了指甲,我看起来更美,感觉也更好,感觉自己更成熟了。"然而,尽管意识到这一切,她还是重申了"为自己而做"的论调。她说:"我来这里只是为了寻求安静——没有电话,没有孩子的尖叫,没有交流的义务……即使我不工作,我也想看起来精神饱满……这让我感觉很好。"像亚历山德拉一样,温迪把自己在美甲店的时间视为属于自己的时间,但她也把指甲视为一种职业资产,不是她的,而是她丈夫的。因此,和布里安娜和维基这样的非裔美国工人阶级女性一样,温迪把指甲视为对亲密关系的一种投资,只是在她的故事中,她的丈夫有着体面且有声望的职业。

对于单身白人中产阶级女性来说,指甲是吸引潜在伴侣关注的重要资产。30多岁的贝弗利单身,波兰爱尔兰裔,是一名房地产经纪人。她的办公室离上城美甲店不远。当被问及为什么要美甲时,她毫不犹豫地回答:"男人喜欢。我走在街上,就有男人喊,'嘿,你的指甲看起来漂亮极了!'我是说,我根本不认识他,但人们看着你的指甲发出赞美,这让你感觉很棒。"对贝弗利和本研究中的其他女性来说,在外表方面,指甲和头发一样重要,甚至比头发更重要。她表示:"我花在指甲上的时间肯定比花在头发上的多。有人给了我一张礼品券可以在萨克斯百货店①做头发,但从9月份开始我就一直没去。我没法同样抽出时间来。"修饰过的指甲,就像时髦整洁的头发,标志着一种女性气质,它提升了女性在吸引男性注意力方面的地

---

① Saks(Saks Fifth Avenue),萨克斯第五大道精品百货店,世界上顶级的百货公司之一。——译者注

位。① 不管是吸引男性的注意,还是向别人证明自己与高地位男性的伙伴关系,贝弗利和其他女性把美甲当成一种工具。她们坚信"男性喜欢指甲",这是她们美甲背后的强大动力,尽管许多人不遗余力地否认这一点。

指甲也可以成为一种标记,象征着与男性重要关系中的里程碑。西尔维娅是一名 56 岁的意大利裔家庭主妇,兼职做保洁。当我问她做指甲带来的最正面的感受时,她回答说:"最好的是在我结婚的时候——那天的指甲真的很好看。"对西尔维娅来说,漂亮的指甲不仅仅是她婚礼上的一个小细节,而是一件她投入了大量精力来保证最好状态的大事儿。她伤感地回忆道:"我结婚的时候,指甲是现在的两倍长。我就要那个样子,我那时每周都去找给我做指甲的女孩。所以我结婚的时候,指甲真的很漂亮。"除了为了婚礼密切关注指甲之外,她还感到自己对做指甲的女性有着某种专属感,称她为"我的女孩"。西尔维娅依旧为自己的指甲感到自豪,说她成年后大部分时间都在做美甲。虽然她做保洁,但她并不认为工作定义了自己,而认为这只是"给自己挣点钱"。她补充道:"我做保洁,但这并不意味着我的手一定很粗糙。"她没有谈太多工作,而是强调她已经结婚近 30 年了;她的丈夫是建筑包工头,他们抚养了两个孩子,培养他们上了大学。因此,在她的建构中,指甲不

---

① Rose Weitz(2001)写到发型对女性魅力感的重要性,并讨论了头发的重要性是如何被多种形式的权力塑造的。

仅帮助她巩固自己在标准异性恋伴侣和家庭中的地位,还使她能够远离自己从事的低地位的工作。除了巩固这些角色之外,她的指甲也是她认领建立在外表基础上的规范女性气质而进行的一项投资。下面的对话揭示了这一点:

如果我的指甲短,我的手就看起来很胖,又短又胖。如果我的指甲长了,我的手看起来不胖了。这次,这些都不是我自己的指甲。有一个断了,所以我就把它们都剪了……但是我不喜欢假指甲。我不会戴上假指甲,这样我就不能长自己的指甲了。

你不是说那些是假指甲吗?

这些不是我的指甲,但它们不是假指甲,它们只是指甲套。

在西尔维娅看来,她的指甲套并不是假指甲,她将假指甲贬为边缘化女性气质的标志。相反,她的指甲选择确保她的手不会被贴上"又短又胖"的可怕标签。与那些把美甲和职业身份联系起来的女性不同,西尔维娅用指甲来与低地位的工作划清界限。相反,她在意自己是否能够达到自己所认可的外形标准,这不仅仅是为自己,而且是要与妻子和母亲的身份保持一致。

我们似乎很容易得出这样的结论,不管女人怎么说,女人美甲就是为了男人、得到男人的认可。这样的结论却是错误的。认为女性美甲只是为了吸引男性的观点过于简化了在与男性的关系中及在男性主导的文化中,女性使用指甲来定义自己的复杂方式。这些女性强烈地意识到,是否处于传统异性伴侣关系中,尤其是婚姻认可的伴侣关系,依然高度影响着一个女人的价值,而外表是衡量她在这种关系中的价值的标准。与此同时,许多女性能够把美甲变成一项愉快的、自我馈赠的活动。尽管这样有可能为女性个体赋权,但这些行为无法逃脱男性主导的机构的影响,特别是家庭和工作场所,以及与个体男性的关系中。所有这些影响都对女性花在美甲上的时间和金钱以及指甲本身的意义形成了一定的控制。

有趣的是,许多男性告诉我,他们"不太在乎"女人的指甲看起来怎么样,有些人甚至讨厌他们的伴侣花在指甲上的资源。一位男性对我说:"我想我真的需要读你的书,因为我真的不明白女人为什么喜欢美甲。"然而,这种毫无头绪之感并不意味着男性不会影响或不受益于女性对美甲的投资,因为好看的指甲迎合了一个观点,即女性身体从对男性的吸引力和可用性上获得价值。

超越美丽迷思——一种交汇性批评

在导言中,我批评了研究美丽文化的学者忽视美容服务工作者的经验以及消费者如何促成美容服务行业中不平等的、剥削性的工作条件。我将在后面详述这些论点，但在这里，我根据这些学者的观点来进行对话，将美甲行为理解为女性所进行的复杂的协商，在这个过程中，她们回应规范性的和边缘化的女性美的要求。此外，我指出女性的美甲行为并不局限于抽象的美丽概念，而是关乎特定的关系和制度环境以及种族和阶级背景。在本章分析女性美甲案例时，我考察并综合了三个理论框架：美作为一种压迫或是赋权的力量、在特定历史和制度情境下的美，以及由种族、阶级和其他的差异形式所定义的美的等级。

第一个框架将关于美是强迫抑或权力的争论并置。争论的一方认为美是压迫性的，限制了女性的经济发展和身心健康。另一方认为美是一种抵抗的工具，运用这种工具，身体的吸引力和与之相关的仪式可以成为女性生活中的值得欢庆和带来变革的方面。① 我并没有站在争论的任何一方，也不接受"非此即彼"的设定，相反，我认为这里凸显的是一种持续的张

---

① 关于美的压迫本质研究，见 Wolf（1991）和 Greer（1999）。关于女性的潜在能动性和通过美进行赋权的研究，见 Friday（1996）。关于美作为压迫力量与颠覆力量之间的张力的研究（*On tensions between beauty as an oppressive versus subversive force*），见 Davis（1995）和 Bordo（2004）。米歇尔·福柯（Michel Foucault）的著作（1979，1986）讨论了关于创造"驯服身体"的训练技术，其对女权主义的批评也在这些讨论中具有影响力（Bordo 1989）。Judith Butler（1999）指出，女性气质的身体表演，如扮装，会对性和性别类的主导类别带来"麻烦"，并创造抵抗的可能性。

力,存在于女性对指甲的定义、社会对女性美甲行为的限制,以及女性接受、拒绝和重新定义这些限制的方式之中。贾米拉的故事表明,因种族和阶级而被边缘化的妇女可以用指甲来掌控自己的身体,定义她们自己的身体美学。然而,这些努力可能会削弱她们的社会接受度,特别是在那些遵从主流女性气质观念的工作场所。像贾米拉这样的工人阶级黑人女性因此面临双重困境——生活在被标签的身体里,努力彰显自己的身体却引来进一步的污名化。与此不同,亚历山德拉面临不同的困境。女性气质的规范为她传统迷人的白人中产阶级外貌赋予了更高的地位,但她对这些规范的遵从与她自己对美丽文化的批评之间互不协调。贾米拉和亚历山德拉都证明了美可以同时赋予力量和压迫,尽管因为女性社会地位的不同,这些张力以各具特色的方式展开。

第二个理论框架涉及的是美被建构出来的具体社会历史情境,以及女性与各种制度环境协商中有限的能动性。[①] 正如黛布拉·金林在《身体作品》一书中所言:"身体的意义既不是在文化中自由流动的,也不仅仅是由个人创造的,而是嵌入文

---

① 学者们讨论了从美发沙龙到整容外科医生办公室、选美比赛、肥胖接纳组织(organizations for fat acceptance),再到重新安置的难民社区的各种环境,以此强调不断变化和复杂的关于"美"的内涵,以及在形塑这些实践的过程中社会和历史条件的重要性(Banet-Weiser 1999, Chancer 1998, Gimlan 1996, Huisman and Hondagneu-Sotelo 2005, Peiss 1998, Gagne and McGaughey 2002)。

化和个人努力相交汇的制度之中。"①本章的案例生动地说明了她的观点。我不仅将女性的美容实践置于特定的美甲店中,而且置于社会制度和意识形态中,特别是与工作和家庭有关的制度和意识形态中。特定的职业标准、消费文化、家庭意识形态以及性别、种族和阶级不平等的结构反过来又形塑了美甲店互动的情境。与此同时,女性不仅仅是简单地吸收主流文化或特定的社区和组织环境对美的要求。相反,女性操弄美的意识形态来弥补自己感知到的缺陷(从"又短又胖",到"浮华",再到"像个男人"),并与她们生活的多重情境协商。例如,尽管来自工人阶级背景、只有中等教育和秘书的职业地位,谢丽尔调用美甲来巩固她在白人中产阶级中的地位。埃拉端庄的美甲提升了她作为理疗师的可信度,使她远离负面的种族建构。西尔维娅通过指甲把重点转移到她作为妻子和母亲的身份,弱化了她保洁员的身份。因此,这些女性的经历支持豪氏威马和洪达诺伊-索特洛的论断,即女性的外表"既是个人成就,也是集体身份","同时受到她们对过去习惯、未来可能性和突发事件的取向的影响。"②这些多重参照点,而不是追求美本身,框定了她们美甲的方式和结果。

此外,女性在个人和集体层面上对美的追求,并不涉及一般性的制度和历史背景,而是反映了这些背景下的特定种族、

---

① Gimlin 2002:9.
② Huisman and Hondagneu-Sotelo 2005:63.

阶级和性别的地位。因此,第三个理论框架将美置于社会系统之中,这个系统中某些形式的女性气质高于其他形式。① 大部分文献集中探讨黑人和白人女性,因为身体美的建构既是相互排斥的,又是各自依存的。正如莎拉·班纳特·魏泽所言:"非白种人的身体像一个幽灵——被标签的其他人,与之相对立定义了理想的女性公民。"② 她的研究聚焦在关于女性身体的大型活动上,例如美国小姐选美比赛,而本章则着眼于日常美容行为及其社会意义。

在应用于美甲研究时,这三个框架的结合说明了不同种族和阶级背景的女性,被指甲赋权和约束的方式不同,后果也不同。像亚历山德拉这样的白人中产阶级女性选择了传统的迷人的指甲样式,她们会获得个人回报,诸如正面的社会关注和更多的自信。与此同时,她们在女性美的等级体系中强化了自己已有的种族和阶级地位。相比之下,像贾米拉这样的工人阶级黑人女性,她们的指甲反映了她们所属的种族和阶级社群的标准,通过共享指甲美学来表达创意并享受与其他女性的联系。与此同时,她们的指甲可以被编码为种族和阶级标记,进一步将她们归为不正常的、低等的女性气质类别。一些工人阶级的黑人女性,比如塞琳娜和阿莉娅,经常不情愿地屈从于主

---

① 有关基于种族的女性外表等级评价的研究,见 Hooks(1990), King-O'Riain(2006)和 Hunter(2005)。
② Banet-Weiser 1999:9.

导的女性风格,试图利用指甲来促进自身社会经济地位的流动。然而,这可能会让她们疏离于自己的文化身份,仍然得不到白人社会的回报。

布迪厄的作品阐明了日常品位的差异,如美的概念是如何由社会位置形塑的。他聚焦于阶级,但他的惯习概念可以拓展,以讨论性别和种族如何影响到身体化的自我呈现,及其在社会等级再生产中的作用。反过来,像指甲样式这样的身体展示就成了顾客惯习的标签。因此,美甲行为代表了多层次的社会过程,在这些过程中,女性的身体反映了多种形式的差异和不平等。

小　　结

指甲,更宽泛地说,美丽,抛出了一个诱人而有力的承诺,如果不时救赎的话,至少是一个喘息,将女性从日常生活的复杂压力中解救出来。有那么多女人,那么多不同的女人,定期寻求美甲服务,这不令人惊叹吗?正如本研究中的女性所呈现的,美丽的回报包括更高的自尊、对浪漫伴侣的吸引力、减轻压力、和其他女性的联系,以及职业发展和更多的流动性等等。在寻求将这些社会回报最大化的过程中,女性操弄美来提升她们的地位,不仅仅作为女性,而且作为由种族、性别和社会阶级来定义了她们的社会定位的女性。

虽然许多关于美的研究强调女性外貌标准的提高是女性沉迷外表的驱动力,但本章的叙述表明其他因素可能同样重要,甚至更重要。这些因素包括妇女进入有偿劳动力队伍以及由此产生的可支配收入和对职业形象的期待;不断提高的对母亲的要求而对母亲角色的社会支持不足;(女性)由异性结合来定义的压力,即便这些结合越来越不稳定;界定着这些过程的可接受和不可接受的女性气质的界限。

总之,女性的指甲从她们的身体中长出,也从社会关系和这些身体所嵌入的环境中长出。然而,不同种族和阶级地位的妇女在维护自身之美和美丽实践时面对着不同的限制。漂亮的指甲和美丽本身并不是目的,而是在工作、家庭和社会关系中获得权力的工具,尽管这个工具有缺陷也不可靠。美丽的指甲可以成为一种焦虑管理的方式,在这样一个历史时刻,女性表达自我定义可能是一件令人焦虑的事情。与此同时,成为一个女人意味着什么、美丽意味着什么,是高度争议和被挑战的,激起了女性的不同反应——她们如何修饰指甲正是其中之一。

女性美甲的高争议性随后转移到她们与这些服务提供者的关系上。接下来的章节探讨美甲互动如何被赋予了种族含义,因为这些相遇体现的不仅是女性对外表的投资,也是她们对这种互动规则及其支配力量的理解。

第四章 "我就把韩国人和美甲归为一类了"

美甲护理中心与模范少数族裔

有人给你做美甲是一种乐趣,是一种享受。自己修指甲很单调乏味,有人给你做则是被款待了。这就是我去(美甲店)为自己找点美妙的事儿的整个想法。如果是我自己修的话,那只是身体的日常保养——就像你洗头发或者保持衣服干净……她们整天都在做美甲,所以她们更擅长。韩国人通常都很擅于按摩……我就把韩国人和美甲归为一类了。

凯西，上城美甲店顾客

让我来告诉你吧，你进来的时候，指甲闪闪又亮又长；这是你刚在隔壁韩国阿姨的美甲店做完的指甲。我妈妈嫉妒你的指甲，但并不是因为她喜欢指甲，而是因为你有时间去做指甲。

伊什尔·朴，《鱼店解剖学》

在高档美甲护理中心里，顾客的满意度不仅取决于她们指甲迷人的样子，还取决于在美甲过程中被精心呵护得到的享受，顾客们认为韩国女性特别擅长于此。身体劳动将一个类似于洗头发或洗衣服的清洁卫生过程，转变为一种收获满满的身体和情感体验——那就是，当它满足了顾客的期望时。当它未能满足顾客的期望时，这种身体和情感上的亲密交流反而会产生同等的负面效应。这种"呵护型身体劳动"涉及全面的身体护理，同时关注顾客的情感需求，包括投入的聊天。

如果从美甲桌的另一边来考虑，美甲就有更多的复杂性。诗人伊什尔·朴描绘了一位韩国移民妇女注视着顾客修饰过的指甲。在这个场景里，这位韩国妇女本身不是美甲师，而是附近一家鱼店的老板。尽管如此，这个 ajumma（韩语，"阿姨"的意思，通常用来称呼中年韩国女性）表达了对接受美甲服务的女性的嫉妒，不一定是因为她们的外表，而是因为她们可以享受这种形式的自我呵护。这首诗在美甲店工作的女性中引起了共鸣,正如布鲁克林一家美甲店老板简·黄(Jean Hwang)指出的:"在韩国,修脚和修指甲是不可想象的。这让我想到了美国人多么会享受生活。她们用20美元犒劳自己,让自己舒服。我嫉妒……我不认为我们有那种闲暇。我们经历过并且到现在仍然过着非常艰苦的生活。"这些女性气恼于自己和顾客之间的差异,这些差异正显现在身体和情感的不平等待遇上。

在高档美甲护理中心里,美甲不仅仅是一桩经济性交易,它也是一种关于尊重与关心的象征性交换。为了适应身体劳动的各种需求,亚洲移民女性改写了自己的身份,以符合呵护服务的行为规范以及"模范少数族裔"的刻板印象。顾客们可能会公开表示亚裔是"荣誉白人"的观点①,但在她们面对面的互动中,她们不一定会对亚裔很尊敬。②因此,亲热友好关系的外表掩盖了潜在的紧张关系,正如呵护型身体劳动的性别化实践维护了顾客的种族和阶级特权,强化了美甲师的恭迎顺从。

热门电视情景喜剧《宋飞正传》③以幽默而富有启发性的方

---

① "荣誉白人"是南非政府在1994年以前先给予日本人、后给予韩国人的称号,"荣誉白人"在南非拥有白种人权利。——译者注

② Ishle公园的碑文来自《这片水的温度》(*Temperature of This Water*)(2004:94)。Tuan(1998)认为亚裔美国人的形象从赞美性的"荣誉白人"转变为贬损性的"永远的外国人"。

③ 宋飞正传(*Seinfeld*),这是1990年代美国最受推崇的情景喜剧,讲述了四个平常人的生活。——译者注

式展现了亚洲美甲师与中上层白人顾客之间的互动。伊莱恩（Elaine）是一家韩国人开的美甲店的常客，她怀疑美甲师的韩语交谈中有对她不敬的内容。她沮丧地发现美甲师们称她为公主，嘲笑她的自负。伊莱恩很难过，但她不想再找另一家美甲店，因为她认为她的韩国美甲师是最好的。① 因此，她必须权衡矛盾的感情，一方面她高度看重自己的美甲，另一方面又对缺乏情感呵护而感到不安。

《宋飞正传》对伊莱恩的窘境的捕捉，强调了美甲过程对于高档美甲护理中心的顾客的复杂性——仅仅得到身体呵护是不够的，她们常常希望情感也得到慰藉。习惯于亚裔是勤劳听话的少数族裔的刻板印象，很多顾客像伊莱恩一样，来到亚裔人开的美甲店，期待着高质量的美甲，也期待着恭敬顺从的态度。当她们遇到服务者"有点脾气"时，往往会感到惊讶和被冒犯了。她们对美甲互动的反应，召唤的不仅仅是对美的性别化观念，也是对亚洲人作为美甲服务提供者的种族化的认知。

米歇尔·福柯关于通过规训实践生产出"驯服的身体"的

---

① 根据网络电影数据库（Internet Movie Database）的数据，《宋飞正传》中由 Marjorie Gross 和 Carol Leifer 撰写的"替补演员"（*The Understudy*）这一集，于 1995 年 5 月 18 日首次在 NBC 播出；见 www.imdb.com/title/tt0697802/combined。

重要研究可以用以阐释这一互动。①美甲店成为规训某些女性的身体以服从美丽规则,同时规训其他女性的身体为这些规则提供必要的服务的场所。女性主义学者认可福柯在阐明身体作为权力行使的场所方面的诸多贡献,但也批评了福柯对于性别的忽视。桑德拉·巴特基问道:"为什么没有关于生产出女性'驯服的身体',比男性的身体更驯服的身体规训实践的解释?"②然而,女性主义学者忽视了女性身体的规训,不仅是比男性的身体更驯服,而且基于种族、阶级和其他形式的差异,一些女性的身体也比另一些女性的更驯服。本章通过将福柯关于身体规训技术的研究与对性别化工作的女性主义交汇性研究路径放到一起对话,考察进行呵护型身体劳动如何规训亚洲美甲师的身体成为服务于其他女性身体的驯服身体。在上城美甲店和专属美甲店里的互动,可以展示在高档美甲护理中心里的呵护型服务的普遍模式,以及个体行动者如何质疑、重新协商这些互动方式,这种反抗又如何被特定条件支持或阻碍。

---

① 根据福柯的观点,现代社会中,监视和控制通过监狱、学校、工厂和军队等规训机构来实现。他认为,"'政治解剖',也是一种'权力机制',正在诞生;它定义了一个人如何控制别人的身体,不仅使他们可以做自己想做的事,而且使他们可以按照自己的意愿,用自己决定的技术、速度和效率来做。因此,纪律产生了服从和实践的身体,即'驯服的身体'"(Foucault,1979:138)。

② Bartky 1988:64.

性别和模范少数族裔

韩国服务提供者和白人中产阶级顾客之间的服务互动强化了模范少数族裔的刻板印象,就像方伟晶所描述的,在这种刻板印象里,"亚裔美国人要么不会遇到任何其他少数族裔群体所面临的歧视,要么即便他们遇到,也已经克服了这些歧视。"① 这种刻板印象已经渗透到大众话语中,在学术界受到了强烈的批判。"模范少数族裔"不是单一的刻板印象,而是容纳了一系列因素,这些因素不仅将亚洲人设定为一个值得称赞的种族群体,而且用此证明美国是平等而开放的。用于描述模范少数族裔的核心特征包括努力工作,值得称赞的家庭价值观,经济上的自给自足,非抗争性的政治、学术上的成就和事业上的成功。因此,不仅亚裔美国人值得称赞,而且这种赞扬的前提是他们顺利地融入美国社会,成为高效而被动的美国公民,验证着美国是一个开放的、能力至上的社会的想象。学术界复杂化了这种单一维度的刻板印象,指出它与对亚裔美国人的正面文化再现相去甚远。这种刻板印象强加了一种简单化和理想化的观点,不仅仅关于亚裔美国人,还关于其他种族群体,乃至更宽泛的美国的种族关系。戴娜·高木写道:"模范少数族

---

① Fong 2007:65.

裔的概念诞生于20世纪60年代动荡的种族变革中。"在黑人聚居区发生骚乱、20世纪60年代末"漫长炎热的夏天"以及大规模民权公开示威活动的背景下,亚裔美国人似乎是一个相对沉默的少数群体……愤怒于黑人对"白人建制"(white establishment)的批评,一些白人借由亚裔美国人的成就证明,只要少数族裔愿意"努力",他们就能在美国取得成功。①将一个群体认定为"模范",实际上推行了一种等级,在这个等级里,其他少数群体被认为是有缺陷的。这个框架表面上是在赞美亚裔美国人,实际上是在惩罚其他种族和少数族裔,尤其是没有追随亚裔脚步的黑人族群。通过强调亚裔的成功以及他们与白人的共性,"模范少数族裔"的概念起到了双重作用,一方面让亚裔美国人成为其他有色人种的榜样,另一方面也捍卫了美国现有的种族秩序。

授予亚洲人"荣誉白人"身份,诋毁了其他族裔群体,同时也强化了白人特权——这两个目的都通过身体政治来实现。正如大卫·帕伦波-刘提到的,"亚裔在美国的形象具有某些意识形态功能,这些功能有助于确保亚裔和白人的某些种族和国族身份",这些意识形态强调了"种族化的身体与族裔心理的相关性"。②他指出,对于种族化的亚裔身体以及更宽泛的外族身

---

① 高木(Takagi)1992:58—59。关于亚裔模范少数族裔话语的维度,见 Chou and Feagin (2008), Inkelas (2006), Kawai (2005), Osajima (1988), Shim (1998),以及 Taylor, Landreth, and Bang(2005)。

② Palumbo-Liu 1999:150。

体是好是坏的观念,是作为一个更大的计划的一部分出现的。在这个计划中,非白人移民及其后代是被欢迎还是被排除在美国之外,是基于他们是否愿意支持美国的资本主义及其扩张。

因此,对亚裔作为模范少数族裔的欢迎,是以其展示的经济生产力和顺利融入主流文化的规范作为前提条件的,当这些条件未被满足时,这种欢迎就会很快消失。这种对亚裔的赞美可以被调用来诋毁其他少数族群,但当亚裔对白人构成潜在威胁时,这种赞美就会被撤离。模范少数族裔的说法以反复无常和相互矛盾的方式被使用,除此之外,该框架所设定的所有亚洲移民及其子女都是经济上成功、向上流动的,这本身就是一种虚构。因为在亚裔美国人这一类别中,涵盖了高度异质的群体和经历,从香港金融家、苗族难民到亚裔被收养者。①

性别在形塑亚裔模范少数群体的意识形态方面有何重要意义?性别分析为这一种族化框架阐明了哪些新的维度?对身体劳动的性别化工作过程的关注,扩展了对模范少数族裔的研究,使之超越美国中心式的对种族化表征的关注,将注意力集中在受到全球资本主义经济结构调整的力量形塑的工作场所的互动上。具体而言,通过对在美甲店的亚裔女性的工作进行性别分析,可以揭示出一个新的身体和情感维度,去理解亚裔美国人是如何基于其从事顺从奉迎的工作的意愿而被建构

---

① 关于亚裔美国人的多元融合模式,见 Chou and Feagin(2008), Le (2007a), Sakamoto and Xie(2006), Woo(2000), Xie and Goyette(2004)。

成一个有价值的群体。正如颜·埃斯皮里图指出的："由于他们的种族模糊性,亚裔美国人在历史上被建构成既'像黑'又'像白',但既不是黑人,也不是白人。同样地,亚裔女性既过度女性化,又被男性化,而亚裔男性也既被过度男性化,又被女性化。在社会阶级和文化方面,亚裔美国人被塑造成'不可同化的外国人'和'模范少数族裔'。①他们模棱两可、身居中间的位置,维护着特权和权力体系,但也威胁和破坏着这些等级结构的稳定性。"②

基于埃斯皮里图的分析,我将性别视角引入对亚洲模范少数族裔的意识形态的批判中,即这是一个错误的、具有政治动机的神话。具体而言,美甲店揭示着复制了种族化、阶级化、性别化的亚洲模范少数族裔的互动形式,这种复制既借由文化再现,而更多的是借由物质的身体的互动。顾客、店主和美甲师都参与了这种复制,即便他们也采取了有限的反抗。

修饰模范少数族裔

美国社会对于亚裔,尤其是韩裔模范少数族裔的刻板印象是成功、恭顺、勤奋的。在美甲服务领域,这种刻板印象具有特

---

① Okihiro 1995.
② Espiritu 2008: 124.

定的性别维度。呵护型身体劳动与种族话语相交织,赞扬韩国人以及其他亚洲移民的工作精神,并构建了这种话语的特定性别版本。顾客的评论和行为表明,尽管许多人在意识形态上赞同亚洲人作为模范少数族裔的赞美性观点,但她们和亚洲女性的互动与这一种论调不符。

就像本研究中的许多客户一样,白人私人教练凯西认为亚洲女性在提供服务方面,尤其是在按摩方面,有一种特殊的技能,她甚至将这种理解升到了城市神话的高度:

> 我默认他们是韩国人。这很有趣——我好奇我是怎么知道他们是韩国人的。我认为这就是那种类似城市神话的东西,你住在纽约,你就会明白……就像熟食店——每个人都说:"我要去韩国熟食店。""现在我想想,他们有可能是中国人、日本人或越南人,但我只是听说做美甲的都是韩国人,然后我看到一个人,看起来足够韩国,所以我就认为她们是韩国人。"这就像如果我做了一次按摩,做按摩的人是高个子、金发碧眼的,我就会认为他们是瑞典人……(韩国人的刻板印象是)愿意非常努力地工作,在意孩子的教育。比如,我丈夫的一个朋友是韩国人,他的父母在唐恩都乐①工作了 30 年,把他们的孩子送进了

---

① 唐恩都乐(Dunkin' Donuts)是一家专业生产甜甜圈、提供现磨咖啡及其他烘焙产品等的快餐连锁品牌。2007 年,Dunkin' Donuts 名列全美十大快餐连锁品牌,并当选为美国人最喜爱的咖啡品牌。——译者注

哥伦比亚大学。类似这样的……(关于美甲店)我同意说他们工作努力。

凯西将韩国女性擅长美甲类比为将"瑞典人"等同于按摩。然而,瑞典按摩是一种以特定技术为特征的按摩,而不仅仅是一种族裔称谓。相比之下,凯西在解释为什么她认为美甲工作是韩国女性的特殊领域时,提到的是文化刻板印象,而不是具体的技术。她忽略了移民、种族化和经济结构调整的力量,而紧抓着一种简单化、性别版本的模范少数族裔的刻板印象,将韩国女性或看起来"足够韩国"的女性视为生来就有美甲技能。

同样地,许多中产阶级白人受访者也用"天生的能力"和"与生俱来的服务意识"来解释亚洲女性聚集在美甲店工作的现象。因此,"亚洲女性天生适合身体服务"这样的性别化的东方主义比喻,使得她们在美甲店的工作看起来多少根植于固有的生物或文化特性。①正如一位顾客所描述的,亚洲美甲师为这些服务注入了一种异域风情,增强了它们的吸引力:"这里的按摩质量要好得多。我喜欢去日本的美容院也是因为同样的原因,他们会在你的头上做指压按摩②,感觉太棒了。从文化上

---

① Edward Said(1979)将东方主义定义为"一种思维模式,基于在本体论和方法论上所建构的'东方'与(大多数情况下)'西方'的差异……不论是否存在'真实的'东方"(5)。虽然本研究中的女性不一定引用这一学术概念,但她们的思维还是反映了东方主义的思维方式的异域化、本质主义的观念。

② 指压(Shiatsu)是有着5000年历史的古老日本疗法,它是基于接近身体的能量通道和压力点来产生作用的。

说,亚洲人可以为(这项)服务带来一些我认为其他人不那么敏感的东西……(美国)文化不懂服务。这不是屈从奉迎,也不是受气包。这只是多大程度上你愿意去尽力满足他人需要。"因此,东方主义的认知框架强化了这样一种观念:亚洲女性不仅非常适合这项工作,而且喜欢它。

社会学家克里斯汀·威廉姆斯指出,这种认为人们之所以从事某项工作,是因为他们喜欢这些工作的观念,显然是一种"中产阶级的幻想"。在她对玩具店零售员工的研究中,她揭穿了一个神话,即工人根据他们的兴趣、技能或偏好选择他们的工作——"在低工资零售工作中,没有人认为人们选择他们的职业或工作反映了他们是谁。"①然而,讨论在美甲店工作的亚洲女性时,这种认为她们选择这份工作多少是因为喜欢并擅长这份工作的假设一直奇怪地存在着。而顾客们并没有把这种"天然适合"的逻辑应用到美甲店其他种族的女性身上。例如,一名上城美甲店的顾客芭芭拉说:"我认为这是因为她们(亚洲女性)擅长让美甲成为一种美妙的体验,但她们似乎也很喜欢做美甲,知道自己在做什么。我以前总是在同一个地方做头发、面部护理和指甲护理,是来自俄罗斯或波兰的女性给做的,但她们并不是很想做美甲。"因此,芭芭拉认为来自东欧的女性快速地进入又退出美容行业是因为她们不太适应这个行业。与之相反,她对美甲店里的亚洲女性的种族建构将她们置于这

---

① Williams 2006:19.

样的境地:她们不仅拥有美甲工作的专业知识,而且还觉得这份工作很愉快,是她们"想做的"事情。

与芭芭拉的观察一致,许多俄罗斯移民女性最初在美甲店工作,但后来转入其他工作。然而,与芭芭拉声称的她们只是不喜欢这份工作相反,俄罗斯女性离职的原因不仅仅在于她们对这项工作缺乏个人兴趣。一篇行业杂志的文章给出了一个解释:尽管俄罗斯移民在20世纪70年代之前占据了美甲业的主导地位,"但从她们的教育水平来看,一旦她们掌握了英语,就会转向其他工作机会。"①这种解释看似合理,但它未能解释为什么韩国女性——其中许多人也受过高等教育,英语水平也相当不错——无法跳槽到其他工作。

此外,虽然俄罗斯人一度占据主导地位,但俄罗斯女性与美甲师之间的关联并没有成为一种广泛传播的文化刻板印象。为什么没有呢? 答案不仅在于个人人力资本,如语言能力或教育,还在于种族分类。一旦他们的语言达到基本流利的程度,俄罗斯人和其他来自东欧的新移民就能很快被同化为白人——不是作为"荣誉白人"或"模范少数族裔",而是作为白人。即使英语口音很重,这种种族身份也给予她们更大的能力进入美国主流社会,获得更广泛的就业机会。②相比之下,韩国

---

① Wurdinger 1992:38.
② 关于俄罗斯移民在美国的同化,见 Chiswick(1997),Gold(1995),Kishinevsky(2004)。

人和其他亚洲移民,即使是那些符合向上流动、努力工作的模范少数族裔刻板印象的移民,仍然处于边缘地位。在这种情况下,美甲店的工作仍然是她们可能的选择中的最佳选择。

这些将亚洲女性视为温柔、勤劳、愿意讨好他人的种族与性别建构将她们的位置正当化为她们愿意并有能力为更高地位的群体提供服务。这种模范少数族裔的性别版本进一步规训了其他种族和族裔的、未达到同样勤劳恭顺的服务标准的女性。伊丽莎白是一名50多岁的社会工作者,她的父母是逃离了苏联的俄罗斯人。她称赞韩国人勤劳,同时批评其他群体,尤其是黑人,认为他们对韩国人怀有敌意。她提到20世纪90年代初韩国杂货店遭到抵制(见第五章):"你知道,我是俄罗斯犹太人——所以我对那些尝试在一个新国家开启新生活的人有一种特殊的感情。因为族裔去攻击别人,他们只是在努力谋生——他们(黑人)也可以这样做,创办小企业……我很钦佩你们韩国人聚集集体资源、互相帮助的能力。我总是对那些努力工作、能照顾好自己的人敞开心扉。"①有趣的是,在本研究的白人受访者中,表达对韩国人有亲切感的很多都是犹太人。因此,犹太人可能被认为是白人,但也有受压迫的历史和不太长的移民历史,他们可能会感到与亚洲移民的连接感,而主流白人不一定有这种感觉。此外,像伊丽莎白这样的顾客不仅强调

---

① 我已经讨论了我自己作为韩裔对我与受访者互动的影响,尤其是在一些时刻比如受访者跟我表达观点时会说"你们韩国人"。见 Kang(2000)。

亚洲移民和自己的俄罗斯犹太祖先之间的相似之处，还谴责黑人，认为黑人因自身能力不足而责备韩国人是不公平的。因此，伊丽莎白将美甲店老板（以及其他小店铺的老板）中少有黑人女性的状况归因于非裔美国人自身的失败，而没有自问如果美甲店是黑人开的，她或她的朋友是否还会光顾。在后民权时代，黑人从事服务性工作会引起白人顾客的愧疚感或恐惧。因此，白人顾客对亚洲美甲师的热情不仅再生产了对亚裔性别化的模范少数族裔的建构，还对黑人和其他少数族裔女性强加了其不尽如人意的看法。

这些种族建构在不同的亚洲族裔之间也形成了差别和等级。第五章中出现的工薪阶级的黑人顾客倾向于把韩国人归为宽泛的亚洲人或"东方人"的类别，与此相反，大多数中产阶级白人顾客明确地认为美甲店是韩国人所有的，赋予韩裔相对于其他亚裔更友好的族裔含义。克拉拉是一名40多岁的高中教师，她认为富人区的大多数美甲店都是韩国人开办的，并引用模范少数族裔的框架来描述他们：

我知道她们是韩国人。不同的族群进入不同的市场——中国人有洗衣店，韩国人有杂货铺和美甲店……我知道那种刻板印象：勤奋的学生和亲近的家庭关系。我和一位研究抵制韩国店的年轻女子上过健美操课。她是一个极端、极端自由主义者……不管怎么说，她彻底消除了我对那些成功故事的刻板印象——但话又说回来,她从哈佛大学获得了学士学位,我想她之后去了耶鲁大学读书,现在在某个大学里教书。

克拉拉声称她被打消了对韩国人狭隘的"成功故事的刻板印象",但这一遭遇最终证实了她关于模范少数族裔的想法。在她看来,这位韩裔美籍健美操学生上了常春藤盟校的事实,要比这位女士驳斥刻板印象的论点更引人注目。

虽然这些对韩裔的特定看法很重要,但总体而言,它们汇入了将亚裔美国人视为一个群体的、一般化的模范少数族裔的观点。一些顾客,尤其是犹太人等白人少数族裔移民的后代,在行使自身白人特权的同时,也表达与亚洲人的亲近感。"模范少数族裔"的刻板印象忽略了异质性的历史与文化经历形塑亚裔美国人成为一个多元的种族群体,而是将这一切全部归拢成一部单一的集体自传。在这个铁板一块的故事线中,被大肆吹捧的二代移民的向上流动转移了人们对第一代人所面临的困难以及美国社会不平等的关注。

高档美甲护理中心里的性别化服务互动反映出庞大的社会力量,但这些力量往往隐藏在将亚洲女性视为天生逆来顺受的种族和性别刻板印象的背后。为了满足顾客的期望,高档美甲护理中心高度重视身体和情感的关注,将其作为服务互动的关键部分。不管是顾客还是美甲师,都很少意识到是歧视或其他结构性障碍,将这些女性推入这一细分市场。客户更少认识到她们如何受益于、又如何参与到那个把亚洲妇女降为她们的美甲师的、充满约束的社会结构中。在上城美甲店和专属美甲店等美甲护理中心里,对美容服务工作性别化的期待与模范少数族裔的刻板印象相结合,产生了一种并不自然,而是强加的呵护型身体劳动的风格。

上城美甲店

从店面窗户的右侧可以看到六名韩国移民女性聚精会神地坐在一排小美甲桌旁,旁边是霓虹灯,写着"上城美甲店"的花体字母。这些女性穿着与牙医助理相似的粉色工作服和白色裤子,熟练地使用着指甲砂锉、死皮叉、快干喷雾剂和各种指甲油。从窗户的左侧可以看到坐在美甲桌对面的顾客——五个穿着职业装的白人女性和一个西装革履的白人男性——全都懒洋洋地伸出双手,这姿势让人联想到音乐会上的钢琴家或在祈祷的螳螂。

"星期二是我的美甲日。"格温解释说,她已经80多岁了,经常光顾这家店。她没有夸张,因为她每次来几乎待上半天的时间。早上,她那身着职业装的女儿开车把她送到这里,待上两三个小时后,一家私人家庭医疗服务机构再把她接走。在店里的那段时间,她除了修指甲和趾甲外,还接受了各种照护服务,这些服务被认为是理所当然的,且没有报酬。脱掉格温的鞋子和齐膝的长袜,帮她爬上国王宝座般的修脚椅,这需要两名美甲师。在接下来的一个小时里,这些女性弯下腰,在格温的脚下,准备香喷喷的足浴,按摩她患有关节炎的脚和腿,剪掉她干裂的黄色指甲,将棉球放在脚趾之间,给脚趾涂上淡粉色的指甲油,穿上棕色的纸拖鞋以防弄脏,护送着她像鸭子一样走向修手工位。然后在她手上再重复一次这些过程。

格温需要的护理程度超出了一般顾客通常接受的,但她的例子说明了,在呵护型身体劳动中,强烈的情感和身体的关注非常普遍。在她到访期间,格温通常至少需要去两次洗手间,需要至少两名美甲师将她从椅子上扶起来,小心翼翼地陪她走到洗手间。将她在烘干桌上安顿好以后,美甲师会给她拿来一本杂志和一杯咖啡。有一次格温迷迷糊糊睡着了,脑袋耷拉在椅子上。一名美甲师发现了,小心翼翼地将格温的椅子推到墙边,以防她摔倒。格温醒来后,愉快地聊起了天气,她的孩子和孙子们的来来往往,以及她的各种病和吃的各种药。美甲师们微笑着照顾着她,一边和她开心地聊着天。"您的孙子已经大学毕业了!""您穿着新衣服吗?"虽然她们也喜欢她,但她来访的代价也是显而易见的。一天,看到格温快到门口了,经理斯泰西叹了口气,问道:"好吧,今天谁想要服务这位'著名的祖母'?"

很多中产阶级和上层阶级的白人,比如格温,都沉浸在亚裔模范少数族裔的话语结构中。他们赞美美甲师的美德,表现出跟她们在一起很舒服,甚至很感激的态度。与此同时,顾客大多看不见美甲工作的艰辛,更未察觉她们如何参与到维系特权和服从的那些微妙与不那么微妙的实践中。例如,格温很感激上城美甲店对她的照顾,但她似乎看不到她强加在提供照顾的女性身上的要求。相反,她表示:"我们在一起很开心。我喜欢聊天,很有话说。她们中的一些人不理解,这令人沮丧,但我知道她们很努力。她们是非常善良、勤奋的人,她们非常擅长自己的工作……我认为这对她们来说是一份好工作。我听说她们中的一些人甚至因此致富。"对于美甲师在她眼前,或者更确切地说是在她脚边和手上所做的繁重工作,格温只字未提。她把这描述为一份好工作、"有趣"的工作、一种向上流动的渠道。她忽略了从事这项工作的女性在身体和情感上的努力,相反,她暗示自己容忍她们有限的语言能力来适应她们。

当她的护理人员到达时,格温感谢她的美甲师的帮助,并留下了看起来很慷慨的小费。但是这个小费意味着什么?作为美甲服务的延伸,她的美甲师免费为她提供两个小时的帮助,如果这由她的家庭护理员来提供,她该付多少钱呢?如果她女儿不得不请一上午的假来照顾她母亲或者在美甲店帮助她,将会损失多少工资呢?这些隐藏的成本都没有反映在格温的手脚美甲的价格里。相反,除了实际的美甲服务之外,其他身体和情感的护理服务是隐形的,这也是这项工作加在从业女性身上的代价。

身体劳动估价的分歧

顾客对美甲的价值评估与美甲师投入的劳动之间的脱节，往往在顾客对小费的评价上显现出来。希拉是一位二十八九岁的白人女性，在广告业工作。她认为自己是一位慷慨大方、懂得感激的顾客，尤其对于经常为她服务的埃丝特来说。埃丝特是一位经验丰富的韩国美甲师，在上城美甲店工作了近10年。很多顾客都要求她来做帮助放松和提神的手部按摩。她充满活力地揉捏、抚摸、推压，最后用双手握住希拉的两只手，交替地揉搓、按压、轻轻拍打——这一整套按摩吸引过许多顾客成为美甲店的常客。希拉感激埃丝特的付出，她说："我觉得我给小费很慷慨。我通常给20％的小费，就像在餐馆一样。"她走后，埃丝特说："我不敢相信她认为自己给小费很慷慨。我们应得的比她们在餐馆给的小费更多。这需要更多的技巧，我们让她们看起来更漂亮，而不仅仅像服务员那样端菜上桌。我不指望她给很多小费，因为她看起来赚不了多少钱，但我不敢相信她会认为自己给小费很慷慨。"

显然，在这样的交易中，有两种不同的给小费和评估服务价值的标准在发挥作用。希拉按照其他服务行业的规矩，比如当服务员，计算出她认为的一大笔小费。埃丝特则根据这项服务的独特性以及它所需要的特殊技能和努力作出不同的评估。在她看来,修指甲和上菜是不一样的。从给顾客带来的好处来看,它能让人看起来漂亮,这是一项很有价值的成就。从美甲师的劳动输出来看,它需要更多的技能,不仅是做手上的美甲,更需要关注顾客的感受。

许多顾客对埃丝特的辛勤工作表示赞赏。30多岁的单身白人会计玛吉在一次手部按摩结束时捏了捏埃丝特的手说:"我发誓,没这个我就不能继续工作了!"埃丝特也报以一个温暖而略带羞涩的微笑。这位顾客的称赞肯定了她所获得的好处,但并没有考虑到埃丝特自己手上的劳损。在第六章中,我将更详细地阐述美甲工作涉及的职业健康风险,这些风险包括接触有毒化学物质、过敏、皮疹、腕管综合征和重复性劳损。像埃丝特这样长时间工作的美甲师经常会抱怨健康问题,更不用说美甲师规训自己的身体来完成这项工作所付出的努力,而这些,很少出现在顾客的意识中。

身体劳动的规训技术

从轻轻地清除指缝里的污垢,到仔细磨掉指甲角质层和老茧,再到按摩手和脚,韩国美甲师对她们的顾客——大多是中产阶级和上层阶级的白人女性——进行了精细的护理。①在她们呵护其他女性的身体的努力中，美甲师必须规训自己的身体。和许多高档美甲护理中心的美甲师一样，34岁的朱迪·查（Judy Cha）1993年移民到美国。她告诉我，体贴的身体劳动不是她与生俱来的本事。相反，她能够满足精英客户对呵护服务期望的能力是在多年辛苦中习得的。此外，这些不是简单的自愿适应，而是由她工作场所里的感受规则和身体规则所规定的。她解释说：

> 三年前我们不怎么按摩，但现在顾客要求越来越多。这让我疲惫，真的很累……我想是因为我没有接受过正规的训练，所以不能以一种不太累的方式来做。有些美甲师为了得到小费，会一直给顾客按摩，但有时我累了，我甚至不会问（客户是否想要按摩）。老板总是让你去问他们，但在我感觉不舒服的日子里，我不会去问……在美甲店工作，我最害怕的事情之一就是，如果我听不懂顾客说什么怎么办？他们不会谈论细节，只是说，"天气怎么样？"但为了建立更深的关系，我需要克服这些障碍，提高我的英语水平。这就很有压力了。

---

① 尽管各种各样的顾客（从黑人女性高管到退休的犹太男性金融家，再到商店前南亚报摊老板15岁的女儿）时不时地光顾这家美甲店，但大多数都是土生土长的白人职业女性。她们包括律师、空乘、秘书、教授、私人教练、配件进口商、药剂师、家庭主妇、时装设计师和房地产经纪人等。

朱迪不仅学会了美甲和按摩，还学会了照顾顾客的情绪，尤其是通过交谈让顾客感到放松和舒适。因此，学习进行身体劳动包含体力和情感两个维度，以及这两者的结合。

呵护型身体劳动的体力维度涵盖一系列服务实践，包括使用高端美甲护理中心的产品和设备，按摩并营造一种舒缓放松的氛围，以及在进行这些服务时管理美甲师自己的身体。为在上城美甲店创造一个精心呵护的服务环境所投入的努力令人印象深刻，包括热棉毛巾、碗装温水浸泡液和舒缓的背景音乐。美甲护理中心还提供专门的服务，如热石按摩、乳醇石蜡浸泡、芳香疗法和皮肤美容等。这家店里还有高端设备，如带紫外线灯的专用干燥桌和带有水疗和按摩功能的足疗椅。这些都是高价投资——高端设备花费数千美元——它们表明开办和维持高档美甲护理中心所需的巨额资本支出。然而，虽然产品和工具很重要，但呵护型身体劳动的有效递送主要依靠美甲师本人的表现。

美甲师让自己的身体适应这项工作所付出的努力，从她们在休息时间的举止改变中就可见一斑。在没有顾客的时候，美甲师经常脱掉鞋子，摆出放松的姿势。一些女性舒服地蹲着，膝盖合拢，双脚分开，而另一些则随意地坐着，跷着二郎腿。然而，一旦有顾客进来，她们马上就会摆出端正的姿势。这些变化当然不是美甲店独有的，在许多行业中，服务人员采用被欧文·戈夫曼称为的"前台"和"后台"的身体自我呈现并不罕见。

当顾客不在时,他们会放松下来,当有人出现时,他们就会迅速集中注意力。① 当有顾客进来时,美甲师很快就会丢掉"不当班"姿势,同时避免任何暗示着前现代和族裔他者的身体姿势。此外,并不是她们选择自己的姿势——这是由顾客的期望和店里的劳动管理规范所规定的。例如,格蕾丝·李是一名新员工,新近移民美国,在上城美甲店工作。经理斯泰西把一张凳子挪到格蕾丝面前,训诫她说:"蹲着不好看。坐这儿。"在另一家店里,一位店主瞥见一名美甲师在桌子底下脱掉了鞋,她轻声对美甲师说:"有顾客的时候,不要脱掉鞋子。"因此,美甲店的老板和经理们会从顾客的身体规范中寻找线索,然后将这些身体控制强加在员工身上。

饮食的身体政治

控制身体的做法不仅针对美甲师的身体姿势,还延伸到美甲师的食物管理中,特别是味道浓烈的民族菜肴。布鲁克林一家美甲店的店主卡拉·朴积极反对在店里吃某些辛辣的韩国食物,尤其是韩国的国菜泡菜。"我们这里不吃泡菜或其他有异味的食物,因为顾客不喜欢——如果我们的食物和呼吸有异味,他们会认为我们是低社会阶级的。"这位店主明文规定禁止

---

① Goffman 1959:119.

某些食物,而其他美容院老板则采取了间接措施来控制员工的饮食和他们的体味。上城美甲店美甲师埃丝特告诉我:"我在另一家美甲店工作时,饭后老板给了我们口香糖。有一次我听到她告诉一位美甲师让她去刷牙。我们都带了不同的菜,一起吃饭,有时(店主)会显得不高兴,说有什么东西味道很重。"

美甲师自己也会在工作时控制自己的饮食,以免冒犯顾客。上城美甲店的南希阐述了气味的政治意义,她认识到顾客的担忧,但也反驳说,她警觉地控制着由食物引起的族裔体味,但顾客对他们自己的体味却毫不在意。"他们(顾客)对韩国食物的味道非常敏感。我知道即使对那些习惯吃泡菜的人来说,泡菜的味道也很重,所以我们不应该在给顾客修甲前吃泡菜……但是这些人没有意识到他们也有强烈的美国气味。"我让她具体讲讲什么是"美国气味",她的反应很惊讶:

你不知道美国气味?这不完全像牛奶,有点像牛奶和油脂在一起的感觉(笑)。我还记得我第一次从韩国到肯尼迪机场的时候,我走下飞机,感觉就像——哇!我能从人们身上的气味判断出我们是在美国,但他们并不认为自己身上有气味。有一次,我走进打蜡室,看到一个女人正躺着做比基尼热蜡除毛。她一定是午饭吃了汉堡和炸薯条,身上的味道很难闻,但她似乎没有注意到,也不在乎。

南希的评论显示了她理解必须控制自己的体味,同时不对顾客的体味做出反应。虽然某些做法是由管理层强加的,但员工内化并遵从了这些期望。她们认识到服务工作的身体协议单方面地侧重监管"外族"身体。

关于亚洲移民女性所进行的身体劳动,气味的微观政治揭示了什么?正如美国研究教授罗伯特·李在《东方人》一书中所言,"饮食习惯、习俗和规则是社会表达身份认同的核心象征结构;至少在象征意义上,你就是你吃的东西。"①因此,对食物气味的评估——从食物本身以及食用者的衣服或呼吸来看——是与文化相关的,也是情境特定的,但它们在日常互动中有着重要的作用。可以说,避免散发令人不快的体臭只是一种礼貌。然而,愉快和不愉快是主观范畴。在大批意大利移民迁入曼哈顿下城将近一个世纪之后,意大利高端餐厅的顾客呼吸中弥漫着的浓郁的大蒜味,不再是低阶层和族裔他者的信号,而是美食。相比之下,韩国食物中大蒜的强烈气味以及那些食用大蒜的人通常会引起强烈的负面反应。

在美甲店的社会情境里,出现了不要食用味道浓烈的民族食品的劝诫,不仅来自礼仪小姐或艾米莉·波斯特②的正确礼仪指示,而且出自劳动管理规定。通过控制美甲店的民族食品

---

① R. Lee 1999:38.
② 艾米莉·波斯特(Emily Post),美国礼仪专家,撰写了《你的礼仪价值百万》等在西方社会影响广泛的礼仪书籍。

摄入来调节体味，并不仅仅是对新的文化规范的个人调整，而是身体服务工作的副产品。移民美甲师学会让自己的身体符合美国中产阶级白人的期望，因为美甲师的工作要求她们如此。这些要求得以传达是通过店主和经理的直接劳动控制和客户的间接反对。这种反对也指向了美甲师的服务语言。

服务语言

"你的指甲看起来棒极了！"活泼的27岁上城美甲店前台接待员安吉拉·申会这样告诉顾客，言谈中不时地穿插一些口语化的短语，比如"最近怎么样？"和"怎么不去看看杂志？"虽然有点滑稽，但她的谈话风格成功地让顾客放松下来了，尽管她实际的语言能力不如店里其他一些韩国女性。安吉拉的交谈能力是参加了一个"减少口音"的强化课程的努力成果，这是为新移民服务的一个家庭作坊课程。后来，我采访她时惊讶地发现，她表面上的流利主要是一种技巧，因为当我试着跳出美甲服务的词汇，用英语问她与我的研究相关的问题时，她并不能理解。

一个友好的、健谈的接待员在一个以让客户感觉良好为基础的行业中肯定是一种优势，但安吉拉的交谈行为揭示的不仅仅是健谈的个性。它们反映了罗宾·莱德纳在《快餐，快谈》一书中所说的"互动服务工作"的交流要求。① 莱德纳注意到在服务互动中存在着一个愉快交谈的普遍期待,但当服务提供者和客户说的不是同一种语言时,服务工作的这一维度就更加突出了。韩国美甲师因此必须学习两种新语言——基础英语和呵护服务语言。比一般的英语熟练度更重要的是,美甲师必须学习与提供美甲服务相关的特殊语言技能。认真的交谈是顾客期待、老板和经理要求,以及美甲师学习各种技能来提供的。

尽管美甲师们付出了很多努力,还是有很多顾客抱怨,不仅因为美甲师的英语水平有限,还因为她们彼此用韩语交流。就像《宋飞正传》里的伊莱恩一样,许多中产阶级白人顾客对美甲师讲韩语的做法反应强烈,她们怀疑美甲师在议论顾客。顾客们往往没有意识到,她们在强令美甲师们用恰当的、不带口音的英语与自己认真地交谈。此外,当顾客发现服务提供者有意忽略她们的请求或谈论她们时,往往会感到不悦。许多人都表达了类似的感受,正如这位顾客所言:"说实话,我认为她们并没有真正在听,她们只是做了她们想做的事情。不是因为她们不理解我。"因此,一些中产阶级白人顾客将美甲师对她们的要求缺乏回应以及使用母语交谈解读为任性、操弄或颠覆的表现。在某些情况下,顾客是对的。

---

① Leidner(1993)用这个概念来描述那些需要与顾客直接接触的工作,她详细阐述了工作中交谈的复杂维度。

身体劳动的日常抵抗

即使是为了增加收入或工作保障,美甲师也不会毫无保留地满足顾客的要求。相反,她们在工作时会寻求满足顾客要求和保持尊严感之间的平衡。尽管美甲师可能会认可英语熟练程度的价值,认为这是遵从她们工作中的模范少数族裔期望的一种方式,但对于她们认为是过度的需求,她们也发展出抵抗的方式。一些韩国美甲师对提高语言能力所表现出来的矛盾心理,暗示着不懂英语或被认为不懂英语所带来的好处。大多数美甲师都努力提高她们的语言能力,希望与顾客有效沟通,但有些人,如桑迪,回避着交谈和顾客的要求,以此拒绝扮演顺从的模范少数族裔一员的角色。不幸的是,这种策略往往是双刃剑,因为它既为美甲师提供了庇护,又加剧了她与客户的紧张关系。做完美甲后,一位顾客皱着眉头不太满意地问桑迪:"既然还没干,你认为还可以换颜色吗?"桑迪拒绝接收这个不满意的顾客的明确暗示,回答说:"哦,吹干,你要吹干,到那边去。"她指着对面墙上的烘干机,轻快地把顾客从座位上护送下来。桑迪的语言策略让她从不满或贬损的评论中获得缓解,还能让她对自己的工作有一点控制力。然而,这些策略也阻碍了她赚取更高的小费和获得那些可以让她进入其他类型的工作的技能，更不用说使她在新国度感到更自在了。

与桑迪不同，大多数美甲师都认可了顾客在沟通标准上的高期望，她们在很大程度上遵从着这些期望。与此同时，她们找到了颠覆这些要求的方法，语言可以作为一种有效但有限的抵抗工具。能够用韩语交流使她们更能忍受工作环境，也成为抵抗文化统治的一种方式。南希平时为人随和，说话轻声细语，但她讲了一个例子——她通过议论顾客来报复顾客考虑不周的评论：

有一次我和一个顾客在一起，她之前什么也没对我说，甚至没有说："嗨，你好吗？"但是突然她问我："你们在韩国吃狗是真的吗？"我不知道该说什么，所以我就表现得好像不明白她的意思。后来，当她指甲快干的时候，我把她说的话告诉了埃丝特。所以埃丝特就在她面前，用韩语说："是的，我们吃狗，但只生吃！"你知道埃丝特有多有趣，她不停地说。我笑得太厉害了，记不起她说的每一句话，她好像说了我们只吃别人的宠物里最肥的。我知道这不对，但我必须承认，我真的很喜欢取笑她。

不管顾客关于吃狗的问题意味着讥讽嘲笑还是考虑不周，它都触及了一个熟悉的主题，让南希不得不捍卫自己的文化。杰西卡·哈格多恩的小说《狗食者》的书名就呈现出这样一种轻蔑,即食用狗肉被专门用来诋毁亚洲文化。①这样的评论让人怀疑亚裔是否真的作为模范少数族裔被主流接纳。有了埃丝特的帮助和美甲师们议论顾客的可能,南希借助幽默和友情化解了顾客的问题带来的刺痛。因此,美甲师用语言实践来避开工作要求,并且释放由考虑不周的或令人不快的顾客评论引起的负面情绪。然而,这些使用语言作为抵抗的做法在很大程度上是象征性的。它们有助于发泄不满,但不会从根本上挑战权力和特权关系。顾客对美甲师用韩语交谈感到不舒服,表明她们意识到这种行为,不管有意无意,都具有某种颠覆性。在一些情况下,美甲师会用韩语来议论顾客,但更多的时候,她们只是在谈论工作相关的问题或与同事聊天。这些行为让她们重新建立起独立于工作之外的认同感,但是却有着高昂的代价。

有些人会认为,在不懂该语言的人面前使用一种语言的行为就是粗鲁的,在任何情况下都应该避免。然而,这种对粗鲁的理解在不同的情境中的应用却不同。许多说英语的人经常在不懂英语的人面前使用英语,即使在说另一种语言的国家或社区,他们也采取"只说英语"的心态。②曼哈顿另一家高档美甲护理中心的美甲师曹智媛注意到了这些倾向,她对顾客表示同

---

① 哈格多恩的书聚焦于与菲律宾宾人相关的描写。在一个生动的场景中,一个角色谈起了食狗者(dogeater)这个词的起源:"您知道'食狗者'这个词从哪来的吗？当然是美国人。"(Hagedorn,1991:40)。

② 见 Macedo, Gounari, and Dendrinos (2003), Boyle (2004), Pennycook (1998)。

情,并敦促她的同事学习英语,不要说韩语。她说:

> 如果你不懂也不说英语,工作就会变得特别麻烦。我一开始没有意识到这一点。例如,如果一个紧张又难相处的顾客来了,就没有人能接待好这个顾客。当她抱怨某件事时,尽管这可能是一个非常简单和基本的问题,但因为没有人能懂,顾客离开时会很不高兴……一些顾客告诉我,"赚钱之前,先学英语。"起初,我认为这只是一个友好的建议,但随着时间的推移,我意识到她们说的是真的……她们很受挫,也瞧不起我们。她们这么说的时候,我很生气,但有时我也会想她们说的是不是也有道理。如果一个外国人住在韩国,不会说韩语,我会同情他,也会看不起他。

尽管智媛猜测她也会对在她国家却不学当地语言的外国人产生负面情绪,但事实是,许多外国人去韩国出差或旅游,从来不学韩语,但通常受到友好接待,或者至少没有被诋毁。实际上,许多美国公民,即使是在访问或在另一个国家工作时,也期望其他人会说英语,而不是觉得美国人应该努力学习该国的文化和语言。①鉴于这些语言动力,像智媛这样的美甲师更有可能认为自己说韩语很可怜,而不是质疑顾客听到外语后的强烈反应。

---

① 见 Shim, Kim, and Martin (2008)。

同样，长期留在美甲护理中心工作的美甲师也大多遵从顾客在身体期待方面的要求。与此同时，就像语言一样，美甲师们也在进行有限的身体反抗行为，这种行为可能会减轻但不会改变呵护型身体劳动的需求。在上城美甲店，其中一种抵抗形式就是取笑顾客在指甲上的巨大投资。万圣节前的某一天，我走进了店里，这个时段顾客不太多，美甲师们欢快地特意给彼此的指甲涂上 M&M 豆的颜色。她们还透露，情人节前后她们会在指甲上画上心形图案，并在圣帕特里克节①前后画上绿色的三叶草。她们兴高采烈地美甲，似乎意识到在做一件有点颠覆性的事情——互相给予对方一种通常只为顾客提供的呵护待遇。与此同时，她们以削弱这些行为严肃性的方式呵护彼此，反而让这些行为变得有趣又可笑。然而，她们下班离开时，她们已经把指甲上的糖果色指甲油擦掉了。这些抵抗的种子并没有在店里开花结果成任何持续的集体意识或行动，更不用说扩展到店外了。

　　美甲师对顾客需求和地位的认同进一步削弱了她们对身体劳动的抵抗，她们正是通过与顾客的种族和阶级特权的关联来获得地位。一些美甲师通过为社会地位较高的顾客提供熟

---

① 圣帕特里克节（St. Patrick's Day），即每年的 3 月 17 日，是为了纪念爱尔兰守护神圣帕特里克。这一节日 5 世纪末期起源于爱尔兰，美国从 1737 年 3 月 17 日开始庆祝。美国的圣帕特里克节这一天，人们通常要举行游行、教堂礼拜和聚餐等活动。美国的爱尔兰人喜欢佩带三叶苜蓿，用爱尔兰的国旗颜色——绿黄两色装饰房间，身穿绿色衣服，并向宾客赠送三叶苜蓿饰物等。——译者注

练的美甲服务，赢得顾客的赞赏，从而获得满足感和一种替代性的地位感。例如，作为曼哈顿一家高档美甲护理中心的老板，丽莎·朴拥有一个有地位的顾客群和大量的客户订单。她是店里唯一一个提供预约的美甲师，这些都是为那些穿精致的丝绸或亚麻披肩的女性预留的。用细丝织物为指甲打膜，使其坚固、加长、光滑，这一艰苦的过程可能要花费一个多小时，一般要花费50多美元。一天，当丽莎完成了一个完美无瑕的丝质甲后，她的常客惊呼道："丽莎，你是这个城里做得最好的！"她还特别慷慨地给了她20美元小费。丽莎微笑着，自豪地向她的员工和顾客展示她的20美元。后来，被问及她和这位给很多小费的顾客之间的关系时，丽莎并不认为自己对她有特别的喜爱之情。她说："我想她可能是个律师。反正她是一个非常富有、（地位）很高的人，她只信任我，所以我感觉很好。"即使她们并没有和顾客建立起亲近的私人关系，但像丽莎这样的老板和美甲师也乐于帮助富有的顾客打扮得更漂亮，不仅仅是因为这样做可能会带来金钱上的回报。在许多店里，技艺更精湛的美甲师会执行难度更大、费用更高的工序，她们也主要服务于常客，因此能得到最多的小费和赞赏。

　　因此，美甲师对呵护型身体劳动的要求表现出一系列不同的回应。有些人将服务伦理内化，认同客户的较高地位，不时通过与顾客的关联衍生出一种地位感。另一些人则采取战略性默从，表面上满足服务期望，内心却拒绝服从。此外，还有一些美甲师能够通过谈论顾客或拒绝完成某些任务来进行微妙的抵抗。这些回应彰显了美甲师的能动性，但也揭示了她们抵抗的限制。在另一家高档美甲护理中心——专属美甲店中，顾客和美甲师能够表达真正的关爱和连接，但暗涌的权力关系依然存在。

专属美甲店：个人关系的局限

专属美甲店的老板查莉（见第二章）是一位慷慨而自信的女性，认为自己与顾客的关系不是建立在奴性或经济需要的基础上，而是建立在友谊的基础上。老板的身份、生意的兴隆和顾客的接纳，能够让查莉验证到这种更有赋权意义的工作界定。但这种替代性的认知框架也会出现裂痕，即使是像查莉这样受人喜爱、事业成功的老板，也难免会遇到这样的情况，顾客要求她在提供呵护型身体劳动的同时，接受一个卑躬屈膝的位置。尽管没有明显的歧视或剥削，但不平等仍然存在，模范少数族裔的言论和与之相伴的期待也依然存在。

正如她与许多顾客一样，查莉与帕蒂建立了特殊的关系。帕蒂是一名医院社工，长期咬指甲。两个女人建立了一个相互支持的、人性化的顾客-美甲师的关系，试图把服务关系改写为一个真正的友谊故事。然而，这种替代性的叙述并没有对抗凌驾于她们关系之上的结构性力量。帕蒂被咬指甲的习惯所困扰,也没有把她所得到的照顾认为理所当然。"我总是很焦虑,这是我的习惯。我不抽烟或暴饮暴食,不喝酒或吸毒,但我会咬指甲……所以,(美甲师)照顾我是很重要的。除非她们非常仔细,否则会伤到我。明白吗?你看我对指甲做了什么。你看到我拇指底部了吗?……我不想去别的地方。与其他地方相比,这里很好,她们很仔细,也很在意我……我相信她(查莉)。"帕蒂没有把她在专属美甲店接受的密集的身体劳动理解为商业化的交换,或是行使种族和阶级特权的活动,而是与另一个女人之间基于信任、亲密和互惠的关系。她很乐意帮助查莉处理英文文件,经常协助店员与新来的或不满的顾客进行交涉。帕蒂很高兴地告诉我:"有好多年我庆祝生日的唯一方式就是来这里让查莉美甲。"

作为回报,查莉很感激帕蒂,称她为朋友。与此同时,查莉也意识到,在客户-服务提供者的角色约束下,协商她们的关系面临多重挑战。查莉谈到帕蒂时说:"她是我的朋友,我们互相帮助……真的,她的指甲形状很糟糕——我必须小心不要伤到她,因为她指甲下面的皮肤都暴露出来了。"正如查莉所意识到的,她很感激帕蒂的惠顾和各种形式的帮助,但给她啃坏的指甲做美甲,压力很大。这两个女人都坚称对方是自己的朋友,但最终,维护她们关系的重任落在了查莉身上。帕蒂经常称查莉为她的"治疗师",这佐证了查莉的情感劳动的投入程度。我注意到，如果帕蒂来的时候查莉正在为另一位顾客服务，她就会赶紧弄完，或者让另一位美甲师接手，这样她就能及时接待帕蒂。有一次帕蒂等了几分钟，然后带着一点抱歉一点不耐烦地指了指她的手表，催促查莉快点结束。这些互动意味的不是朋友之间的地位平等，而是一个慷慨大方但却要求很多的客户对一个心存感激的服务提供商的指令。此外，虽然查莉和帕蒂能够在美甲店内建立某种类似友谊的关系，但这种关系并没有延伸到服务环境之外的生活中。我问查莉她们是否在美甲店外见过帕蒂，她按着字面意义回答道："哦，是的，她走过时总是挥手。"

这并不是说，查莉和帕蒂所培育的那种真切关心的服务关系没有意义，或不值得发展。这意味的是，虽然积极的微互动可以减轻与身体劳动相关的卑躬屈膝造成的痛苦，但不会从根本上改变这些互动的条款，以及相关行动者的不平等地位和权力。这些关系与系统性的不平等共存，包括服务提供的等级以及白人特权和亚裔模范少数族裔的种族话语。这些不会因此而消除。此外，身体和情感维度的服务提供也形塑了特定的同化模式。

情感和身体的同化

通过进行呵护型身体劳动，像查莉这样的移民女性服务提供者经历了情感和内在的同化过程,以符合顾客的期望、工作场所的礼仪以及亚裔美国人的种族和性别刻板印象。一天,我碰到查莉带着一袋杂货和一束彩虹郁金香离开一家熟食店。我指着那些花,问她是否要去拜访别人。和许多认为买花是放纵自我的移民女性不同,查莉毫无歉意地说:"不,我是为自己买的。"查莉经常带着鲜切的花朵到美甲店,赢得顾客的赞许,她对呵护型身体劳动的投入似乎已经影响了呵护自己的方式。作为一名成功的美甲店老板,查莉以典型的美国风格奖励自己一天的辛勤工作——炫耀性地消费高端商品。这些细微的消费行为表明,每日重复遵循顾客的生理和情感规则,一点一滴地改变着美甲师的自我认同。呵护型身体劳动促进了情感和身体形式的同化,这种同化形式利用的是亚洲人作为模范少数族裔的种族话语以及亚洲女性擅长服务和美学的性别化框架。这些认知框架超越了美甲店,延伸到女性生活的其他领域。

与此同时,查莉尚未把她的顾客的服务期待内化到会去消费自己所提供的高端美甲的程度。当我问她为什么不时,她简短地回答说:"不,那是我的工作。"换句话说,尽管查莉吸收了自我呵护的伦理的某些要素,但她还是在美容服务提供者和消费者之间划出了一条界线。她被呵护型身体劳动的理念所同化,以补充而非改变她的社会地位——提供呵护型身体劳动的美甲师和美甲店店主——的方式,重新定义了她的身份和人际关系。最终,她遵从了模范少数族裔的话语和高档美容服务的性别规范。

遗憾的是,即使查莉的同化程度已经如此之高,她仍然被许多顾客视为美国主流之外的人。在下述互动中,亚历山德拉,一位常客,透露了她对身体劳动的高标准,以及她相对于作为服务提供者的查莉的优越感。我问亚历山德拉希望美甲店有哪些改进,她先把意见告诉了我,之后变换了语调、用蹩脚的英语对查莉说:

让它更像一个高档护理中心,可以在足疗时增加精油芳疗法。它不那么贵,一瓶大概可以做四五十次足疗。我不认为这会增加很多成本……她们要装修一下,这是她们真的该做的。这个地方太过时了。(她注意到查莉在听她说话,就直接转向查莉,但明显地改变了她的语气和语法。)人们走进来看到旧的装饰,他们觉得是旧店,不干净,不好。可能离开。当你拥有崭新的外表,人们觉得崭新的样子,好东西!

后来我问在美国生活了十年、英语已经相当熟练的查莉,亚历山德拉这样对她说话,她有什么感觉?她耸了耸肩说:"她们都这样。也许她们认为这样让我们更容易理解,但这表明她们认为我们有多蠢。"

亚历山德拉并不是故意不尊重查莉或店里的其他韩国女性——相反,她为自己对韩国文化的了解和欣赏而骄傲,并自豪地分享起她在社会研究课上教授关于"亚洲模范少数族裔"的单元的经验。但是,作为一名白人中产阶级顾客,她的社会地位赋予了她向美甲店老板建议如何做生意的特权,而且她在提建议时所用的语言,也复制了亚洲人是不会讲英语的外国人的刻板印象观念。亚历山德拉非但没有把查莉提升到平等的地位,甚至没有把她提升到模范少数族裔的一员,反而像在教训孩子一样对查莉说话。这样做,她行使了自己种族和阶级的特权,也削弱了查莉的社会地位。即使作为一个成功的、高度同化的美甲店老板,查莉也很容易遇到这样的服务互动,这些互动透露给她,像亚历山德拉这样的客户"认为我们很蠢"。此外,这样的互动也冲击了那些认为亚洲人在美国已经战胜歧视和排斥的说法。

小 结

由亚洲人开办的、主要为中上层阶级白人服务的高端美甲护理中心中的美甲互动质疑了"模范少数族裔"的文化再现,即亚洲人顺从勤奋,很容易融入主流社会,享有与白人同等的社会经济和种族地位。相反,在高档美甲护理中心里的互动显示,带有贬义的刻板印象和不平等的权力地位依然充斥其中。亚洲人开办的美甲店里的日常互动展示出,种族化的文化再现与特定的性别化的刻板印象,即亚洲女性是顺从的、非常适合从事精细的手工劳动,自然化了她们在美甲工作中的聚集。但是,在不同的美甲店出现了不同的服务模式,打破了这一单一维度的刻板印象。在为中产阶级和上层阶级白人顾客服务的高档美甲护理中心中主导的(尽管不是排他的)模式,体现为一种呵护型身体服务的性别化的工作实践,强化现有的种族和阶级等级。

在上城美甲店这样的高档美甲护理中心,为一些女性的身体提供服务需要规训其他女性的身体。美甲师不仅必须执行与美甲直接相关的身体实践,如修剪、上油、触摸和按摩,还必须调整自己的身体姿态与身体接触的东西,包括坐姿和饮食。为了回应顾客对这些身体互动的感受,美甲师必须学会说两种而非一种新语言。首先,她们必须掌握基本的英语能力;其次,她们必须学会流利地使用赞美、宠溺和满足客户需求的语言。语言技能是身体劳动中情感管理的一个基本要素,但语言技能也可能带来负面评论和过多的客户需求。与此同时,美甲师可以利用她们的语言技能来抵制这些要求,以及用韩语交谈以使顾客不安。然而,这种微妙的抵制行为会引起老板和客户的负面反应,并不能从根本上改变这些互动的权力动态。

在专属美甲店,美甲师们很少进行这种抵抗,因为她们与顾客的关系确实更亲近,因此不需要那么夸张地表现出尊重。然而,这并不意味着这些关系中的不平等消失了。仅仅因为女性真诚地善待彼此,有尊严地对待彼此,并不能改变她们在生活和资源上的巨大差异。但她们之间所表示的关心和尊重也并非无意义,这使得在美甲店工作的女性能够在工作时保持自尊。然而,她们之间所建立的那一点点真诚的联系,在面对客户的不满或考虑不周时,或仅在一天的忙碌压力下,很容易就消失了。

亚洲美甲师在提供性别化服务工作时所经历的情感和身体的同化,最终强化了主导的种族和性别认知,即亚洲女性温顺、屈从,非常适合从事细致服务。与此同时,尽管亚洲移民是被全球化服务经济结构引入这一细分市场(niche)的,但这些女性不仅仅是全球资本主义机器上的齿轮,她们做出选择并赋予工作意义,要么通过热爱客户和工作本身,要么为自己如何工作设定边界。然而,正如卡罗尔·沃尔科维茨在《工作的身体》一书中所言,这种"内在心理"的抵抗形式很少能挑战组织的"情感秩序",而是"让个体员工在心理上与自己保持距离,而不必然激励更多朝着变革而不是求生存方向的集体努力"。① 同样地,顾客也不必然局限于"呵护"和"特权"的脚本,而是可以进行改写,或许变得更压抑,也可能变得更平等。

一些顾客积极反对美甲店互动反映着偏见和社会不平等的观点,坚称她们与美甲师之间的关系是真诚的、互惠的。一位顾客在店里走过来对我说:"我真的很关心这些女人,我想她

---

① Wolkowitz 2006:98.

们也很关心我。你怎么能对一个为你美甲多年的人无动于衷呢?"确实,美甲师和顾客之间强烈的情感纽带并不少见。然而,这些纽带并不能否认种族、阶级和移民身份等无形的不平等形塑了身体劳动。相反,亲密的情感和身体接触,与女性之间的沟壑并存,甚至有可能会进一步加深这些沟壑。因此女性为女性服务的行为,特别是涉及呵护型身体劳动消费时,更多地服务于再铸差异,而不是建立联盟。

第五章　黑人"从来不是被人呵护的"

美甲艺术沙龙与黑韩关系

　　黑人总体上来说从来不是被人呵护的。以前只有白人才能做美甲。所以从这个意义上来说,我确实感觉韩国人做得不错,因为更多人有机会去做美甲了。我可以在星期六的早上悠哉地过去,给我的手和脚做上美甲。

亚历克西斯,下城美甲店的非裔美国顾客

> 我看过洛杉矶暴动①的电视节目,所以我之前不敢去像布鲁克林或布朗克斯这样的黑人区。但是在那里工作后,我发现他们非常友好,我也不再怕他们了。事实上,我反倒觉得白人更挑剔、更苛刻,比起黑人,我现在更害怕白人。
>
> 杰德,美甲师

> "黑韩冲突"既具体化了"非裔"美国人和"韩裔"美国人,也具体化了冲突本身。这使得种族间冲突成为对各种现象的现成解释,从而转移了我们对其他事件和解释的注意力。
>
> 南希·阿贝尔曼和约翰·列,《蓝梦》②

2004年8月27日,说唱歌手福克斯·布朗(Foxy Brown)到曼哈顿的布鲁米美甲店修指甲,却因为美甲店即将关门而被拒绝,于是她对两名美甲店员工拳打脚踢。她最终承认了人身袭击的指控。据《纽约时报》报道,检察官以袭击经理宋纯智并"导致其面部肿胀、淤青以及剧痛"为由,起诉了这位真名为印加·玛琦德(Inga Marchand)的说唱歌手。据称事后美甲店的

---

① 1992年4名洛杉矶警察殴打黑人罗德尼·金(Rodney King)后被无罪释放,随后洛杉矶发生骚乱,导致2000多家韩国人开的商店被抢劫和烧毁。——译者注

② 前两段引文来自我在本研究过程中的访谈;第三段是来自 Abelmann and Lie 1995:159。

员工跑向玛琦德的车,试图站在车前挡住她,随后玛琦德就开始用手机猛砸这名员工。①

如果不是因为轻易就关联到了黑-韩之间种族紧张关系的现成桥段,这段黑人顾客和韩国美甲店经理争吵的故事本会变得很滑稽。第四章展示了受到亚裔美甲师呵护服务的中上阶层白人顾客强化着模范少数族裔的论调,本章关注的是诸如此类对冲突事件的描述又如何激化根深蒂固的黑韩冲突。

正如政治学家克莱尔·琼·金所指出的:"黑韩冲突已经成为美国市井传奇的一部分。"②媒体报道和文化产品添油加醋地描述并激发着这个市井传奇,比如1990年对布鲁克林韩国人开办的红苹果市场争议不断的抵制,以及1992年洛杉矶的2000多家韩国小企业遭到大规模抢劫和焚烧的事件。最值得注意的是,说唱歌手艾斯·库伯在他备受争议的热门歌曲"黑色韩国"中,抗议韩国商人对黑人顾客的不信任对待,并威胁要烧毁他们的商店。这首歌成为洛杉矶暴动前非裔美国人和韩裔美国人之间紧张关系的导火索。韩裔美国人领袖对艾斯·库伯呼吁抵制和焚烧黑人社区里的韩国企业感到不安。他们

---

① Tavernise(2005). 福克斯·布朗在2004年的美甲沙龙事件中获得缓刑,但后来被指控殴打邻居和一家美容用品商店的员工,见Edidin(2007)。

② C. Kim 2000:3.

强烈谴责了艾斯·库伯,并组织了对该专辑的抵制行动。①这些紧张关系成为被大众媒体和学术话语中称为"黑韩冲突"的一系列事件的一部分,"黑韩冲突"一词强调了这两个群体之间根深蒂固和广泛的敌意。

"黑韩关系"虽然是当代种族政治的一种重要文化再现,但却忽略了黑韩关系中更微妙和世俗的层面。同样,福克斯·布朗事件留下的印象是,这种冲突不仅遍及韩国人开办的杂货店和零售店,而且也遍及美甲店等服务机构。然而,这种描述与亚历克西斯等顾客的经历完全相反,亚历克西斯认为韩国人开办的美甲店为她提供了之前无法获得的服务。本章中,我将讨论这些差异,展现韩国和黑人女性如何复制又改写着那些关于冲突和剥削的文化再现,这些再现试图提供她们之间互动的解释框架。模范少数族裔的意识形态认为亚洲移民在社会地位上高于黑人、接近白人。但许多黑人女性拒绝这种种族等级划分,认为自己比亚洲人优越,因为她们不从事这种卑躬屈膝的服务工作。此外,她们之所以认为自己的地位更高,是因为她们说英语并且是美国公民。正如高档美甲护理中心里的互动挑战了亚洲人单一的模范少数族裔框架(即"亚洲人易于同化,

---

① Park(1996:492)讨论了洛杉矶韩裔美国人社区对"黑韩"的回应。艾斯·库伯备受争议的专辑《死亡证明》(*Death Certificate*)于1991年发行,根据Ogbar(1999:170)的研究数据显示,这"是第一张登上 Billboard 流行音乐排行榜第一名的说唱 CD"。

享受和白人一样的社会经济和种族地位"),美甲艺术里挑战了普遍存在的"黑韩冲突"的观念。我并不是要否认这些群体之间存在的冲突,而是试图解释导致黑韩紧张关系加剧或缓解的不同情境和因素。

"表达型身体劳动"的概念特指了一种服务提供方式,这种服务方式出现在下城美甲店和艺术美甲店以及其他主要(但不仅限于)位于黑人工人阶级街区的美甲店中。这种身体劳动形式强调指甲是黑人顾客表达自我的一种形式,并认可向黑人顾客表达尊重和公平的重要性。表达型身体劳动更少强调呵护服务,而是在表现出尊重和互惠的同时,更多地注重艺术性指甲设计的创造。

尽管我在第四章中论述过,呵护型身体劳动的性别化实践强化了种族特权,但在这里我要指出,表达型身体劳动的方式可以培养共同的性别认同,挑战着种族冲突的总体框架。性别化的表达型身体劳动进程在某种程度上使这些韩国店铺及其与黑人顾客的关系"去种族化"。然而,尽管这种形式的体力劳动可以创造韩国美甲师、店主和黑人顾客之间的性别团结的可能,但其付诸行动的可能性以及持续的程度,是由多种因素决定的。

本章中,我先考察目前关于黑韩关系的研究,并对身体劳动的多个维度进行了交汇性分析以丰富这方面的研究。接着我将描述服务黑人工人阶级顾客的美甲艺术沙龙服务供给的一般模式,并将展示这些模式如何既破坏又复制关于两个群体之间冲突关系的主导框架。我在两个位于黑人工人阶级街区的美甲店——下城美甲店和艺术美甲店的田野调查,凸显了性别共性如何只出现在特定场所、特定情况中。本章结尾总结从这些场所得到的经验,既有助于对黑韩关系的研究,也有助于理解身体劳动的性别化实践如何与种族差异和社会经济不平等彼此形塑。

将黑韩关系性别化

在城市的移民企业家和少数族裔客户之间的关系上,种族很重要,但不是唯一的决定因素。但是,在黑韩关系中,种族和族裔差异经常被看作是解释冲突的唯一框架,而忽略了社会关系的其他维度,尤其是性别和阶级。正如阿贝尔曼和列所指出的,例如1992年的洛杉矶暴动这样的复杂事件,被简化为狭隘的"黑-韩冲突",似乎这两个群体注定要在根深蒂固的仇恨性种族政治中抗衡。相反,一些研究种族和族群的学者展示了其他各种因素如何影响韩国老板和黑人顾客之间的关系。其他人甚至质疑黑-韩冲突的存在,强调在黑人社区的韩国企业中充斥的是日常平淡的各种互动,媒体是在夸大紧张关系。①

在评估这两个群体之间真实的和被宣传的紧张关系时,上述研究提供了对诸如杂货店和零售店等商业机构的深刻分析,但在很大程度上忽略了诸如美甲店等服务性企业。此外,这些研究的关注点主要是种族,也关注了阶级因素,但很少关注性别在群体间关系中,尤其是在移民开办的小企业中所扮演的角色。在像韩国人开办的美甲店等这种既没有爆发过引发媒体关注的大规模冲突的地方,凸显了服务提供的性别化实践如何能够调解种族和阶级紧张关系。具体而言,通过强调性别认同和实践作为一种共性的来源,表现型身体劳动重塑了美甲店里的黑人和韩国人的关系。

---

① 关于种族关系的学术研究挑战了媒体对黑韩之间紧张关系的报道,并提供了关于这些冲突的历史发展、结构条件、政治动员和当代话语的理解。这些调查探究了一系列的因素,从个人偏见和缺乏对语言文化的理解,到移民与本土少数民族不同形式的经济融合,到种族替罪羊,到动员黑人族群寻求社区自治,再到在媒体和公共话语中的再现(representations)。对黑韩关系研究的重要文献包括 Abelmann and Lie (1995); Cheng and Espiritu (1989); Cho (1993); Gooding-Williams (1993); Jo (1992); Kim (2000); C. Kim (1999); H. Lee (1993); Jennifer Lee (2002a, 2002b); Light, Har-Chvi, and Kan (1994); Min (1996); Ong, Park, and Tong (1994); Kyeyoung Park (1996, 1997); Yoon (1997)。在本研究中,尽管存在一定的质疑,韩国开办的企业中存在一定程度的敌意——依据历史事件和新近的学术研究发现——被当作一个起点。我同意媒体对杂货店冲突的描述是煽动而且不准确的,但我也认为,在实际的日常互动中存在着一定程度的敌意,这些刻板印象在韩国企业和经营这些企业的少数族裔企业家中根深蒂固。Jennifer Lee (1999, 2000b)聚焦于日常生活中平凡的接触,捕捉到了在黑人-韩国商人-顾客之间关系的巨大变化,但同时也注意到经济交流的"种族编码"倾向。同样,我强调了邻里构成、顾客特征和熟悉程度的差异,但也注意到冲突是如何迅速地以种族话语构建的。

我不是要总结或批判所有关于黑韩关系的研究文献，而是要从一个特定的角度切入，分析性别化的工作过程，特别是进行身体劳动对黑韩关系的影响。除了一些著名的例子，性别分析在这部分文献中是广泛缺席的，在更广泛的种族关系和移民融入的研究中也基本上没有出现。①对少数族裔小企业中的黑韩关系的研究通常假定这些互动主要发生在男性之间，体现在这些作品男性中心的术语中。例如这部分研究中有一个影响广泛的理论术语"少数族裔中间人"（middleman minority），它优先考虑了阶级，而忽视性别。②虽然如果把这个概念扩大到包括"少数族裔中间女人"（middlewomen minorities）是一个积极的步骤，但仍然有必要发展新的理论建构来讲述运作在女性生活中的特定社会过程。我们不能假定类似的社会现象在性别方面都以同样的方式运作，而是必须修正和扩展这些概念，以解释少数族裔小企业中不同种族的女性之间特有的动力机制。

身体劳动的概念，特别是美甲艺术沙龙里出现的表达型身

---

① 研究对韩国人和其他亚洲人的建构中种族和性别交汇的文献包括 Alumkal（1999），N. Kim（2006a），E. Lee（2005），Yuh（2002），K. Park（1997），Pyke and Johnson（2003）。

② 中间人理论认为，少数族裔社区小企业主是统治精英和普通大众的中间人，这一结构性地位造成其经历紧张关系，见 Blalock 1967；Bonacich 1973；John Butler 1991；Light and Bonacich 1991；Min 1990。因此，对移民开办的小企业的敌视被认为并非种族或族裔差异的一个特征，而是其阶级地位的一个特征，形成了精英制造商与贫困消费者之间的缓冲。Min 承认韩国人开办的服务和零售机构之中的冲突相对较少，但他没有通过研究美甲店内部的不同流程说明其结论，而是认为美甲店等企业不符合中间人的标准（Min 1996：198）。

体劳动,就是这样一个分析工具,将性别纳入黑韩关系研究中。虽然存在这样的可能性,但表达型身体劳动本身并不能决定性别共性何时被其他的差异形式兑现或消除。韩国美甲店老板和黑人顾客可以通过性别化的实践扰乱主流的种族言论,但是种族差异和不平等的结构仍然是他们互动的潜台词,并且很容易重新引发超越性别团结的种族紧张关系。因此,在本章中,我指出,身体劳动的性别化实践创造了可能性,但并没有提供一个简单的公式来缓解紧张局势,并在不同种族的女性之间产生团结。表达型身体劳动可能会破坏不可逾越的种族分歧这一单维框架,但即便在相似的场所,这些互动也不会以相同和可预测的方式展现出来。

修饰黑韩关系

我去过一次黑人开的美甲店,但她们花了1个小时才做完韩国人20分钟就能做好的事情,价格却差不多。我不会仅仅因为人们告诉我说应该融入自己的文化而浪费40分钟……她们看起来像韩国人,但我也不肯定……我想只要她们和我不起冲突,我就没问题啊。反正我从来没有遇到过这个问题。我该怎么说呢?我从来也没有反对过她们。

（问：美甲店的互动如何影响韩国人和黑人之间的关系？）我想这种互动会使黑韩关系变得更好。她们学会了喜欢我这个种族的人。这让她们了解非裔美国人——或者起码能适应我们。我看到老顾客们和她们边笑边聊，但是我做不到。她们很忙——当我去的时候，她们只是闷头给我做美甲。我不需要聊天或什么按摩——我不喜欢那样。我得到了我想要的就离开了。

维姬是一个21岁的非裔美国大学生，我曾就美甲店中的黑人和韩国人的关系寻求过她的意见。她稍稍注意过她的美甲师的种族和族裔，相比于忠于黑人开办的店铺，她更看重韩国女性打造精致、耐用和艺术指甲的能力。她打破了普遍的种族紧张关系的形象，她感谢韩国女性为像她这样的非裔美国工人阶级女性提供了更多的美甲服务。总之，她对这种亲切的——尽管有点表面的身体劳动交易感到满意。

黑人女性不一定在所有情况下都积极看待韩国小企业，但由于美甲店里特有的互动和理解，她们倒是对韩国美甲店有积极的看法。店铺的性别化本质使美甲店"去种族化"，没有对黑人社区构成太多侵扰和剥削。与"韩国熟食店"或绿色杂货店明显的族裔符号不同，许多黑人顾客不知道他们经常光顾的美容院老板的种族，许多人也不知道这些美甲店大多是韩国人开办的。相反，大多数顾客将店主归入"亚洲人"或"东方人"的通用种族类别,或者他们将"中国人"的种族类别扩大到包括所有的亚洲人(或者至少是东亚人)。泽娜是下城美甲店的一名老年主顾,她告诉我说:"没有其他国家的人在这里做美甲——我在这个街区从没有看到来自巴基斯坦和印度的人。这不是一夜之间能学会的东西。你可以追溯到马可·波罗时代,东方人一直在做指甲。看看历史书籍你就知道,美甲一直在东方流行。"泽娜称"东方人"在指甲护理和设计方面拥有先天的,至少是有历史传统的技能,她认为做指甲的女性属于同一"国籍"。她认为亚洲是一个单一的东方国家,而不是一个有许多国家和数百个民族的地区。我发现这是美国主流社会普遍存在的一个认知框架,也是本研究中黑人工人阶级消费者所表达的一个框架。巴基斯坦和印度被排除在这个想象中的国家之外。在泽娜的认识里,南亚人是一个独立于东亚人和东南亚人的种族。最后,她诉诸这种关于亚洲人的种族建构来解释她们为何主宰美甲市场。

　　泽娜的观点,并非错误或无知,而是昭示着培育了这些观念的社会背景。首先,尽管科学上说种族差异系统不存在生物学上的合理性,更不用说一个种族群体相对于另一个种族群体的优越性了,但是种族的日常建构不断地诉诸表型差异来合理化种族类别和不平等。[1]在泽娜看来,韩国人、中国人、越南人看

---

[1] 关于通过肤色和外貌进行种族归因的研究,参见 Glenn(2009), Diggs-Brown and Steinhorn(2000), Herring(2003), Hunter(2005)。

上去都一样,而巴基斯坦人和印度人看起来则不同。然而,构成了她将东亚人和东南亚人混为一谈的基础的,不仅是他们相似的外貌,而且是他们集中在同一职业领域中。事实上,基于美甲行业的族裔聚集,泽娜的种族分类体系可以说是正确的——韩国人、中国人和越南人都在美甲服务中占有很大比例,而巴基斯坦人和印度人却没有。因此,鉴于她每天的经历,泽娜对亚洲人的种族分类是有道理的——"东方人"指的是长相相似、都做美甲的单一"国籍"的亚洲人。

像泽娜一样,盖尔是艺术美甲店的非裔美国顾客,持有广义种族的观点,认为亚洲女性不仅擅长指甲,而且通过这些技能对社区做出了积极贡献。

我认为这就像艺术一样,这是亚洲女性艺术。从我了解的那一点点雕塑和其他艺术知识,我看出有些设计来自于她们的传统,所以你可以了解到她们的绘画等等。你在美甲里看到很多类似这样的东西,非常复杂的设计。所以我想这就是原因。为什么指甲上有这个?我不知道。这很有趣,为什么亚洲女性会在指甲上这样做。我不知道那部分……刻板印象?她们在社区里只是为了赚钱,来这里做生意,但是他们住得很远,诸如此类……也许有很多这样的,有……然后你还可以说:"嗯,她们用服务回馈,你付钱。"

盖尔认为亚洲女性是理想的美甲服务提供者,她们将自己的文化美学应用于服务之中。因此,她认为亚洲美甲艺术沙龙通过提供令人满意和容易获得的美甲服务回馈社区,而不是像那些对韩国小企业的批评所认为的是在抢夺资源。

此外,值得注意的是,本研究中,一些黑人女性明确知道美甲店老板是韩国人而非普遍意义的亚洲人,她们认为"韩国性"并非贬义,反而是一个优势。拉托亚是下城美甲店的非裔美国顾客,她解释道:"很多非裔美国女性喜欢做美甲。我认为真正开始是在20世纪80年代中期。在此之前,我不记得见过那么多人做美甲。但是现在几乎每个人——比如玛丽·布莱姬①——都留着做了设计的长指甲。不只是我个人,我也听其他人这样说,韩国人就是更擅长这个。"

对韩国人提供美甲服务的积极评价既针对她们的技术专长,也来自黑人女性通过让亚洲女性(无论她们是否区分韩国族裔)做指甲而感受到的更高地位感。下城美甲店附近的一名非裔美籍美容院老板表示她会停止提供美甲业务,因为"我根本竞争不过。所有的女孩都知道韩国人最擅长做美甲。她们希望韩国人为她们做指甲,而不是我们"。韩国人对美甲服务进行了改进,使其对黑人女性而言,不仅更可及,而且更有吸

---

① 玛丽·简·布莱姬(Mary J. Blige,别称 MJB),1971年1月11日生于美国纽约布朗克斯区,是歌手、唱片制作人、作曲者、女演员兼说唱歌手。她被评为《时代》杂志第100位伟大歌手,获得过9座格莱美奖和4座全美音乐奖。——译者注

引力。

在服务互动中,韩国美甲艺术家和黑人顾客通过女性化服务的动态颠覆了主导的种族等级。非裔美国顾客斯蒂芬妮表示,她和大多数黑人女性都认为美甲店的工作地位低下,仅比在餐馆工作高出一步:

> 我会说这和食物一样。我不是也不想装作一个精神科医生,但是我想说到中国食物和美甲时,他们也许会这样提……他们认为自己更好,但是,拜托,她们做的是美甲,而不是在中餐馆后厨煎鸡肉或鸡翅。这是一家美甲店,所以会(比餐馆)更高一级,但是大多数黑人不会做这种工作。我不确定,但我想是的。我就是这么想的。

因此,斯蒂芬妮没有用亚洲人闯进黑人社区、从非裔美国人那里抢走经商机会的认知框架,而是认为她们填补了大多数黑人女性认为地位低下、不理想的就业市场。此外,她认为亚洲女性在评估这项工作时有些自欺欺人,认为这项工作比实际的社会地位更高。

尽管黑人顾客认为韩国人看不起黑人,他们也反过来认为亚洲人卑躬屈膝。多丽丝是一名非裔美国护士,她正在下城美甲店做美甲,当我问她,亚洲人和黑人之间对彼此的看法时,她表示:

他们瞧不起美国黑人。他们会说:"你为什么没有房子?而我刚到这不久就有房子了。"的确,我们喜欢穿得好——吃得好!但我们不愿意900人挤在一间公寓里,就为了送孩子上一所好大学。他们对社会地位有一种痴迷……我有健康管理学士学位,但我从未获得晋升。我在同一家医院待了13年,连一次提拔都没有。我一直在ICU处理枪伤,而和我同时入职的白人护士已经转到私人诊所或者都退休了。这里就是这样。不过,他们(韩国人)认不清这一点。他们只是看到我们喜欢聚会。

这种界定不同于白人中产阶级和上层阶级女性提到的典型少数族群刻板印象,而是对亚洲人的工作伦理带来新的见解。像多丽丝这样的非裔美国女性并不认为韩国人愿意努力工作是积极正向的,而是认为韩国人做出了不必要的牺牲,迫使他们生活在不合标准的条件下,比如"900人"挤在一间小公寓里。虽然多丽丝认为这种牺牲是为了自己的孩子,但她也认为他们追求更高社会地位的做法以及不了解美国的种族歧视是非常幼稚的。

表达型身体劳动改变了黑人女性对韩国人的态度,也改变了韩国女性对黑人的看法,尽管方式各不相同。韩国女性对黑人的看法是如何通过她们在美甲店的工作而改变的呢?有些人例如安妮·关,通过参与亲密身体互动的过程,修正了对黑人的贬损性成见和恐惧。"在我来到这个国家之前,除了我丈夫,我从来没有想到会碰别人的脚。更别说黑人的了。我记得我第一次看到他们的手掌是浅色的,我非常惊讶。但现在我不认为他们有多么不同。"其他人如下城美甲店的美甲师杰德,评论说比起白人来,更喜欢黑人顾客,"我看过洛杉矶暴动的电视节目,所以我之前不敢去像布鲁克林或布朗克斯这样的黑人区。但是在那里工作后,我发现他们非常友好,我也不再怕他们了。事实上,我反倒觉得白人更挑剔、更苛刻,比起黑人,我现在更害怕白人。"同样,在下城美甲店工作的康英说:"我在韩国的时候,认为黑人又穷又懒。现在我明白了这个国家存在歧视,即使想努力工作的人也找不到好工作。我认为当人们不理解黑人时,他们会生气,但是如果你努力理解他们,他们会非常热情友好……因为我像他们一样年轻,所以我把他们当作朋友一样。我喜欢他们的风格。"在长期与黑人的服务互动中,康英开始欣赏他们展示身体的方式,并对黑人产生了积极的感情。

然而通过身体劳动的互动而对黑人更有认同感的经验并不普遍。为黑人顾客提供美甲服务可以强化韩国女性对黑人女性的负面成见,从贬低她们的身材到把她们当成犯人一样害怕她们。另一家以黑人顾客为主的美甲店里,一名员工透露了她的种族偏见,"他们的手脏得多,指甲也很难剪。"同样,曾在黑人和白人街区都工作过的乔安妮·申讨论了这些地方之间的差异,重点是小费的给法,但也从对黑人女性身体的种族建构来框定她的看法。她说:"黑人和白人街区之间只有一个差异：给黑人做指甲比给白人做指甲需要花费更多的精力，但是没有小费。如果我在其他地方做同样的工作，我可以得到 100 美元的小费，但是在黑人街区我只能得到 10 美元。给黑人做指甲也更难，因为黑人的手通常比白人大，他们的肌肉也更硬。"另一位美甲师格洛丽亚·金解释了她如何压制而非转变在服务黑人顾客中表现出来的负面情绪：

你必须要对黑人特别小心，因为他们认为韩国人瞧不起他们。白人对我们可能是种族主义者，但是我们只需要忍受它，我们不需要太担心如何回应。我从长岛的美甲店搬过来，因为想要一个改变。我不太了解布鲁克林，但我知道这不是一个坏街区，尽管这里有很多黑人。在长岛我只见过白人，这让我不那么紧张；你知道如何和他们一起行动；即使他们可能看不起我们，这仍然是比较容易的。

因此，密切的身体接触决不能保证更有利的个人或群体层面的关系。相反，工作中的体力和情感维度会强化贬损的刻板印象和紧张的关系。对这些韩国美甲师来说，为黑人女性提供服务需要强度更大的情感管理，因为她们认为黑人女性对种族问题非常敏感，种族地位处于韩国人之下。

一些美甲师在黑人社区工作一小段时间后，会搬到收入更高的白人社区，这些经历往往让她们压缩而非改造对黑人的负面刻板印象。在许多情况下,一旦韩国女性掌握了修剪指甲和语言技能,她们就会尽快离开黑人工人阶级街区。事实上,她们来到这些街区的根本原因是,在提高技术和商业技能以及语言能力之前,她们无法在白人中产阶级地区找到工作或开办美甲店。

即便韩国美甲师长期待在黑人低收入地区,他们也不必然与顾客建立融洽的关系并尊重顾客。正如艺术美甲店的经理金妮透露的,在黑人街区的持续工作会让负面的刻板印象变得更加根深蒂固,尤其是在关系特别紧张的时候。她告诉我:"我在这里工作大约十天以后,我记得我对自己说,'这里的人就像会说话的动物。'我知道我错了。我很糟糕,但我仍(有那样的感觉)……我知道这里有什么样的人。但是我不知道他们有这么大的不同。"简而言之,远不能笃信在黑人工人阶级街区的美甲店进行身体劳动的美甲师会对黑人产生更好的印象,因为许多韩国工人和业主很快就搬出了这些街区,而那些长期待在那里的人有可能进一步加深贬损的刻板印象。

与此同时,为黑人顾客服务必须压制公开的种族主义态度和行为,起码不能表现出来,这有可能为发展出更真诚积极的感觉铺平道路。或许是基于其在美甲店经历的调整,或是其在美国社会地位低下的反映,抑或是对指甲审美和服务的侧重不同,低收入黑人社区的顾客对呵护服务的需求明显低于白人美甲沙龙的情况。在某些情况下,这可以让韩国美甲师与黑人顾客建立起真正的亲近感,减少因制造感情或压抑负面情绪而产生的倦怠感,就像她们在为白人中产阶级和上层阶级女性服务时经常感受到的那样。

总之,黑人和韩国人的关系通过美甲店里的身体劳动,以多种且不可预测的方式改写着。与对韩国企业的充满敌意的观点形成鲜明对比的是,许多黑人女性对社区中存在的美甲店持积极态度。她们认为这些店铺提供了她们所需的服务,而不必然认为后者掠夺了她们的资源和机会。韩国女性并不都鄙视黑人顾客,一些人修正了她们对黑人的偏见,并通过提供基于个体尊重和社区拓展的身体劳动来建立有意义的联系。然而,同样常见的是,美甲店的工作也会强化负面的种族意识形态。因此,美甲店里刻板印象化的互动形式如何被改造难以预期,取决于在不同的场所中,通过表达型身体劳动所进行的性别化服务过程的展开方式。以下对下城美甲店和艺术美甲店的比较展示了特定的服务劳动实践如何挑战或复制了主导的种族再现及其对服务黑人工人阶级的不同美甲店中人际互动的影响。

下城美甲店

挤在一家加勒比面包店和一家打折服装店之间,有一块破旧的招牌上简单地写着"美甲"外加一幅画,画的是一只优雅、修剪整齐的手握着一枝长茎玫瑰。这块招牌指向通往下城美甲店二层入口的楼梯。顾客按门禁进入店里,迎接她们的是数百个色彩鲜艳的指甲图案,排列在一整面墙上。附近一名高中非裔美国学生莎丽娜在周二上午11点走进店里,将背包重重地放在椅子上,对店主李太太说:"我想要补下美甲。"补美甲就是把指甲上新长出来的部分涂上一致的颜色,就跟给头发根染色一个意思。

"你怎么不上学?"李太太一边问,一边扬了扬眉,抬起头来看着她,停下了手头的事——清除乱扔在桌上的许多小玻璃瓶边缘的指甲油,这是她留在非高峰时间做的杂事。"别打听我的事,"莎丽娜回应道,"我只是想补下美甲,别给我说什么人生建议,还有那些《圣经》里的玩意,OK?"李太太叹了口气,"《圣经》不是什么'玩意',《圣经》是上帝的话语,是美好生活的教诲。"莎丽娜抓起她的背包,冲着前门走去。"你过来,坐在这里。"李太太喊道。莎丽娜犹豫了一下,不确定是走还是不走。"来吧,来吧。"李太太哄着,示意她到旁边干净的桌子。莎丽娜不情愿地坐下来,让李太太把她的角质层往后推了推,接着用亮绿色指甲油填满。

李太太完工后,挺直了身子,看着莎丽娜的眼睛说:"这样,我和你做个交易。你不再逃课,我今天给你免费。"莎丽娜立即抗议道:"我没有逃课——"李太太严厉地看着她,说道:"那么,

10美元。"莎莉娜犹豫了一下,但还是让步了,"好吧,成交。"李太太笑了。随着这个十几岁的顾客接受了这份讨价还价、还带着附加条件的礼物,她们之间有了这温柔的瞬间。"不过说真的,别跟我谈耶稣了。"莎丽娜急促地说,作为谈话的收尾。后来,我问李太太她和这个可爱但又难相处的年轻顾客的关系时,她说:"她很聪明,但是遇到了很多麻烦,家里不好。"李太太说,她从小就认识莎丽娜,那时她会和母亲一起来美甲,但现在她们似乎疏远了,莎丽娜和祖母住在一起。

李太太和莎丽娜之间的互动展示了另一种类型的身体劳动,与服务中上阶层白人女性高档美甲护理中心里的身体劳动不同。相比于呵护与周到,像下城美甲店这样的美甲艺术沙龙更加注重创作独特的指甲设计以及表达尊重和关怀,不仅针对个人,而是针对它们所处的社区。李太太和她的丈夫共有这家店,李先生带着传教士般的热情对他们的黑人顾客表示尊重和赞赏,他们的顾客也以同样的方式回应着。在所有黑人工人阶级街区的亚裔美甲店中,下城美甲店无疑是个异类,他们拥有极良好的客户关系。尽管如此,它揭示了促进更顺畅的客户互动和瓦解负面种族成见的过程。

下城美甲店拥有稳定的顾客数量,大量顾客购买了昂贵而复杂的服务。店里的大部分业务并不来自常规的美甲和修脚,而是来自指甲延长、贴片、填充剂,以及喷绘和手绘设计。事实上,某几个美甲技师——或许更应该称为"美甲艺术家"——已经积累了大量的常客。一个周六下午,下城美甲店已经挤满了顾客,等待一个喜欢的美甲艺术家可能需要超过一个小时。顾客一边分享从楼下面包店买来的可可面包和布拉蛋糕,一边兴致勃勃地谈笑着,从绘声绘色地讲述美甲店附近最近的抢劫案到讨论附近医院的工资冻结的消息,其中有些女性就受雇于这家医院。美甲店里的噪音通常很大,因为各种电子指甲雕刻工具不断发出嗡嗡声,夹杂着以黑人为主的顾客之间活跃的交谈,其中包括土生土长的非裔美国女性、加勒比海人,还有非洲移民。

除了族裔多样性之外,下城美甲店的顾客在社会经济地位上也有所不同,但大部分是工人阶级或中下阶级。"工人阶级"一词需要说明一下。这些顾客中的许多人待业或受雇于低工资不稳定的工作,但与此同时,他们相对于附近的其他居民而言有着更好的阶级地位。此外,他们不一定自认为是工人阶级,因为他们通常渴望成为中产阶级。[①]这些店的美甲师与更高档场所的不同,她们往往是来自工人阶级背景、英语不太流利的移民,也更有可能在没有合法移民身份或执照的情况下工作。正如我在第二章中讨论的,这一类别的美甲师的实际人数很难确定。店里还雇用了几名拉丁裔和非洲移民妇女。

---

① 被访者包括学生包裹员(student-package clerk)、服务员、学生母亲、收银员、治疗师、流动服务人员、护士、县级政府行政助理、实验室技术员、保姆和小学校长。

下城美甲店的案例很有启发性，因为店铺的合伙人之一是一名男性。尽管如此，由于美甲店里的男性适应并保持了以女性为中心的格局，这个环境仍然是一个女性化的空间。店主李氏夫妇为他们的孩子寻求更好的教育机会，于20世纪80年代移民美国。他们来自韩国的一个农村，在当地都是教师。到达美国两年后，他们在这个地方开了下城美甲店，因为这里租金便宜、客户基础雄厚，离他们在附近街区的家也不远。1992年，他们决定在长岛开办另一家美甲店，由李太太经营，而李先生继续管理布鲁克林的这家店。李先生是韩国的艺术家和艺术老师，他吸引了许多远道而来的顾客，包括一些来自新泽西的顾客，让他来做特殊手绘花卉、动物和几何图案的设计。

在经营两家美甲店几年后，这对夫妇决定卖掉长岛的美甲店，李太太回到布鲁克林的美甲店工作。不像许多韩国女性希望尽快离开黑人街区、去更远郊就业，李女士逆流而行，她解释说自己更喜欢这里的顾客：

在白人街区工作不符合我的个性。我和挑剔的顾客相处不好……在黑人街区更轻松。他们不会留下小费，但也不期望有这么多的服务……（在长岛）他们希望你慢慢做，花时间和他们在一起。在这里，我只专注于做好工作，可以做得很快……这是一种艺术，我可以发挥我的才能。起初，我不明白为什么他们会想在指甲上戴这样的东西。但是现在我明白了，这是他们的口味,所以我喜欢做他们喜欢的设计……大多数其他人想离开这个街区,搬到长岛或新泽西。但我们理解黑人并能与他们相处,为此我感到自豪。他们是好人,而且支持我们……作为移民来到这里以后,我们发现美国人其实瞧不起少数族裔。

在解释为什么她更喜欢在下城美甲店工作时,李女士向她以黑人为主的顾客群体展示了一种复杂的服务伦理。她既享受自己取悦顾客的能力,又从创造艺术指甲中获得了一种成就感。此外,她认为自己和顾客同为少数族裔,并为自己能够建立积极的群体间关系感到自豪。与在长岛店里为中产阶级白人女性服务的经历相比,在这里,李太太投入较少的精力来保持恭顺,这让她与顾客更亲近,也减少她的倦怠感。

尽管经济条件允许,下城美甲店的店主也没有选择离开,他们展现了对所在社区的投入。他们对自己创造指甲艺术的能力、对布鲁克林附近居民的理解以及维系积极的客户关系的能力表示自豪。这家店铺既不一定代表了黑人街区里的其他美甲店,也不仅仅是由特殊人物的行为引起的反常现象。相反,这个案例展示了某些类型的互动是如何出现的,这是社会条件和个人对社会条件反应方式之间的互动结果。下城美甲店里最积极的互动也并不意味着一种简单化的,或普遍的对性别共性的重视超越了种族差异。相反,这家店里的关系展示了情境在性别化服务提供中的重要性。特别是,进行表达型身体劳动,将美甲作为一种艺术表现形式,同时也表达了对社区的尊重,培养起黑人顾客和韩国服务者之间更友好、更少种族歧视的关系。

表达型身体劳动的维度

杰德·金是下城美甲店的韩国美甲艺术家,她戴上厚棉布口罩和塑料手套,挥舞着一把电动过滤器和喷枪,来打造又长又厚的精雕指甲和进行复杂设计,这为她赢得了忠实的追随者。走进美甲店的顾客一进来就能感受到亚克力胶的气味,而大多数人似乎已经习惯了各种刺鼻气味和甲片粉末。店主李太太向她认识的顾客挥手,示意他们坐下等候,或者参观所展示的带有喷绘图案的指甲贴片。

老顾客们来到货架上寻找用黑色记号笔潦草地写着她们名字的塑料袋,里面是一次性用具,他们可以花4美元购买,每次来重复使用。这里没有复杂的消毒机和消毒液,更不用说高档美甲护理中心的轻柔呵护按摩了。相反,顾客承担着保持卫生、避免感染以及管理自己对服务的感受等方面的大部分责任。

与上城美甲沙龙或专属美甲店的奢侈呵护体验大相径庭,下城美甲店的美甲工作更接近工厂的流水线——高度机械化且潜在有毒。工人经常戴上棉质口罩和乳胶手套,挥舞着电动锉刀或涂上亚克力胶。在下城美甲店,表达型身体劳动包括了复杂的体力劳动和情感劳动的混合,满足了顾客通过指甲设计表达独特自我感的愿望,也满足了他们对服务提供者尊重顾客个人及社区的尊重的期望。高档美甲中心的顾客高度看重的交谈、按摩和其他服务,在美甲艺术沙龙的顾客眼里则是无关紧要的。在这里,最重要的是指甲本身的外观和耐用性。此外,阿莉娅,一位22岁的非裔美国收银员,强调了原创设计的重要性,这是她被吸引到这家美甲店的原因:"他们亲手制作——来自他们自己的想法、他们自己的创造力。所以是的,当然我会多花10美元做这个,而不是一个其他人都有的美甲。我喜欢加很多银色,我也喜欢火线——火,就像我很火辣(笑)。我做过棋盘、花、蝴蝶、人物……比如米老鼠。好多次我把名字画上去。水钻,是的,我也做过水钻。"为了满足像阿莉娅这样的顾客的期望,下城美甲店的身体劳动需要有开发雕饰和绘制原创指甲的经验,而不像在上城美甲店或专属美甲店,提供让人舒服、精心护理的服务。这样看来,身体劳动的体力要求并没有减少,只是类型不同。

相似的,在下城美甲店,身体劳动的情感维度也是在种类上而非程度上有所不同。黑人顾客对情感关照的期望远低于高档美甲护理中心的白人中产阶级女性。尽管并无呵护,美国黑人杂货店收银员塞琳娜对下城美甲店的情感劳动给予了积极评价。"很好,我对此很满意。他们真的只是做指甲,没有按摩。对我来说很合适,"她告诉我,"我就带着随身听进去,听一些好听的音乐,只进行一些简单的交谈。"下城美甲店的顾客很少与美甲师相互直呼其名,除了店主,他们对某位美甲艺术家的偏好更多地取决于其技能,而不是情感投入。塞琳娜解释道:"有几个人我喜欢,谁有空我就去找谁,但我会远离某些人。我知道他们不好,因为我听到其他人抱怨——我看到有人回来说他们的指甲第二天就裂开了,或者我看到有人被锉刀划伤了……不,这不是因为他们粗鲁或其他什么,而是,我知道他们做得不好……就像有些人做不了头发一样,有些人做不了美甲。"谈到她和现在的美甲师的关系,她说:"我跟她在一起很舒服,但更重要的是她做得很好。如果美甲裂开或者看起来很可笑,或者害我失去一个指甲,我就不会再找她做了,不管她人有多好。"不同美甲店的其他黑人顾客表达了类似的感受和看法,正如哈莱姆区一家美甲店里的一名非裔美国顾客所说:

这是哈莱姆区①,住在这里的大部分是少数族裔,人们不怎么考虑按摩。我真的不在乎——我想的是,"行啊,如果他们提

---

① 哈莱姆区(Harlem,又译"哈林")是美国纽约市曼哈顿的一个社区,曾经长期是20世纪美国黑人文化与商业中心,被誉为黑人首府,是全美黑人的精神家园,这里也曾经是纽约市犯罪与贫困的主要中心。当前哈莱姆区的社会结构已经变化,据估计,现在哈莱姆区一半的房子已经租给了白人和亚洲移民。不过黑人仍然是这个社区占绝对多数的人口。——译者注

供,那我就来一份呗。"我并不觉得有什么问题,毕竟他们收了钱,但是我不想为按摩额外花钱。我猜如果我仔细想想,我会说这样不对,他们不应该这样做(提供的服务比其他美甲店少)。但这正是这里的顾客想要的。来这里的女人花45美元买一整套艺术品,她们关心的只是它看上去怎么样。

这些顾客将交谈和身体接触等形式的情感呵护作为服务的"额外"而非内在部分,他们宁愿放弃也不愿为此付费。此外,他们购买的那种美甲——又长又有精致雕刻的图案——需要的是艺术技巧,而不是情感劳动。

下城美甲店的顾客更在意在黑人社区开办的韩国店铺所表现出的尊重和公平。李氏夫妇通过感谢顾客的惠顾、参与社区活动、展示关心黑人问题的设计、播放节奏蓝调音乐(R&B)和说唱音乐(Rap)等方式回应着这些期望。当熟客缺钱的时候,他们允许非正式挂账。李家还保留了一个零钱罐,顾客可以从中取钱支付车费或其他杂费。顾客不来美甲的时候还会在路过时进来,借用洗手间或者外出办事时把购物袋留在前台,这种情况并不少见。

这些"回馈社区"的努力需要一种独特的身体劳动,顺应黑人工薪阶级女性对尊重和公平的关注,而不是白人中产阶级女性强调特权和呵护的感觉规则。通过这些行为,黑人顾客重新定义了李氏夫妇和他们的店铺,不是从黑人社区中榨取资源,而是使一种早先的奢侈服务变得更容易为黑人女性获得,也更符合黑人女性的需求。李氏夫妇每年都会在美甲店举办一次平安夜派对,这个特殊的活动揭示了促成良好客户关系的表达型身体劳动的实践。

回馈社区

薇拉,一位69岁的特立尼达老奶奶,带着购物袋和两个孩子,冲进了美甲店,模仿着圣诞老人的口吻,大声说:"圣——诞——快——乐,李先生!我又带着孙儿们来参加聚会了。我告诉孩子们——今天不吃麦当劳——今天李先生请客。我们一整年都在给他送钱——今天李先生请客。"她双手叉腰,环视一周,"李先生,我今年要了一辆车——在哪儿呢?"

李先生举起双手,除了一把喷枪双手空空,他正在为一位青少年客户做精雕指甲设计。"对不起,没钱没爱人(no money no honey)。"薇拉是店里年纪最大的常客之一,她假装生气地皱着眉头说:"你真幸运,我没带其他五个来,否则我们会把你房子都吃穿!"坐在修指甲桌旁的女士们抬起头,微笑着。"大妈,别无理取闹了,过来喂你的孩子们。"一位顾客责备道。李太太似乎有点被逗乐了,但她依然专注地做着手里的活儿——全套的精雕指甲。第八届圣诞夜派对的食物不多,有炸鸡、通心粉沙拉和炸薯条，外加楼下面包房提供的西印度糕点。

这个派对在下城美甲店的顾客心目中很重要，他们认为这证明这家美甲店不仅在赚钱，还在回馈社区。伊冯是一名42岁的牙买加顾客，在县政府工作。他说："我唯一的问题是，他们（这个街区的韩国人）不做慈善。有时我看到有人为无家可归的人或某个社区项目拉票，但他们却毫不理会。如果你在一个社区，你应该感到自己是其中的一分子，回馈一点也不过分。哪怕就连这么点（端起一盘炸鸡和土豆沙拉）也算表示感谢，这是让顾客感觉良好的小小表示。"其他的西印度和非裔美国顾客，都和伊冯一样，对平安夜派对表示感谢，认为这是对社区的"小小表示"。

美甲店如果举办这场派对，凸显了几股相互作用的力量——店主的经济利益、顾客的能动性以及重要事件在社区里的影响，尤其是广为流传的一起发生在邻近街区对韩国人开的杂货店的抵制活动。薇拉半开玩笑地夸口说，是她给了李先生举办平安夜派对的建议，这才挽救了这家美甲店。她说："我教给了他所有一切。要是没有我，这个地方会一团糟，对不对，李先生？"的确，李先生承认，一开始他并不赞成举办一个派对，但经过与薇拉和其他顾客的反复互动，他最终动摇了，这些顾客说服了他，这是一个适当的表示感谢的方式，也是一个明智的商业决定。

有一天，一些顾客对我说："李先生，我们想请你为我们开个派对。"我只是笑了起来，以为他们在开玩笑，但他们一直在说，"开一个吧，开一个吧。"是三四个老顾客，当我说不的时候，他们开始有点生气了。所以我想了想，觉得这是件好事。韩国企业有发放日历或其他小礼物的传统，但我们在美国从来没有这样做过。一开始我们做了很多工作——我们自己做韩国菜，一些工人和顾客带来了一些配菜。我们试着让它像一个韩式派对……（顾客）不太喜欢我们的食物，所以我问他们，他们说他们宁愿吃自己的美式食物。所以我们开始点炸鸡、土豆沙拉、薯条，诸如此类的食物——这让事情变得简单多了。但是有些岛上的顾客似乎不太高兴，所以我们又从牙买加面包店买了一些蛋糕。

（你是因为受到韩国杂货店被抵制的影响而举办这个聚会的吗？）

我从来没有受到过抵制；在那期间，生意丝毫也没有下降……起初，我只是不太注意客户关系，因为我是这附近唯一的美甲店。没多久更多的美甲店也相继开张，有其他韩国人开的，后来是越南人开的。现在许多韩国人已经搬离了这个社区，但与越南人的竞争还真的是很激烈——因为越南人更穷、工作更努力、收费更低。

因此，李氏夫妇最初决定举办这个派对，很大程度上是出于对经济的担忧,尤其是周边地区竞争加剧的威胁。然而,在亲密的身体劳动过程之中建立起的他们与顾客的紧密关系给了他们洞察力和动力,采用其他韩国企业未能成功实施的和解做法。

尽管李先生坚称自己没有受到韩国店铺被抵制的影响,但顾客和李太太却证明情况并非如此。有趣但并非巧合的是,当李氏夫妇开始举办平安夜派对的1990年,正逢布鲁克林的韩国红苹果市场遭到抵制。尽管李先生说他没有受到抵制活动的影响,李太太却并不赞同:"我们以前一般从那条路开过来,但有一次有人看到我们是韩国人,就往我们的挡风玻璃上扔东西,于是我们开始绕道另一条路去美甲店。在很长一段时间里,确实感觉很紧张,但我们在店里倒没出过任何问题。"李太太认为,抵制韩国企业制造了一种紧张气氛,只不过是在店外,而非在店里。

即使是在黑韩最关键、最广为报道的冲突中,李氏美甲店内的关系仍然基本融洽。这是为什么呢?平安夜派对的举办表明人们有一定的开放性去沟通和解决分歧,这种态度可能是由美甲店所提供的特定服务培养起来的。顾客们没有把不满意的服务事件当作"黑韩冲突"的例子,而是把注意力集中在店里的具体做法上,比如"李先生总是匆匆忙忙地完成工作"。任何投诉都只是指向李先生的性别,而不是他的韩国血统。尽管有他的存在,下城美甲店仍然是一个女性化的空间,因为他的行为举止符合以女性为中心的机构的基本规范。相比之下,在杂货店等其他小型店铺工作的韩国男性则常常表现出超级男性化的性别表演,他们穿着军队迷彩服、棒球帽和印有运动队标志的运动衫,一边大声地向员工下订单,一边观察着顾客的活动。李先生则相反,他适应了这个提供以女性为中心的美容服务的角色。正如伊冯所说:"即使李先生是老板,他也不会表现得好像他可以为所欲为。"

现如今,李先生大部分时间都达到了这些性别化服务的期望,但他也经过一段艰难的调试才适应了作为美容服务提供者的角色。许多顾客过去常抱怨他过于粗糙,但没有把这种粗糙归咎于他的种族,也没有把他的行为推广到所有韩国人身上,而是归结为在一个女性主导的行业里,李先生作为一名男性的反常地位。性别就这样打破了对服务不满意的种族解释。

顾客的评论表明,美甲店里服务关系的性质使顾客和店主都能用性别词汇,而不是采取基于集体性种族身份的对立立场,来认识他们之间的差异。因此,下城美甲店里表达型身体劳动的实践缓解了美甲店里出现的紧张气氛,而不是将其升级为是针对这家韩国店,甚至黑人社区中所有韩国店的抗议活动。下城美甲店良好的互动历史,促使顾客试图缓和关系,美甲店的场景也让这些协商得以进行。互动的频率和强度使顾客能够清楚地表达对服务质量的具体抱怨。顾客也没有把在一家韩国美甲店里不舒服的体验推广到所有类似的场所。这与杂货店形成了鲜明的对照。杂货店通常被称为"韩国市场",有着明显的族裔特征,而美甲店却不会被自动打上一个种族化的标识。几乎所有的顾客都知道很多杂货店是韩国人开的,但大多数顾客并不知道似乎也不关心美甲店店主和员工的族裔。正如我之前提到的,顾客倾向于把美甲店的工作人员归为"亚洲人"或"东方人"这样的通用类别,或者用"中国人"的族裔类别来统称所有亚洲人。对于大多数美甲店的黑人顾客来说,获得尊重、熟练的服务、满足她们对女性美的标准,比店主的种族或族裔更重要。

为什么顾客和店主能在美甲店里协商并实施和解做法(比如开平安夜派对),而在杂货店等其他店铺却不能呢?通过身体劳动表达的更亲密的身体和情感关系,使店主和顾客能够用具体的措施来回应投诉,以改善顾客服务,提升顾客认可度。在店铺对顾客的日常监管方面,也会出现其他一些凸显性别共性的表达,从而超越种族差异的实践。年轻非裔美国顾客卓琳评论道:"作为一名顾客,我宁愿去黑人开的商店——部分原因是我相信和支持黑人开的商店,但主要是因为我被更好地对待,没人盯着你。在美甲店里没这样的事儿——毕竟我不能偷个指甲回去(笑)。"卓琳开玩笑说自己不会偷指甲,她指出了美甲店和其他韩国店铺之间的一个重要区别。简而言之,美甲店出售的是服务,而不是实物产品,在这些特殊的商业机构里所衍生的操作,凸显了性别关系,而不是种族差异。

在零售店中，店主和顾客之间的互动往往是唐突和短暂的，而表达型身体劳动则会产生长期的、往往是亲密的互动。此外，顾客在杂货店等店铺购买必需品，而不是美甲这类的奢侈品，这一差异加大了协商的风险。楚太太在下城美甲店附近开了一家韩国杂货店。"在美甲店，你要是有麻烦了，你可以解决——大不了再涂一遍就是了。在杂货店里就不行，你没有证据表明他们是否在偷东西或欺骗你……这么多人来来往往，你永远也不可能了解顾客。"这位韩国杂货店老板是一名女性，但她与黑人顾客的关系仍然紧张，这打消了认为女性天生更擅长客户服务这样的观念，并再次凸显了美甲店提供的特定的性别化服务，促进女性之间更加友好的关系。在防范盗窃的需要而造成的不信任之外，杂货店也缺乏与顾客进行更持久的密切接触的机会，这也可能引起敌对行为的爆发。相反，在美甲店里，表达型身体劳动为更亲切、更有意义的互动铺平了道路，这些互动带来了用性别亲近感来对抗种族偏见的可能性。

像圣诞派对这样的活动，并不只是反映了李先生和李太太的价值观或个性，而是从表达型身体劳动文化及其形成的关系里发展而来的。有几个因素形塑了这一更为亲切的情境，包括创造出一个女性化的空间——将大多数男性排除在外，淡化在场人士的男子气概，以及没有可偷的物品，从而减少了令人反感的监管行为。

爆发：当种族压倒性别

虽然表达型身体劳动以及形塑其运作的更深层的社会条件可以培养和谐的关系，但分歧确实会出现，有时还会导致激烈的对抗。例如，当一位顾客向李太太抗议，说她两天前刚贴上亚克力指甲片，现在指甲尖已经掉了，两人之间的互动就变得不愉快了。李太太用韩语问道："这个女人的指甲是谁做的？"一位美甲技师也用韩语回答说："我做的，但是是在一个多星期以前做的。一定是她自己弄破的。"那位顾客怀疑地看着她们，感觉到自己就是她们谈话的对象。李太太转身对顾客说："不是两天，是一个星期。要做你得重新交钱。"然后拒绝免费重做指甲。顾客就爆发了："你们要敲诈我，你们为什么不都回唐人街去！"然后，她模仿韩国口音，胡乱发出了一连串荒谬的声音，怒气冲冲地走出了美甲店。

因此，即便是与顾客保持着极其友好关系的李太太，也可能会卷入冲突，而冲突很快就会被双方用种族词汇来定义。尽管李太太和她的多数顾客有很多积极互动，在这一刻，这些都消失了。顾客用种族绰号来表达各种愤怒，从被剪掉的指甲，到没有得到喜欢的美甲师或想要的服务，再到认为自己是不太愉快的韩语对话的讨论对象。无论李太太怎样试图平息这些冲突,结果往往是强化了两极分化的种族话语。然而,这些冲突并不是因为固定不变的种族仇恨,而是因为服务互动变得充满种族含义的变动不定的方式。

在上一个例子中,李太太没有以同样充满种族歧视的语言回应,但在其他例子中,我看到店主或美甲师也用同样的方式大喊大叫,使冲突升级。贾米拉描述了这样的场景。

这有点像第二十二条军规。如果你不搭话,或者如果你跟他聊天时还在跟别人瞎扯,一些顾客就会觉得没有被尊重。然后韩国人就很心烦,认为非裔美国人态度恶劣,这让他们更多地议论我们。你看,在美国黑人社区,你不能直截了当地说任何你想说的话,因为我们总是很警惕。我们总是被这么对待,警察或其他什么人。我在拉美裔社区也看到过——关于荣誉和尊重的事情——"不要因为我是黑人或拉美裔就不尊重我。我说的很重要。"

塞琳娜也描述了一个类似的场景,揭示出失败的表达型身体劳动的互动如何很快就爆发成带有种族和反移民色彩的争吵。"我看到过顾客对他们大发脾气,'你们不在自己国家,说英语!'"因此,黑人和韩国人之间糟糕的服务互动可能助长种族仇恨,并助长对移民的普遍反感。

性别团结是高度情境化的,很容易被破坏,这不仅仅发生在服务提供者和顾客之间,而且还发生在黑人顾客之间。此外,顾客之间的紧张关系可能会反弹到韩国服务提供者身上,威胁到可能的性别团结。下城美甲店里非裔美国人和牙买加移民女性之间的紧张关系显示了基于种族、性别甚至社会经济地位的忠诚并非理所当然,而是基于这些互动背景而聚拢或分裂。

多年来,下城美甲店周边的布鲁克林街区是一个非裔美国人的聚居地,随着大量来自加勒比海的新移民进入,这里的人口结构发生了巨大的变化。美甲店的顾客认为他们是"牙买加人",并将他们称为"牙买加人"。店铺内部的关系反映了社区的这些变化,长期居住在这里的非裔美国人抱怨新来的黑人移民,认为这些新移民与社区毒品走私串通一气。黛拉是一名中年非裔美国顾客,她描述了自己对经常光顾下城美甲店的加勒比女性的看法:"我无法忍受那些牙买加毒枭的女友们不可一世地来到这里……让我抓狂的是,不管你等了多久,当她们进来的时候,韩国人会先给她们做。她们甚至会为牙买加人争吵,就因为牙买加人给很多小费。她们只会忽略其他一直在等待的顾客。"与黛拉的评论一致,我看到几个操着浓重西印度口音的年轻女士走进美甲店,店主李太太迅速地为她们服务。黛拉把李太太的动机归结于想挣更多的小费,而李太太却提出了不同的说法。"我不想惹麻烦,"她解释说,"她们来了,我就先接待她们,免得她们发怒、惹祸。"因此,她实际上和非裔美国顾客一样，认为牙买加女性是潜在的麻烦制造者。与黛拉的想法相反，她首先接待她们，是为了让她们快点儿走出店铺，而不是为了挣更多的小费。但是，顾客们认为她对牙买加妇女的优待并不是为了努力创造一个更安全、更舒适的美甲空间，动机仅仅是利润而已。尽管李太太和顾客之间的关系大多是积极的，但即使是黛拉这样忠诚的常客，也会用韩国店铺剥削黑人顾客的话语，来界定自己眼中的不公平的行为。不管李太太的行为是否合理，对她商业行为的任何不满都很快地借用这种剥削的认知框架。

在这本书中，我批评了这样的意识形态，即美甲店以及更宽泛的美容院发挥着女性社区中心作用。在此，我展示了这种意识形态是如何错误地假定一种共享的文化，即使是在单一种族裔的顾客之间。相反，黑人顾客之间的关系往往反映出基于阶级、职业地位、族裔、出生地和年龄的差异。这些紧张关系挑战了在这些场所中性别压倒种族的总体性结论，并再次强调了形成这些交汇性纽带的不稳定性和不可预测性。

总的来说，这样的不愉快在下城美甲店很少发生，而在艺术美甲店每天都会发生。是什么原因导致这两家为相似的顾客群体提供类似服务的美甲店里的关系如此不同呢？

艺术美甲店:表达型身体劳动的失败

艺术美甲店的老板高蒂·春靠着前门,喝着斯奈普①饮料,拿着一本折了角的《精华》杂志当扇子。生意很冷清,夏天的炎热让她没有空调的店铺难以营业。店铺的门被撑开了,一群十几岁的女孩穿着露脐上衣和低腰牛仔裤站成一堆,有说有笑,有的抽烟,有的打电话。高蒂对她们喊道:"你们要美甲吗?"姑娘们互相商量了一下,然后朝她摇摇头。高蒂回答说:"那你们就赶快离开我的店,你们抽烟太多,声音太大了!"一个女孩模仿高蒂浓重的口音说:"你们抽烟太多,声音太大了!"她们你看我我看你,哈哈大笑。其中一个人朝高蒂的方向弹了弹烟头。高蒂喊道:"你给我滚开,否则我就叫保安!"她们怒气冲冲地走了。当我问高蒂,她与顾客之间这样的互动有多频繁,她说:"每天都有! 一天十次!"

与选择离开长岛、更喜欢与黑人客户打交道的李太太不同,高蒂对美甲店和店里所提供的服务,以及所服务的顾客都不屑一顾。高蒂认为,因为竞争,她被赶出了之前在长岛的位

---

① Snapple(斯奈普),是20世纪80年代美国纽约知名软饮料品牌。以时尚、另类的风格而著称。1994年该公司以17亿美元的价格出售给了著名的食品公司——贵格公司。——译者注

置,为了生存,她不得不搬到一个不同的地方,开一家不同类型的美甲店。这是高蒂开办艺术美甲店的第二年,她讲述了艰难地适应这个低收入黑人街区的经历,这段经历生动、幽默,也不乏丑陋。

我不能处理好所有的事情。这是一家大店铺,每天有一百多人进进出出。这是我在这家店的第二年,第一年太忙了,16个人不停地工作。我上午9点开门,下午7:30准时关门。我在5月底接手了这个地方。夏天的黑人,从12岁的小孩到70岁的老太太,都想修脚。不过现在,由于糟糕的经济和9·11事件,情况变糟了,不过仍然比在长岛的那家店好……白人做不同的样式。例如,他们从不使用亚克力指甲,但在这家商店里,大约90%都是亚克力指甲。另一个不同是美甲师,白人美甲店里的都是西班牙裔。如果白人不喜欢这份工作,不喜欢这家店,她们就不会来。她们从来不多说话也不会抱怨太多。但是黑人不是这样,他们尽量不付钱,还试图偷拿东西。他们不仅偷指甲油,甚至还偷美甲师的工具……我挂上了"禁止吃东西,禁止带宠物"的牌子,但这并不会起什么作用,他们依然吃东西。长岛的白人如果需要美甲,他们只会自己来。这些黑人,如果妈妈想美甲,全家人都会来。太不一样了。吃着进来吃着出去,我都关不上门……最难的是黑人根本不想付钱,或想付更少的钱。他们很挑剔,难伺候。他们想尽量少花钱。太难了……黑人,每次吵完后,下次他们再来,就(好像)什么都没发生过一样。就是这样。现在,我(想)我已经习惯了,(我和他们)很亲近了。刚开始的时候,(我想),"哦,天哪。这些人简直不是人类。"在我内心深处,我对自己说:"现在我明白为什么白人歧视这些人了。他们就不是人。"……我太难了我。现在我知道怎么处理了。

高蒂笑话自己对黑人有偏见,并表示歉意。她努力克服这些偏见,改善店里的关系,但收效甚微。尽管她的努力可能是真诚的,但还是很怪——比如给孩子们糖果之类的小举动——而不是把街区的活动融入店铺的日常运营中,或者就只是一年一次的活动,例如像李氏夫妇在下城美甲店举办的平安夜派对。虽然艺术美甲店确实满足了客户对创意设计和精雕亚克力指甲的要求,但在情感方面,它并不符合尊重和参与社区的期望。

尽管在高蒂的美甲店里发生了很多争吵,她还是为自己与顾客的关系以及处理冲突的能力而感到自豪,甚至还帮助其他美甲店老板处理他们面对的冲突。她的自我欣赏并不是自我欺骗。我目睹了她和她的顾客之间许多有趣的互动。一天,一位顾客走进来,向高蒂炫耀她的新手提包,高蒂一把抓住并假装是她的——"你喜欢我的新包吗?"高蒂装腔作势地问道。另一位顾客低声吹了一声口哨,"你在炫耀,姑娘!"然后,高蒂慢悠悠地走下过道,在顾客的欢呼声中,扭动着她的臀部和包,走着猫步。虽然这些断断续续的互动可能有助于创造短暂的良好感觉,但它们并没有形成持续的措施来表达对客户个人的感激,更不用说社区了。相反,高蒂处理客户关系的方式往往是斗争和借助法律,她解释说:

> 我的大多数客户说,我和其他韩国美甲店的老板不一样,我似乎是一个更美国化的人,因为我可以和他们交谈。例如,另一家美甲店的老板,他根本不会说英语。他(从韩国)来这儿五天后就到了那里。他就待在那里,他的阿姨在那儿工作。我听说有很多问题,很多官司。起初,他不知道如何与他们(黑人顾客)打交道,所以他就给他们钱,他们让他做什么他就做什么。所以我告诉他不要那样做,有问题的时候给我打电话。有一次,一位女士起诉他弄断了她的小脚趾。因为她太胖了,她下楼梯时不知怎么把脚趾弄断了。我就去告诉她,几天前有人检查过这把椅子,并要求她提供法律证据。然后她就再没有回来。

虽然高蒂明显表现出了对客户的轻蔑态度,但与此同时,她在艺术美甲店里与客户的冲突并不能完全归因于她的个性或偏见。她的人际交往能力和文化意识还有待提高,但其他不在她掌控范围之内的社会因素也加剧了店里的紧张气氛,并使她难以通过表达型身体劳动来缓和紧张的关系。

虽然下城美甲店和艺术美甲店服务的顾客群体相似,但它们所处的位置却有着不同的结构性地位。下城美甲店已经成为社区的固定场所,该社区里有许多其他存在已久的少数族裔店铺,因此也有着强烈的社区意识。此外,它处于半私人的二楼,这有助于更多的个人互动和持久关系的发展,包括许多常客和相当稳定的员工群体。相比之下,艺术美甲店则是在一个不知名的露天购物中心租用了铺面,购物中心里的店铺经常变换。它的大门通向一个人流拥挤的广场,该广场由警察和房东雇佣的私人保安同时管控,房东大部分时间都不在。这是一个比李氏美甲店大得多的业务,美甲和修脚位的数量几乎是前者的三倍,高蒂在员工和顾客都流动性很大的情况下勉力支撑。此外,因为店铺出售指甲油和其他产品,店主采取了其他美甲店所没有的令人厌恶的监视做法。因此,李太太在丈夫的支持下,向下城美甲店的顾客提供的许多服务和社区拓展的小细节,高蒂就都省略了。

接下来的场景进一步表明,美甲店之外的结构性条件——这里指的是一个经常不在的房东对购物中心的管理不善——如何导致误解,从而在黑韩之间形成相互贬低的种族刻板印象。

三个黑人妇女坐在修脚位上浸泡着她们的脚。当她们闲聊时,那个足疗师,一个娇小的厄瓜多尔女人,向后一跳,尖叫着,打翻了她的工具盘。顾客们看起来很困惑,然后他们也尖叫起来,跳了起来。他们的长裙浸入肥皂水里,溅得地板上到处都是水。高蒂一边用韩语骂着脏话,一边拿着扫帚追赶老鼠。老鼠在店里东跑西窜,最后,找到了敞开的前门,消失在街上。

这三名顾客一直挤在一个角落里,突然大笑起来,拥抱着,模仿着对方的疯狂,重演了这一幕。经理金妮走过去,用西班牙语吆喝着让修脚师赶快收拾干净。然后她告诉顾客,她们可以坐下来继续完成足疗。然而,她试图把事情平息下来,却产生了相反的效果,因为顾客们的快乐很快变成了愤怒。"你需要把这个地方弄得更干净些。我们可能会因为老鼠染上病。"一位顾客抱怨道。"是的,是的,没问题,我们消毒。"金妮回答说,然后走开了。几个小时后,店铺平静下来后,金妮一边开始做每日打扫,一边跟我提起了这件事。"她们认为老鼠来是因为我们很廉价,不想让店铺保持干净。不是因为我们,而是房东不经常收拾垃圾。他是个犹太人,住在长岛,从来不听我们的。我告诉他很多次垃圾在夏天很臭,招来虫子和老鼠,但是他从来不听。"然而,金妮并没有把房东的问题解释给顾客听,她似乎不理会她们的担心,但实际上她和她们一样担心。

由于金妮的英语和西班牙语都很流利,所以问题不在于缺乏语言能力,而在于缺乏机会,也许也是缺乏沟通交流的意愿,这是由于店铺对细致的沟通的重视不足造成的。艺术美甲店与下城美甲店形成了鲜明的对比。在下城美甲店,店主有意识地采用表达型身体劳动的方式,与顾客建立了紧密的关系。相比之下,艺术美甲店的老板和经理既没有采取重视社区建设的服务提供方式,也缺乏支持店铺采取这种做法的社会背景。

简而言之,高蒂的美容院没有充分满足表达型身体劳动的服务精神,表现在对卫生和呵护服务方面的不到位,情感交流的粗暴,缺乏对顾客的光顾表达感激之情,以及把顾客当作潜在的窃贼来对待。尽管戈尔迪很容易成为店铺里不良关系的替罪羊,她粗暴的个性和种族偏见不容忽视,但还有不在她掌控范围内的其他因素也加剧了她与顾客之间的紧张关系。从结构上看,美甲店位于一个大型购物中心,并不鼓励更亲密的女性专属空间,也不鼓励与之相伴的、可以培育出强烈性别联系的亲密关系。此外,参与这些互动的个人也缺乏抓住现存的可能性的意愿或能力。因此,与下城美甲店不同,性别团结并没有出现在艺术美甲店中,也没有相应地在店里起到平衡种族间紧张关系的作用。

下城美甲店和艺术美甲店的对比表明,性别可以打破黑韩冲突的主导性种族框架,但只有在特定的条件下,社交双方才会协调一致地以有意义的方式改写这个框架。换而言之,某些结构性因素为美甲店中新型的黑韩关系创造了可能性,但能否利用这些机会"修饰"新的社会关系则取决于个人。性别——但不仅仅在个人身体或身份层面——对美甲店中黑韩之间如何协商客户关系产生影响。性别通过特定工作场所的实践和表达型身体劳动的相关条件,调解着美甲店里黑人顾客和韩国店主的关系,使其减少种族歧视色彩。

本分析绝不意味着美甲店的黑人顾客和韩国服务提供者作为女性的共同点多于她们作为黑人和韩国人的差异。在广受关注的哈林斯案件①中,拉塔莎·哈林斯,一名优秀的非裔美国学生,在洛杉矶一家杂货店里被韩国女子斗顺子开枪打死。这悲剧性地颠覆了女性比男性更有爱、不易怒的本质化观念。②这一案例也消除了一种肤浅的理解,即韩国女性天生比韩国男性更善于与黑人女性顾客相处。相反,它强调需要在业务类型、业务实践及其被赋予的意义的情境下去考察客户关系。只有在表达型身体劳动被置于优先位置的特定美甲店里,黑人和韩国女性才能够协商出较少敌意的种族间关系。

---

① 在1991年3月16号,洛杉矶一个15岁的黑人小姑娘拉塔莎·哈林斯(Latasha Harlins)在一家韩国人开的小超市偷东西,被老板娘斗顺子(Soon Ja Du)在监控中发现。被抓住之后,这个15岁的黑人女孩和51岁的韩国老板娘发生肢体冲突,小女孩将老板娘掀翻在地,转身离开。韩国老板娘掏出手枪从背后开枪,将小姑娘在超市门口一枪杀死。最终法官仅仅判了韩国老板娘500美金罚款和400小时的社区服务。该事件引发了黑人对韩国人的种族仇恨。1992年洛杉矶因为罗德尼金案件发生大规模暴乱,韩国裔所开办的商店尤其遭受到针对性的破坏,韩国人以家庭和社区为单位开始组织巷战防御。——译者注

② 这次枪击事件被拍摄了下来,并在1992年公众暴乱之前的几个月里,在当地新闻中反复播放。哈林斯的死,以及对枪杀她的女子的轻判,激起了非裔美国人对韩国商人的愤怒。见Lee(2002a),Kim(1999),Steven-son(2004)。

小　　结

考虑到一些读者可能会把我的观点过于简单化,一位审阅过本章初稿的同事问道:"你的意思是,如果更多的人做美甲,我们就不会发生种族骚乱?"很显然,我对此的回答是否定的。在任何一家美甲店里,不管韩国人和黑人之间的关系有多积极,这些互动只能产生表面上的改善,而对城市贫困的结构性条件几乎没有影响。在此结构性条件下,种族间的紧张关系会爆发成大规模的社会动乱。

尽管如此,如果我们把美甲比喻成一个叠加和平滑面对面互动的过程,那么"如果有更多的人来美甲"可能值得一说。虽然种族间的冲突是由系统的社会问题引起的,但却是在不同群体的个体成员直接接触的层面上爆发的。身体劳动的镜头让我们注意到这些直接接触的时刻,哪些是对的,哪些出错了。这不仅是在美甲店的有限空间内,而且在更广泛的服务接触中。在跨越各种社会群体之间的情感和身体层面的服务互动中,存在误解和不满的可能性依旧很高。当进行女性美容活动或面对共同的威胁(如对犯罪的恐惧)时,这些女性可能会暂时跨越这些界限,相互结盟,但一旦服务互动出错或离开这些场所时,她们很快就会放弃这种脆弱的团结。

美甲艺术沙龙中促进性别团结的具体做法包括努力"回馈"所在社区，表现出对顾客的尊重和欣赏，以及避免对顾客进行监视等令人反感的做法。虽然个体店主和管理者决定了这些努力的优先程度，但他们也受到美甲店外其他因素的限制。这些因素包括社区的种族和阶级构成、美甲店的地理位置，以及在多大程度上可以成为女性中心的空间。因此，如果要让女性在美甲店之外维持这些脆弱的纽带，形塑她们在店外生活的社会条件也必须改变。

美甲艺术沙龙中女性之间的关系揭示出，性别团结并不仅仅基于性别。相反，黑人顾客与韩国美甲店店主和美甲技师彼此认同为女性，忽略基于种族、族裔、阶级和公民身份的差异，但只有当她们的性别团结在特定场所的情境中获得支持和意义时，她们才会这么做。"黑韩冲突"可能已经基本上从头版头条消失了。然而，不同种族移民企业家依然在服务不足的贫困少数族裔街区经营着小店铺，他们的现实依然以冲突的模式长期存在，这或许会破坏女性之间的潜在联结。

第六章 "你可能会感染真菌"

亚洲折扣美甲店成为新的"黄祸"

这些恐怖故事是真的吗？美甲师霍莉·博内洛提到亚洲美甲店时说："我知道一些例子，一家人住在美甲店。很多时候，她们互用执业执照。卫生习惯也还有许多需要改进的地方，比如用同一个钻头和锉刀时并没有消毒……有很多客户来找我'解决'这些店里的不安全操作所造成的问题。"

苏赛特·希尔，《亚洲影响》

对于一般的消费者来说,偶尔开一瓶指甲油是一个可以忽略不计的风险。但是对于那些不间断地接触指甲油的职业人士来说,可能就是一个大问题。

杰里米·卡普兰和劳拉·菲茨帕特里克,《美国最糟糕的工作》

她们等待时,就希望一切都快点,但一旦轮到她们,就想要所有人都慢慢来。

爱丽丝·南,美甲师,便捷美甲店①

苏赛特·希尔在《美甲》杂志中所引用的美甲师霍莉·博内洛的话,明确指出了亚洲折扣美甲店在卫生方面偷工减料,并且传播传染病和其他疾病。尽管这篇《美甲》上的文章本身对公共卫生问题的看法是客观的,但这位美甲师用对亚洲移民的负面刻板印象来界定这些顾虑。除了描述亚洲人生活在肮脏的环境以及忽视工作场所的卫生操作之外,她的评论还把亚洲人的特征贬损地概括为不干净、不熟练、不值得信赖。

有些顾客不是认识到多重因素共同造成了健康风险,这种风险不仅对顾客本身,对美甲师也是如此,而是将她们对美甲

---

① 引言第一条出自 Hill(1997b:64);第二条出自卡普兰和菲茨帕特里克(2007)。第三条出自我在本研究中的访谈。

服务的焦虑和不满转移到了美甲师及其所属的种族身上。因此，这些顾客既忽略又促成了美甲师的工作条件——2007年《时代》杂志将"美甲师"认定为"美国最糟糕的工作"之一。[①]正如环境保护局助理执法官员格兰特·中山在谈到亚洲美甲店工作人员时所说："这是一个不寻常的工作人群……她们长时间工作，可能是育龄妇女，可能会带着孩子去工作。因为语言不如一般人流利，她们可能较难获得正确使用化学品的信息。所有这些因素都会造成不必要的化学品接触的情况。"[②]然而，有关美甲店的投诉，并不是聚焦在这些影响顾客及员工健康的复杂因素上，而是以含蓄的种族词汇来掩盖不安全环境的真正来源。这些来源包括制造商使用有毒化学品、不公平的劳动实践、店主和客户要求保持低价格和快速工作的压力。

"拆装店[③]"一词已成为亚洲折扣美甲店的代名词。据《美甲界》(*Nailpro*)杂志报道，在互联网上使用这个词"引发了种族

---

① 《时代》杂志文章将美甲师列入"最差工作"清单，给出的解释如下："据行业估计，有42%的美甲师是亚洲移民女性，许多人在面临危险的健康条件时几乎没有任何求助手段。化妆品成分不受美国环保署（EPA）或美国食品药品监督管理局（Food and Drug Administration）的管辖，如今在美国销售的许多此类产品都含有已知的毒素。"

② Greenhouse 2007b.

③ 拆装店（chop shop），原指那些将偷来的汽车零件用在汽车维修生意上的地方。——译者注

侮辱，并最终规避了任何关于健康和安全话题的有意义的对话。①这个词，连同前面引用的美甲师的评论，引发了对"黄祸"的旧事重提。"黄祸"这个早先的说法认为亚洲移民通过身体污染、劣等文化习俗和经济竞争来威胁、破坏美国社会。折扣美甲店里的互动显示，尽管有着亚裔模范少数族裔这样看似更赞许的话语，"黄祸"这种贬损亚洲人的观点依旧存在，而前者也正是后者存在的原因之一。当代关于亚洲美甲店是疾病温床，并且违反美国劳工和生活标准的争论，宣扬着"新黄祸"的刻板印象，唤起了一个多世纪前盛行的反亚情绪。这一章既展示了旧的"黄祸"框架的回弹性，也展示了其在新的场所（如美甲店）中如何被改写。

我在本章后面会更详细地解释，"黄祸"是对亚洲人和亚裔美国人的种族刻板印象的集合，即肮脏的、相异的、邪恶的，且一心想入侵或破坏西方文明。这种观点在19世纪中期开始在美国蓬勃发展，当时加州的白人工人越来越视中国移民为经济威胁。最终，反华和反亚情绪导致了限制性立法，最引人注目

---

① Rost 2008：75. Rost报告说，行业代表在网站上进行了干预，鼓励使用"非标准沙龙"作为替代用语。但是，对"亚洲拆装店（Asian Chop Shop）"的引用仍然很普遍。Arnold（n. d）指出："许多人（用这个词）指代主要是亚洲美甲师的沙龙，那里不需要预约或没有私人美甲师、价格比传统美甲店要便宜，一家'拆装店'（Chop Shop）。"在得克萨斯州奥斯汀的一家美甲的在线评论网站中，有评论使用这个词语将亚洲美甲店与不卫生的做法联系起来。这则2008年1月25日的匿名评论警告说："当心！骗人的拆装店！！这是一家廉价的亚洲拆装店。你的指甲看起来会很可怕，你还将花费数百美元在当地足科医生那里治疗葡萄球菌和真菌感染。"

的是1882年的"排华法案",旨在遏制由被认为的亚洲人所代表的经济和文化威胁。这些立法描述运用在后来的亚洲移民群体中,如日本人、韩国人、菲律宾人和印度人,并在珍珠港被袭后以拘留日裔美国人而达到高潮。亚洲人和亚裔美国人这种"黄祸"形象的当代事例,包括主流媒体中持续存在的刻板印象化描写、与中国相关的经济竞争与种族敌意的重新连接,以及高调报道的案件指责亚裔美国人与中国有着危险的联系,如对洛斯·阿拉莫斯实验室的科学家李文和的间谍指控。①

本章探讨了"黄祸"话语是如何通过对身体污染、文化劣势和经济竞争的恐惧以新的形式出现在亚洲人开办的美甲店中的。当下关于美甲店健康风险的讨论有着深刻的历史根源,那就是对亚洲女性成为疾病携带者的恐惧。虽然人们表达了对美甲店总体性的担忧,但本章聚焦在对亚洲美甲店的讨论给亚裔美国人带来的种族寓意及产生这种后果的具体方式。

在本书中,我从性别化工作和身体劳动的视角来说明亚洲女性在美国服务部门和全球服务经济中不断变动的种族化过程。至此,我已经指出,在高档美甲护理中心,呵护型身体劳动

---

① 有关反华情绪的历史,见 Kwong and Miscevic(2007),Chan(1991a),Okihiro(2001),Takaki(1989)。关于对日裔美国人的拘留,请参见 Daniels(1993),Weglyn(1996)。有关亚裔美国人的媒体报道讨论,见 R. Lee(1999),Hamamoto(1994),Marchetti(1993)。关于当前政治对亚裔美国人以及他们与中国的联系的怀疑,见 Gordon Chang(2002),C. Lee(2000),Le(2007b)。在被单独监禁9个月后,李文和(Wen Ho Lee)因政府和媒体对案件的不当处理而获得了160万美元和解金(Farhi 2006)。

行使了中上层阶级白人女性相对于亚洲美甲师的种族特权。相比之下，在为黑人工薪阶级女性服务的美甲艺术沙龙里，表达型身体劳动的性别化过程创造了一种替代性的身份认同形式，打破了种族差异和不平等，虽然只是暂时的。在本章中，我考察了为不同种族和阶级顾客服务的折扣美甲店中常规型身体劳动的动态，指出性别化美容互动的通用条款将人们的注意力从经济因素转移到亚洲人的种族特征上，以此作为服务不尽如人意的原因。消费者认为美甲应该是快速和廉价的心态拉低了价格和服务水平，制造出不尽如人意的工作条件，而这些条件又与开办美甲店的亚洲女性关联在一起。

折扣美甲店是美甲业中的"金拱门"，提供快速廉价、最基础的美甲和修脚服务。然而，最基础的服务并不意味着不需要劳作，因为这种服务形式不一定比注重呵护或艺术表现的服务更容易。相反，这意味着美甲师必须努力在流水线般的工作条件下为客户提供足够低价的服务，以此消除对亚洲人的负面成见。她们几乎没有时间呵护顾客，而是专注于在远不理想的环境中提供快速、安全的美甲服务。

这些服务过程都依靠以特定种族和阶级的方式照顾女性的身体，关注她们的情绪。这种常规型身体劳动模式出现在两家美甲店中——越城美甲店和便捷美甲店——它们为大众市场提供不起眼但可靠的服务。然而，折扣美甲店的美甲师在努力提供标准化的美甲和修脚服务的同时，还必须照顾一些有特殊需求的顾客——她们的身体需要高度细心的处理，即便他们支付的价格和美甲店的条件不允许这样的操作。换而言之，就像美甲师爱丽丝·南在本章开始时所描述的，顾客付常规服务的钱，但期望得到高端呵护服务。在这种情况下，即使是最勤奋的美甲师的个人努力也无法抵消造成紧张客户互动的结构性力量。在其他章节中，我主要关注身体劳动交易中的个人互动和日常抵制行为，而在本章中，我也讨论了一些关于职业健康、有毒产品和劳动权利等媒体再现和集体动员。各种社区和劳工权利组织在提升美甲店的工作、产品、健康及安全保护方面都有所进展，但常规型身体劳动的身体和情感动态对提高美甲店的工作标准构成了障碍。

性别、身体和新的"黄祸"

为什么几波亚洲移民持续引起美国主流社会的仇恨，害怕受到身体污染、文化污染和经济威胁？亚裔美国人作为污染物和模范少数族裔的两种并存的说法，是否揭示了这个群体在美国种族政治中的脆弱地位？对亚洲女性的性别化观念如何助长这种"黄祸"威胁言论？身体劳动的视角如何阐明女性与其种族潜台词之间的关系？本章既展示了旧的"黄祸"种族框架的反弹，也展示了其在新的性别化工作场所（如美甲店）中重现的方式。

亚洲人是"黄祸"的主题源于美国作为开放民主社会同时又深深植根于欧洲文化和白人种族社会的矛盾。诞生于中世纪欧洲对蒙古入侵的恐惧,"黄祸"的概念在19世纪末被移植并应用于亚洲劳工涌入美国。① 反亚情绪在一系列的排斥法令中达到顶峰,其中最显著的是1882年的"排华法案",之后一直以某种形式延续着,直到1965年的"移民改革法"才废除。在这样的大众形象的推动下,如恶毒的傅满洲、陈富珍,二战期间针对日本人的威胁性宣传海报,强大的赫斯特出版集团印刷的恶毒的反亚漫画和社论,把亚洲移民描绘成危险的污染物,深深扎根在大众的想象中,而亚裔美国人社群也因此遭殃。②

"黄祸"主义不断地调动这样的想象——外来者是幽灵,异教徒通过他们悄然入侵,破坏更先进的文明。纳扬·沙阿在《传染性内讧:旧金山唐人街的流行病与种族》一书中,记录了历史上亚洲人身体被扭曲地描述为危险而不洁的。他写道:

---

① 传播"黄祸"话语的一个著名历史文本是 G. G. Rupert 的《黄祸》(*The Yellow Peril*);或是《现代政治家和古代先知眼中的东方与西方》(1911)(*the Orient vs. the Occident as Viewed by Modern Statesmen and Ancient Prophets*)。有关"黄祸"的更深入分析,见 N. Kim(2008),Okihiro(1994)和 Espiritu(2008)。

② R. Lee 1999;Marchetti 1993;H. Yu 2000. 另见纽约大学的亚洲/太平洋/美国研究项目和研究所 2005 年的展览"'黄祸'的档案保管者"(*Archivist of the 'Yellow Peril'*),这是由纽约电影编辑 Yoshio Kishi 收集的 8000 多份"黄祸"流行文化再现资料的一部分。要了解更多信息,请访问 www.apa.nyu.edu/gallery/kishi/。

"对于华裔美国人来说,从威胁到模范少数族裔的路程伴随着关于公民身份、行为和健康观念的深层暗流。在世纪之交,'健康'和'干净'被认为是美国人身份的组成部分;而那些被视为"不健康"的人,比如中国男人和女人,被认为是危险的,对美国来说是不可接受的。"① 虽然这些文化再现聚焦于中国移民,但对所有亚裔美国人都有影响。同样,当代"黄祸"的文化再现也伴随着对来自中国和中国移民的身体污染的指指点点而出现,但这一言论蔓延到了其他亚洲国家和亚裔美国人群体。② 在美国与朝鲜、越南和日本发生经济竞争或军事冲突时,类似的流离失所将亚裔美国人作为同一个群体进行瞄准。③ 因此,"黄祸"主题可能在某个特定的亚洲国家或族裔群体周围出现,但它不加区别地适用于所有亚洲人。④

从"黄祸"到模范少数族裔,这两种话语已经演变为一个硬币的两面。一方面,只要亚裔美国人愿意同化进入受限制的经济和文化角色,他们就会因其辛勤工作和创业精神而获得赞

---

① Shah 2001:3,12.
② 关于中国的经济政治政策及其对华裔美国人的影响,见 Lin (2008),Le (2007b),Wang (1998)。
③ 关于与亚洲国家的冲突对亚裔美国人的影响,见 Dower (1986), J. Freeman (1991),Nakanishi (1993),Harth (2003),Morris (2005)。
④ 反亚暴力最臭名昭著的例子之一是 1982 年失业的底特律汽车工人把经济困境归咎于日本,残酷地谋杀了文森特·陈(Vincent Chin)。尽管陈是华裔美国人,但凶手把他和日本人混为一谈,指责他给美国汽车工业带来麻烦。见 Chou and Feagin(2008),P. Hall and Hwang(2001),Ma(2000) and Sethi (1994)。

誉。另一方面，当他们被认为不够充分或安全地履行这些角色，比如拒绝默许接受次要职位，或者做得太好，成为经济威胁时，就会受到谴责。因此，正如加里·澳克西落指出的，"'黄祸'和模范少数族裔的概念，表面上明显脱节，实则形成了一个无缝的连续体"。① 多重力量合并在一起，形成了对亚洲、亚裔美国人、物质和文化形式上的亚洲产品的矛盾态度。

身体污染话语已经成为核心要素，推动钟摆从模范少数族裔变为"黄祸"。作为对经济竞争的政治反应，对亚洲移民威胁公共健康和得体礼仪的指控经常被调用。当已经不太确定的欢迎被经济竞争进一步磨损时，亚洲移民就会受到一系列与物质和文化污染相关的指控。②

新旧"黄祸"话语是如何被性别所形塑的？身体，以及对围绕着身体的传染病和污染的恐惧已成为将亚洲人视为反常而危险的性别化的指责的基石。沙阿（Shah）以及其他人的研究凸显了从威胁到模范公民的种族旅程如何包括了遵从主流卫生标准以及白人中产阶级异性恋婚姻家庭的性别和性的规范。由于排斥性法律，基于经常迁移与低工资的不稳定就业，以及恶毒的反亚暴力，在19世纪和20世纪初，很少有妇女和家庭成员能够或愿意迁移。因此，在中国移民中男性占据了绝大多

---

① Okihiro 1994:141.
② 关于模范少数族裔和"黄祸"话语之间的联系，见 Kawai（2005），Shim（1998），Wong（1986）。

数,他们发展出居住和家庭的形式,包括单身寄宿公寓,与妾和妓女的关系,以及臭名昭著的鸦片窝点。这刺激了许多社会改革者的情感,助长了早已浓烈的反华情绪。尽管性和生殖能力导致了这些针对各种移民妇女的敌意,但在亚洲女性身上,这些敌意的形式特别恶毒。①

对女性身体成为疾病携带者和性道德的威胁的恐惧,形塑了对亚洲人的排斥,来到美国的中国单身女性曾常常被贴上妓女的标签。正如素贞·陈所展示的,在著名的加州法庭辩论大战中有人论证,"允许被指称的中国妓女入境类似于允许患有传染病的人入境。"②同样,1875年美国国会通过了贝芝法案(Page Law),这是一系列亚洲排斥法令中的第一部,禁止来自中国和日本的重罪犯和合同工,并瞄准亚洲妇女,认为她们是携带疾病的妓女。在《拒绝入境:控制边境性行为》一书中,安妮·卢贝兹记录了19世纪后期的医学进步,例如将卫生与疾病联系起来的生源说,反映并煽动了对通过商业化跨种族性交行为而造成污染的恐惧。③通过挑出亚洲女性不道德的性行为(而忽略了更严重的白人女性卖淫的问题),这些法律为将亚洲女性视为在性方面易得而挑逗的观念奠定了基础,这些观念时至

---

① 关于反亚情绪和性别话语,见 Shah (2001), Tchen (2001), Tyner (2006), Uchida (1998), Yanagisako (1995), Yu (2000)。
② Chan 1991b:101.
③ Luibheid 2002.

今日依然存在。①

因此,"黄祸"的性别化建构的关键一环是将亚洲女性性化为充满情色和禁忌意味的欲望对象。电影研究学者吉娜·马尔凯蒂关注了好莱坞电影中的描绘,写道:"'黄祸'结合了异域国度的种族恐怖主义、性焦虑,以及认为西方将被东方不可抗拒的、黑暗的、神秘的力量所压倒和包围的观念……这种表述必然依赖于一种幻想,将欧洲美国人的欲望和恐惧投射到异国他者之上。"②在这种幻想中,亚洲女性被视为战争的战利品,象征着文明的白人男子征服异教、疾病缠身、充满威胁的亚洲的奖杯。这种"黄祸"的性别化建构同时加剧了亚洲女性与白人男性关系之中异族结合的恐惧与欲望。

那么,在亚洲和西方女性亲密但不一定是性别化的服务关系中,"黄祸"的性别化的潜台词是如何发挥作用的?美甲店里"黄祸"的性别话语,显现在一种非常不同的工作中,这是一种主要发生在女性之间而不是男女之间的工作,因此采取了一种新的形式——较少依赖性化形象,但仍然与购买亲密服务引起的对身体污染的种族化恐惧相呼应。因此,亚洲人开办的美甲店将"黄祸"的性别化话语建立在当代社会互动场所上,揭示出商业化、身体互动中女性间关系中鲜为人知的方面。美甲店提

---

① 关于亚洲移民女性性政治的讨论,见 Chan (1991b), Lowe (1996), Peffer (1999), Yung (1995)。

② Marchetti 1993: 2.

供的身体劳动并不存在于真空中,而是反映了在媒体和更大社会中传播的对亚洲历史和当代的认知。

亚洲美甲店的种族化再现

喜剧演员艾利克斯·博尔斯坦在《疯狂恶搞电视》(MADTV)①中饰演的美甲师邦尼·斯旺女士是一个有着黑色碗状发型、画着深色斜眼线、说着可笑英语的角色。她在"极致美美甲沙龙"(Gorgeous Pretty Beauty Nail Salon)工作,但被她念作"美女大屁股沙龙"(Gorga Pritty Booty Nay Salon)。尽管她在节目中没有明确说明自己是亚洲人,但她的外表、口音和举止强烈地表明了这一点,而且她经常在非官方网站上被描述为亚洲人。②这一形象再现引起了亚裔美国人团体的尖锐批评。美籍亚裔媒体行动网(Media Action Network for Asian Americans)创始总裁盖伊·青山批评博尔斯坦"穿上黄脸,扮成会胡

---

① 疯狂恶搞电视(MADTV)是福克斯电视台在1995年开播的一档节目,内容主题是恶搞喜剧节目。很多著名美剧均被恶搞搬上荧幕,如《越狱》《欲望都市》《绝望主妇》《迷失》等。——译者注

② 一个名为"城市词典"的网站这样描述这个角色,"斯旺女士来自亚洲的某个地方"(www.urbandictionary.com/define.php?term=bunny+swan)。一个名为"10强黄种人"(Yellowface Top 10)的网站说:"很难看到这个角色而不认为她是亚洲人,这很难……斯旺女士清醒地提醒我们,好莱坞仍然视亚洲人为种族幽默的取笑对象(Ms. Swan was a sobering reminder that Hollywood still regards Asians as fair game for race-based humor)。"

言乱语的美甲店老板",并补充说,这种贬损性的描绘成了"真实生活中的亚裔美国人被看到和嘲弄的标准"。①

在其他章节中,我主要引用民族志观察,在这里我大量使用了媒体材料,包括流行文化、新闻文章和博客。我这样做有几个原因。正如青山所说,亚洲人在媒体里的形象再现形塑了日常生活中对亚洲人的看法。此外,许多关于美甲店安全的公众辩论,特别是关于亚洲人开办的美甲店,都是通过媒体和政策讨论出现的。最后,顾客们在接受访谈时,在批评美甲店和直白表达种族刻板印象方面都很谨慎,但这样的评论在网上很普遍。虽然它们并不代表亚洲折扣店里的互动,但也不是完全没有典型性。它们揭示了自己的内容,也揭示了美甲店中的互动的背景。

一位名叫特里什的20岁博主在他的博客《我们中有巨大的真菌》展示了这样的景象,一些不满意的顾客用笼统的种族词汇谴责所有亚洲美甲店不卫生:

> 现在,我喜欢那些亚洲人,特别是他们美味的食物,但我告诉你,我在这些美甲店里从没有过好的体验。在我的一生中,我做过两次我认为很漂亮的美甲……几周之后才发现,我的一个指甲开始变得很奇怪。我染上了指甲真菌,而且这治不好。所以……我正式抵制亚洲美甲店。我知道,我在这方面上不是

---

① Aoki 2000:F3.

十分政治正确。但等到你要对付真菌的时候,看看你有多喜欢它。①

在这篇文章中,特里什首先公开表示了对亚洲人和亚洲食物的热爱,以避免对亚洲人普遍反感的指责。然而,她随后自由地提出控诉,不是控诉她去过的那一两家违规美甲店,而是她计划抵制的所有亚洲美甲店。在这种情况下,她的抱怨集中在身体原因上——指甲真菌的传播。在其他情况下,服务的情感层面更是不满的来源。

在一篇题为《粗鲁的亚洲美甲店》的博客文章中,作者杰米称自己是一位居住在"美国乡下"的全职妈妈,她讲述了自己在向一位亚洲美甲师购买指甲油时遭遇质疑。她按捺住用种族侮辱语言反驳回去的冲动。"'8 美元',她就盯着我说。我忍了好久才没说出:这就是所谓的'我爱你很久'(Me love you long time)? 而是把手伸进口袋,掏出钱递给她。即使那样,她还是盯着我⋯⋯这不是第一次发生这样的情况了。我不知道亚洲美甲店是怎么回事。"在几位读者批评了她的评论之后,作者回应说:"'我爱你很久'在我的观念里,就是一个笑话(原帖强调)⋯⋯最后,这是我写博客的方式,老实说,我不认为我对任

---

① 特里什,《我们中有巨大的真菌》,特里什的菜,2008 年 8 月 12 日,http://trisha-dish.blogspot.com/2008/07/there-is-humongous-fungus-among-us.html。

何种族或国籍有仇恨或粗鲁的想法。在我看来,作为一个消费者受到虐待,无论这个人的种族或信仰是什么,都是完全错误的。"①

杰米的评论揭示了形塑美甲店互动的几个进程。在受到她认为粗鲁的服务后,她很快就用种族词汇来描述这种互动,尽管她否认自己在这样做。事实上,杰米可能不知道"我爱你很久"这句话引用了电影中亚洲女性令人反感的形象的一个著名例子——斯坦利·库布里克的电影《全金属外壳》②中的一个越南妓女的形象。正如表演艺术家艾利森·路·朴所解释的,"这句话太夸张了。人们不了解背后的历史……亚洲女性被异域化和过度性化到了真正影响到我们日常生活的程度。"③然而,杰米没有承认她有意或无意地使用了带有种族歧视的说法,而是利用了自己作为一个"受虐待"的消费者的位置,来证明自己的反应是正确的。在这里,她援引了"顾客永远是对的"的服务意识来支持种族主义言论。

这些评论比本研究参与者所表达的评论要极端得多。然

---

① 杰米的博客目录,2007 年 11 月 21 日,见 http://momaroundtheclock.blogspot.com/2007/11/nail-salon-rudeness.html。
② 《全金属外壳》(*Full Metal Jacket*)是美国出品的战争片,由斯坦利·库布里克执导,亚当·鲍德温、马修·摩丁等主演,于 1987 年 6 月 17 日美国上映。该片改编自古斯塔夫·哈斯福特小说《短期服役》,讲述了美国海军陆战队在越南战争中的故事。
③ MTV 的一篇文章引用了路·朴的话,指出这句话已经扩散到许多流行歌曲中(Vineyard 2008)。

而，它们揭示了亚洲折扣美甲店中情感和身体互动所引发的强烈的反应，只不过顾客们以更微妙的方式来表达。在越城美甲店这样的店里，类似的身体污染和文化他者的主题形塑了常规型身体劳动以及这些互动被赋予的意义。

越城美甲店和常规型身体劳动

"就目前而言，他们做得很好。这虽然不是红门或乔治特·克林格级别的，但把该做的做了。如果你想要一个草药包或一个类似 SPA 的体验，你进去的那一刻就知道，在这里你得不到这样的服务。我来这家美甲店是因为它在 20 分钟内就可以搞定。"越城美甲店的顾客金伯利捕捉到了这家店的服务精神，可以概括为"为每个女人美容"。在这家美甲店里，任何人都可以得到一个像样的专业美甲，即使是那些几乎没有时间和钱的人。与呵护型身体劳动不同，折扣美甲店里提供的常规型身体劳动不包括对顾客需求的过度满足。这并不意味着美甲师不进行身体劳动，而是采用了不同的方式，因为她们努力在不太理想的条件下注入"足够好"的服务感受。

位于一个时尚、高价、种族多样的住宅区和一个收入较低但又是种族混合的街区之间的越城美甲店，展现了折扣美甲店里进行的各种互动。这种美甲店干净、朴素、实用。除了美甲和修脚外,它还提供比基尼、腿和眉毛打蜡脱毛,都是同样的简约款。46岁的苏珊·李于1989年开了这家店,是这里唯一的店主。她离过婚,有一个儿子,1982年和她当时的丈夫——一名研究生从首尔移民过来。在移民之前,她大学毕业,获得旅游学学位,在韩国旅行社工作,经常前往欧洲。到纽约后,她首先在曼哈顿的一家零售店工作,然后开始在布鲁克林的一家美甲店工作,以支持她丈夫的学业。在他们的婚姻解体后,她把母亲从韩国带过来,并在母亲的帮助下开了一家便利店,但不久就关门了。一年后苏珊开办了越城美甲店,生意兴隆起来,后来她在几个街区外又开了另一家美甲店。不过,她觉得经营两家美甲店压力太大,第二家店盈利也比较少,两年后就关闭了那家店。我访谈她的时候,她与母亲和儿子正住在皇后区。

越城美甲店的所有全职员工都是韩国人:两个人是店主亲戚,一个是店主在家乡的朋友;还有一些兼职技术人员,主要是拉丁裔和一名日本留学生。店里有一种随意亲切的感觉,员工们彼此都很熟悉,还有很多熟客。由于处在住宅区,店里最繁忙的时间是在周末、工作日午餐时间和下班后。我在越城美甲店进行了五个月的田野调查,访谈了店主、员工和顾客。顾客的职业很广,包括高中教师、理发师、学生、酒保、家庭主妇、退休保险簿记员、临床研究员、剧院技术员、音乐家和管理顾问。

上城美甲店和专属美甲店的顾客对自己的美甲师有很强的依恋。与此形成鲜明对照的是,越城美甲店的顾客几乎不知道他们美甲师的名字。一位顾客认为店里的互动都没有她在韩国杂货店中的感觉亲切。"美甲店不太个人化。我去杂货店,他们都认识我,我们交换着关于学校或其他什么的信息……在美甲店,由于客流量,他们想要最大的客流量。我想你最终还是会与他们有更多的接触,但期望也会更高了。"因此,考虑到这家美甲店提供的是最基础的服务,她大大降低了自己的期望。另一位顾客告诉我,"在大多数情况下,我认为他们与顾客十分疏远。一些常客对他们非常友好,他们知道所有人的名字,但在大多数情况下,这里让人感觉很疏远。"沟通往往是关于实用性的指令,而顾客们更有可能与其他顾客交谈,而不是与美甲师交谈,或者更常见的是,在电视机前发呆或阅读杂志。尽管越城美甲店经常让顾客等待,缺乏愉悦感,但即使在忙碌的时候,每位顾客也以快捷的速度进出美甲座椅,等待的队伍也会迅速移动。美甲师可能会提供按摩,但只是敷衍了事,持续不了一分钟。

越城美甲店的常客丹妮尔描述着大部分顾客用以合理化这种最基础的美甲服务的常见算法,她解释说:

我喜欢这里便宜又干净。但我不喜欢他们老催我出去。很忙的时候,他们就会变得粗心。他们有时候把指甲油涂得太厚,意味着几天内就会脱落。有时他们疏忽了你让他们做的某件事……当美甲师很忙时,他们就不遵循严格的卫生标准了。

比如，我知道我泡在别人刚刚用过的容器里。在更贵的美甲店里，他们不重复使用任何东西。他们有一个密封的小袋，让你自己打开它，让你看到里面的东西是新的……我不常美甲，但我知道曼哈顿有更好的地方。我去过一个一次要 60 美元的美甲店，也是韩国人开的，非常豪华。他们使用真正的高端产品，一切闻起来都很棒……也没有太多的谈话，但这我倒不太在意……（在这个美甲店）美甲更快，更像一条流水线，但便宜，花费不到一半。

尽管丹妮尔赞扬了其他美甲店的呵护服务，但最终选择了"花费不到一半"的美甲店。她知道这样就放弃了呵护服务以及其他更精细的卫生程序，但她和许多其他顾客继续选择来这里。折扣美甲店的市场取决于像丹妮尔这样的女性，但这些消费者的低预算也对这些店铺施加压力，必须保持低成本和快速工作，从而无意中也增加了美甲的风险。

顾客对快速、廉价服务的期望也会影响服务的情感传递。在某些情况下，特别是当店铺非常忙的时候，服务流程不只是缩减，而是变得明显的简短和紧张。一位顾客描述了一次几乎升级为争吵的互动：

最积极的体验是当我被热情接待时。最消极的体验是上周我和我的朋友一起来美甲时，我们坐在一起说话。我朋友那边先做好了,他们让她转到烘干机旁边,但我们当时正话说一半,所以她说:"我想等我的朋友。"那个韩国女人说:"你现在就来。"我的朋友是那种一下子上火的人(打响指)。虽然没有吵起来,但她们显然都很生气。

顾客认为美甲师的这种催促是粗鲁的表现,而不是由于美甲店工作条件的限制和她们自己对快捷廉价服务的需求引起的。

便捷美甲店的美甲师爱丽丝·南就客户如何回应这些匆忙的服务提出了自己的看法。她说:"有时候其他人等着,她们就坐在烘干机下面看杂志看半个小时,如果我们检查指甲说已经干了,她们就会认为我们在催她们。"因此,美甲师必须进行情绪管理,以让顾客尽量满意现状。这意味着她们必须决定如何管理工作重点,这通常意味着缩减谈话、按摩或任何特别服务的这些细节。

这种常规型服务的提供方式经常与顾客的期望相冲突。即使顾客们认识到他们为这些服务花费甚少,但仍然坚持相当高的身体和情感关注标准。在越城美甲店,顾客经常提出特殊要求,并在被忽略或拒绝时感到恼火。例如,一位顾客在选色,要求将两种不同的指甲油混合在一起。美甲师茫然地看着她,然后简短地说:"不能混。"不像高档美甲护理中心的美甲师那样假装不理解或巧妙处理这些要求,折扣店的美甲师就直接说

"不"。有一次,顾客在上指甲油之前要去卫生间。当她回来时,另一位顾客已经坐了下来,而她需要再等待。这位顾客显然很生气,但美甲师基本没有试着去安抚她。

任何呵护服务的努力,都更可能来自店主而不是美甲师,特别是店主想要留住排队的顾客时。越城美甲店的店主苏珊待在接待区,热切地招呼那些排队时坐立不安的顾客。"珍妮弗,很久没有见到你了!"苏珊假装生气地说,"让我看看你的手——哦,可怕,可怕。这么漂亮的女孩怎么让指甲变得这么丑陋?"顾客敷衍着笑了笑,"这是因为这里等的时间太长了。我可以去我工作附近的地儿,那里等待的时间从来不超过五分钟。"苏珊做出夸张受伤的表情,回道:"因为我们做得最好,所以人才这么多啊!再等两分钟,我给你拿咖啡。要加牛奶和糖吗?"然后她转向其中一位美甲师,用韩语简短地说:"搞快点。如果时间太长,顾客就要走了。"

在这个案例里,顾客并没有从愤怒的情绪跳到"黄祸"的刻板印象,但在其他例子里这种转换很容易发生。另一次,苏珊告诉一位等待的顾客轮到她了,这位顾客正和朋友说另一家美甲店开门了。她抬了抬头,但仍一直说话,没有动。苏珊重复道,美甲师已经准备好了,顾客回道:"好吧,好吧!"然后我无意中听到她对朋友评论说:"这些亚洲小女人太咄咄逼人了!"因此,除了将健康风险归咎于亚洲人开办的美甲店,一些顾客还将折扣美甲店匆忙和缺乏人情味的那一面归咎于其服务提供商的"亚洲性"。

这些评论涉及"黄祸"的另一个方面,即将诸如粗鲁等的文化特征归因于亚洲人。正如我在本书中指出的,这种文化归因,无论是屈从、贪婪,还是在这个例子里的粗鲁,都忽略了身体劳动的工作条件促成了亚洲美甲师的某些行为。在这个案例里,顾客将美甲师的鲁莽界定为一种特定的亚洲品质,而不是对常规型服务环境的必要适应。身处引发亚洲人咄咄逼人观念的风险中,这些场所里的美甲师和店主必须在提供快速服务和不急着催促顾客之间小心行事。

在高档美甲护理中心里,与客户的沟通往往侧重于赞美和呵护。在美甲艺术沙龙里,侧重在表达尊重。而在折扣美甲店里,重点更多的是缓解不耐烦的情绪以及防止顾客离开。安抚工作主要由店主完成,而美甲师则专注于跟上客流且不犯错。苏珊甜言蜜语哄骗和讨好顾客的努力往往让人看了又疲惫又尴尬。尽管她的工作成果在一个拥有大量忠实顾客的繁荣美甲店中显而易见,但这并不仅仅只是她个性的反映,也不仅仅出于她扩大生意的愿望。相反,苏珊为缓和客户关系而进行的过度活跃的努力,是她所服务的顾客群体、美甲店所提供的服务以及服务互动中可能引发的负面种族刻板印象的综合结果。这些因素使得身体劳动不仅需要满足身体和情感的需求,也需要回应这些服务提供时所处的种族和阶级情境。

斡旋阶级与种族

像越城美甲店这样的折扣美甲店,服务不同客户,成了新兴的多种族和阶级关系的实验室。新移民协商和调解着将亚洲人视为"黄祸"的社会建构,也协商和调解着作为其他群体种族化背景的、主导的黑白范式。此外,移民,特别是亚洲移民,不仅被纳入种族框架,而且这个种族框架跟阶级有关,特别是认为美国是无阶级社会的顽固信念。这种强烈的种族话语和隐形的阶级划分,通过"黄祸"威胁的控制性形象,界定了常规型身体劳动的危害。

这种阶级和种族的模糊化引发了对身体劳动的特定协商。折扣美甲店的客户付钱少,但她们不承认低价格会影响服务交易的条件。一些客户并没有认识到他们购买美甲服务的有限资源是其对这些服务不满的重要原因之一,而是指责亚洲美甲师,把种族挑出来作为任何不满或问题的根源。因此,他们无视自己的阶级地位如何决定了所能负担的服务种类,也认识不到推动标准化、规模化美容服务趋势背后的经济力量。无阶级社会的迷思转化为种族解释,模糊了阶级划分和形塑性别化服务的经济力量。

由于光顾店里的顾客的多样化,无论是在自己与顾客,还是在不同顾客之间,店主和美甲师经常要扮演文化中介的角色。常规型美甲店里的美甲师必须传递公平感,这通常涉及管理来自不同种族和阶级背景的顾客间的关系。折扣美甲店服务于那些从没购买过美甲服务但被价格和便利性所吸引的女性。朱莉娅,一位白人调酒师,也是越城美甲店的常客,评论说:"我破衣烂衫的,经常美甲让我自己都觉得有点惊讶,虽然比市里大多数人做得少。在这里做美甲很方便,也便宜。"朱莉娅描述自己破衣烂衫表明她在着装或其他美容习惯中没有遵守严格的女性规范,正如她穿着休闲农夫裙,也不化妆。尽管如此,因为方便又便宜,使她开始定期购买美甲服务。因此,像越城美甲店这样的折扣店成功的秘诀在于,它们能够吸引那些没有多余可支配收入,同时又不执着追求女性美,通常不会沉迷于专业美甲的顾客。

与高档美甲护理中心或美甲艺术沙龙的顾客不同,越城美甲店的许多顾客寻求的既不是一种呵护体验,也不是创造性表达,而是一种暗示着阶级特权的、提升自我呈现的实用手段,正如我在第三章中所讨论的。购买专业美甲服务作为一种表明阶级地位的方式跨越了种族界限。此外,阶级因素在影响美甲样式和身体劳动期望上的重要性强于种族因素,这显现在黑人和白人中产阶级顾客相似的指甲审美上。像越城美甲店这样的常规型美甲店大多不提供艺术美甲,而专门为所有顾客提供基本的、传统意义上的女性美甲。

非洲-加勒比裔临床研究员梅尔娜评论道:"我每两个月才会做一次美甲。我不想沉迷于它。对于一些女性来说,这是一种仪式,它成了一项工作——维护细节什么的。我整天都在展示我的手,所以花一些时间和金钱来确保它们看起来很好是值得的。"梅尔娜认为修整过的指甲是一种职业资产,因此是一种阶级标记,而不仅仅是她的性别表达或种族身份。她的美甲样式及其被赋予的意义更接近上城和越城美甲店的白人中产阶级顾客的动机,而不像下城美甲店的黑人工薪阶级顾客的动机。梅尔娜和朱莉娅都表示出对简单便宜的美甲的偏好。因此,收入不高的黑人和白人女性都会光顾亚洲折扣店,这表明在决定谁选择这种常规形式的身体劳动时,阶级比种族更重要。美甲的样式和被赋予的意义也与高档美甲护理中心的呵护型、美甲艺术沙龙的原创和自我表达型截然不同。

虽然顾客往往看不见阶级在形塑他们的期望和他们想要的服务类型方面的重要性,但折扣店的美甲师和店主却敏锐地意识到阶级形塑了谁是她们的顾客及其所期待的服务。苏珊(越城美甲店店主)谈到指甲作为顾客的阶级标记的重要性,她评论道:"他们非常关心他们的指甲,因为那显示了他们是什么样的人。在韩国富人们都穿戴整齐——鞋子、包、妆容、头发。但在这里,即使富人也只是穿着T恤,不化妆——完全随意的风格。但是,如果他们做了美甲,就可以炫耀自己有钱或很时髦。"因此,这位店主把顾客对指甲的投资视为对阶级特权的主张。不幸的是,美甲师很难通过他们提供的平价美甲来兑现这项投资。高期望和低支付能力混合在一起,引起了顾客的不满,但他们却将对自己有限的阶级资源和美甲店的怨恨转移到美甲师或店铺经营者的种族上。

不被承认的种族和阶级划分也会影响顾客之间的关系。把亚洲美甲店视为污染物的恐惧不仅引发了对亚洲服务提供者的负面看法,也引起了对其他有肢体接触的亚洲企业的怀疑。越城美甲店吸引了各个阶级的顾客,让他们共处一室。不同阶级的顾客群体和街区的混合在顾客之间了产生了令人不悦的氛围,以至于店主必须作为中间人介入其中。有几次,我观察到顾客,特别是她们紧接在前一位顾客之后,要求美甲师更换器具或确保她们已经消过毒了。一位女士坐下来,低声地对美甲师说——试图不让她之前的顾客听到她说的话,"我觉得那个女人流了好多汗——这个座位又热又湿。我可以换到其他位置吗?"在一篇谈论亚洲美甲店问题的论坛帖子中,一位顾客公开地描写她旁边的女人:"她大脚趾上的伤口令人恶心,居然还好意思跑过来做足疗。我被冒犯到的主要原因是知道她泡完脚后,浴盆只是被擦了一下,而不是每来一个客户就消一遍毒。"① 其他顾客的身体有可能是脏的或危险的这一意识增

---

① 回应城市数据论坛的问题"有人在亚洲美甲店修脚/美甲吗?"摘自《快乐春天》(*Happy Spring*),2008 年 10 月 28 日,www. city-data.com/forum/fashion-beauty/446665-does-anyone-get-their-pedicures-manicures-3. html.

加了顾客对卫生操作的担忧和对美甲师的监督。这些对其他顾客的担忧在种族和社会经济多样化的环境中进一步升级。

除了管理身体接触外,折扣美甲店中的顾客还试图在对话交流方面限制与其他顾客的互动。在越城美甲店,一位年轻的白人女性坐在一位健谈的老年黑人女性旁边,黑人女性试着交谈,但白人女性脸上露出明显的不适感。苏珊注意到了这些情况,指派一名本要休息的美甲师来接待这位年轻女性。因此,不同背景的顾客之间的潜在冲突也需要店主和美甲师介入舒缓。

此外,美甲店不是独立于与其所在的社区而存在的。社区成员进到美甲店里来,有时会引发顾客和美甲师之间紧张的互动。一天下午,一个带着好几袋玩具、计算器、钢笔和其他小玩意儿的年轻黑人小贩进入越城美甲店贩卖他的商品。店主苏珊礼貌地向他打招呼,看着他的商品,考虑为她的儿子买一只小白狗玩偶,然后遗憾地说:"不,谢谢。"当小贩凑到一位年长的白人顾客身边,想让她买东西的时候,苏珊就把他赶走了。她避免与小贩发生冲突,但同时试图不冒犯顾客。他离开后,苏珊迅速走向被打扰的白人顾客,评论她的指甲,"你做法式指甲很好看。颜色与你的衣服很相配。"然后,她立刻招呼下一位正在等待的黑人顾客,告知她就是下一个。后来,当我向她询问起小贩时,她回答说:"如果我把他们赶出去,黑人可能会生气,但如果我让他们留下来,白人就不太喜欢了。"不管顾客是否真的会这样反应,苏珊是这么预测的,并采取行动来化解。从工薪阶级到中产阶级,不管是白人还是黑人,苏珊都要为他们提供服务,因而她产生了第二直觉,使她能够对不同顾客的情绪变化保持警觉状态。她在休息时会冲到后屋迅速抽上一两根烟,脸上写满了疲惫与焦躁。

常规型身体劳动包括安抚由提供平价美甲和管理店内中各种身体接触带来的紧张关系。这些因素累积了顾客对美甲店卫生条件的高度关注,也增加了店主和美甲师试图安抚他们的努力。在这种情况下,顾客对自身健康的担心远远超过对美甲店员工工作条件的担忧。当顾客们已经为自身的健康风险而发声,美甲师的工作条件该如何保障、化妆品制造商该如何监管,仍需要更多的关注。

谁的健康才重要?

"黄祸"话题将亚洲美甲师界定为污染源,无视了美甲师为他人提供的服务而导致自己的健康损伤。快速工作的压力使得美甲师难以遵守安全和健康的操作流程,这些操作流程保护的不仅是顾客的健康,还是他们自己的健康。常规型身体劳动满足了顾客对获得之前属于奢侈服务的情感和身体需求,尽管是大幅降级的形式,但这种工作可以转变为影响美甲师身体状况的、长期的工作条件。顾客们对自己的健康风险很敏感,但他们不太关心美甲师的健康状况。

当我让美甲师描述她们工作中最糟糕的事情时,几乎所有我采访过的人都提到工作时接触有毒物质。一位美甲师把对这个问题的回答总结为一个词——气味,萦绕在她的鼻子里,让她难受不已。几乎所有的女性都至少描述了流鼻涕和流眼泪的症状,而其他人则患有更严重的疾病,从偏头痛到慢性皮疹,再到呼吸道和消化道的问题。

除了来自指甲油的气味外,美甲师还会接触指甲油去除剂中的已知毒素,用在指甲片和延长部分的亚克力和胶水也有很多毒素;这些化学品包括邻苯二甲酸二丁酯、甲醛、甲苯、丙酮、苯、二氯甲烷、乙二醇醚,以及被禁但仍被使用的甲基丙烯酸甲酯。持续操作这些溶剂会使工人接触易致癌、过敏和/或对生殖有害的物质。一项研究发现,美甲师体内的邻苯二甲酸二丁酯含量是一般人群的2倍。[①] 2004年对纽约市美甲店员工的一项调查显示,37%有皮肤问题,37%患有眼睛过敏,57%有过敏症状,66%有颈部或背部的不适,18%患有哮喘。[②] 在一年之内,马萨诸塞州斯普林菲尔德越南裔社区工作的卫生保健人员范秋观察到32名在美甲店工作的女性患上哮喘、真菌感染和皮

---

① KwaPniewski et al. 2008.
② 职业安全与健康纽约委员会和韩国工人团体"赋权韩裔美国社区"对100名工人进行了调查(引自Greenhouse 2007a)。

疹,6名流产。①店主和美甲师都向我描述了与美甲店工作有关的职业健康问题:

我听说有人在怀孕时工作,然后宝宝就出现了一些问题。人们告诉她别工作了,但我觉得她应该是需要钱吧,她就认为这没关系。这家美甲店通风良好,我们打扫得很干净,但我仍然经常起皮疹和打喷嚏。(玛丽·李)

当然(它影响我的健康)!我的肩膀那里的筋很紧。我的右胳膊肘也有问题。(珍妮·朴)

在我们商店,我们不做亚克力,而且通风良好,所以比起其他地方好一些,但现在,在完成像贴片套餐或指甲包这样的大活儿后大约两个小时,我的鼻子就开始流血。我无法忍受指甲油的味道。(曹智媛)

啊,我的手。我醒来时手动不了,都僵硬了。(乔安娜·申)

旧金山湾区亚洲卫生服务中心的茱莉亚·刘,同时也是加州健康美甲沙龙联合会的创始人,描述了美甲店工作中的风险因素。虽然她主要关注加利福尼亚的越南工人,但她的评论适用于全国不同地区不同族裔的美甲师。"人们怀疑乳腺癌的发病率有所增加,统计数据显示越南女性的宫颈癌发病率更高。再说一次,很难说原因是什么,但在加利福尼亚州,59%到80%

---

① M. Chang 2005—2006:50.

的美甲师都是越南人。这些女性中的大多数都处于育龄期。"①正如加州健康美甲沙龙联合会在其宗旨里所称,"鉴于其职业性的接触、移民史、文化习俗、对健康风险缺乏认识以及有限的医疗保健机会,这一劳动群体的健康状况很复杂。"

  这种复杂的健康状况也是影响女性离开美甲行业的主要因素,促成了包含其他低工资工作(如进服装厂和杂货店)的循环就业路径。大多数女性认为在地位方面,美甲店的工作是这其中最好的选择(即便工资差不多),但许多人因为过敏和其他职业病干不了几年。正如这位美甲师所描述的,通常她们会离开去干其他工作,等她们恢复了,就再回来继续做美甲师。

  当我从一份工作换到另一份工作,伤病也会在我的身体里四处移动。当我在(服装)工厂工作时,它在我的脖子和肩膀上。当我在杂货店工作时,它在我的背上和腿上。当我(在美甲店时),它就在这儿(把手放在她的嘴和鼻子上)。我在火辣辣的太阳下面卖了一段时间东西后,它就来到了这儿(她摸着自己的头顶),我开始掉头发了!但我最担心的是我这里的健康——因为我不知道它有多糟糕,有时我只是觉得头晕——你无能为力。

  当被问及在美甲店中接触到化学品时,像克里斯汀这样的

---

① Julia Liou,来自作者的访谈,2007年8月8日。

顾客表达了对自己的而不是美甲师的健康的担心。她说:"胶水气味很糟,但我从未对它们产生过任何过敏反应。这只是个小麻烦,是你不得不忍受的麻烦。"接着我问她是否意识到这些气味对在这里工作的女人有负面影响。"你知道,实话说,我从没想过这些,"她紧张地笑着回答道,"这可能就是一件政治不正确的事儿吧,是吧?就像购买葡萄或什么的。"克里斯汀承认了经常光顾美甲店有政治不正确的那一面,也承认自己之前没有考虑过这些。

在一些情况下,顾客不仅不了解健康风险,而且还反对服务提供者用口罩和手套来保护自己。美甲店店主杰基·洪谈道:"我不用手套,但在做全套贴片时我会戴棉口罩。搓的时候粉尘太多了。现在顾客能理解戴手套和棉面罩,但当我第一次用时,她们问了我很多问题。她们会问我是不是生病了,或者认为我不想去碰她们而觉得被侮辱了。"同样,珍妮·朴说:"当我第一次戴上它们(口罩)时,她们(顾客)问我是否感冒了,说如果感冒了的话,就(该)回家休息一下。"

越城美甲店的顾客唐娜证实了当美甲师采取明显的自我保护措施时,顾客们不太愉快的反应:"她们应该做块标牌说明做了哪些消毒措施。这样会减轻担忧……我从来没有见过她们戴口罩或手套——我想如果我看见了的话,我会更担心我都吸进去了些什么,因为我并没有戴口罩。"她的评论暗示着,美甲师为保护自己的健康所做的努力会引起顾客的强烈反感,使顾客对自己的健康风险变得更加警觉。研究表明，手套可以保护美甲师免于皮肤刺激。①然而，因为意识到顾客对此很敏感，美甲师放弃了采取明显措施来保护自己的健康。这种敏感性可能正在缓慢变化，因为牙科和医疗专业人员现在通常都使用口罩和手套。然而，美容服务的规范转变较慢，因为呵护服务的风气甚至在折扣店里也持续存在。

国家法规更重视对顾客而不是美甲师的职业安全与健康的保护。亚历山德拉·戈尔曼·斯克兰顿是研究报告《光鲜之下：美甲店中与有毒物质接触相关的健康危害》的作者之一，也是地球妇女之声组织（发起化妆品安全运动的几个团体之一）的科研主任。她解释说："确实缺乏能够保护美甲店工作人员接触化学品的法规。这意味着对美甲店的检查（通常是少之又少）很少涉及化学品接触的问题。重点往往更多地放在感染控制上，这确实很重要，但并不是美甲店里唯一的健康危害。"因此，戈尔曼·斯克兰顿指出，即便增加监管，也更有可能是针对保护顾客减少感染的做法，而不是解决美甲师接触有毒物质的问题。②

---

① Roelofs 等，2008。
② 亚历山德拉·戈尔曼·斯克兰顿（Alexander Gorman Scranton）2007 年 8 月 8 日给作者的电子邮件。2007 年 3 月，地球妇女之声（Women's Voices for the Earth）组织和其他 11 个环境与健康团体联名发布了一份名为"光鲜之下"的报告，聚焦于努力阻止使用危险的化学品，例如由美国美甲店的主要产品供应商 OPI 生产的甲苯、甲醛和邻苯二甲酸二丁酯。见地球妇女之声组织（2007）。

简而言之,美甲师的健康不如顾客的健康重要。此外,对美甲店受人关注、引发负面的刻板印象的担心会分裂美甲师和店主,正如美甲师实施安全美甲程序的努力会受到店主希望淡化健康风险、增加客流和利润的意图的影响。幸运的是,各种团体正在组织起来呼吁解决美甲店的工作条件和接触有害物质的问题。然而,这些提升美甲店工作环境的努力必须把握好尺度,在不助长亚洲折扣美甲店的负面刻板印象的前提下来讨论这些问题。

推动美甲师职业健康的倡导

"这就像是现代版的DDT故事①——它类似于农场工人之前的经历。"茱莉亚·刘说。她参与创建了加州健康美甲沙龙

---

① DDT,二氯二苯三氯乙烷(Dichloro-Diphenyl-Tricgloroethane)。20世纪50年代,马来西亚婆罗洲的达雅族聚落里爆发了非常严重的疟疾。世界卫生组织在当地喷洒了大量的DDT,杀死疟蚊来控制疟疾。虽然疟疾最终得到了控制,但是DDT带来很大的副作用,引起一连串的生态连锁反应:DDT同时也杀灭了当地一种吃毛毛虫的寄生蜂,结果导致毛毛虫泛滥。这种毛毛虫以吃茅草为生,而当地人的屋顶都是用茅草铺垫的,毛毛虫猛吃,结果就导致他们的屋顶都垮了。更糟糕的是,当地的壁虎吃了那些被DDT毒杀的昆虫后也大量死亡。而人们养的猫吃了死壁虎,也纷纷中招,几乎死绝。这就导致当地的老鼠成灾,由老鼠传播的鼠疫和斑疹伤寒又在当地流行,造成大量病患死亡。最后,世界卫生组织请求驻扎在新加坡的英国皇家空军,在当地空降了1.4万多只猫去灭鼠……这估计是有史以来数量最多的猫空降军了。这个故事在20世纪60年代非常流行,在美国幼儿园,这个故事甚至还被改编成儿童剧。——译者注。

联合会,一个由25个组织组成的联盟,专注于美甲行业的政策研究、外联和教育。该联盟采取多管齐下的方式,重点是"让制造商负起责任"。联合会认识到并指出了不安全的卫生措施引发的问题,但也强调了制造商使用有毒化学品以及联邦和州政府对此缺乏监管,带来了对顾客和员工都有害的美甲店环境。[1]

最近,美国在监管化妆品中邻苯二甲酸盐以及其他化学品的使用方面取得了进展,但缺乏全面的监管和执法的问题依然存在。[2]马萨诸塞州职业安全与健康协会的环境工程师理查德·拉宾说:"OSHA(美国职业安全与健康管理局)并没有覆盖许多风险,主要是因为在他们的监管之下……还有一些担忧是针对那些OSHA没有规定的化学品的。"[3]也有人担忧行业自身的化妆品成分评论影响着标准的制定。[4]在这种松懈的监管背景下,联合会一直致力于让更多的人关注到美甲店员工,因

---

[1] 茱莉亚·刘,作者访谈,2007年8月8日。参与合作的有来自洛杉矶和旧金山湾区的美甲店店主和员工,以及一系列其他组织,包括著名的亚裔美国社区组织(亚洲卫生服务、亚洲法律核心组织和全美亚太裔美国妇女论坛)、公共卫生相关组织[乳腺癌基金、洛杉矶社会责任医师协会、环境行动小组(妇女地球之声)、劳工权利小组和工会(食品和商业工人联合会),以及政府机构(美国环境保护署第9区和加利福尼亚卫生服务部环境和职业健康部)]。

[2] 作为对组织和宣传努力的回应,加州在2005年通过了《加州安全化妆品法》(加州公共卫生部,2007年),在州监管方面走在了前列。在国家层面,环境工作组(2007—2009年)写道:"2008年7月,由于来自EWG和其他健康组织的压力,美国国会通过了一项立法,禁止在儿童玩具和化妆品中使用六种邻苯二甲酸酯(phthalates)。"

[3] M. Chang 2005—2006:50.

[4] 见 M. Chang (2005—2006),Sole-Smith (2006)。

为他们是在接触有毒物质的最脆弱的人群。与此同时,它采用了在工人、店主和顾客之间建立联盟的战略,以应对三者都面临的健康威胁。刘说:"我们不想吓唬人。关于美甲店已经有很多负面宣传,他们不想吓跑顾客。这是他们的生计,因此我们将其推广为'安全操作对您的生意更有利。这对每个人都好'。"刘承认,改进美甲店工作条件的努力是在一个敏感的环境中进行的,在这种环境中,亚洲美甲店的潜在负面文化再现很容易被触发。①

  身体劳动的视角阐释了工作本身,特别是亲密的身体和情感接触过程,如何引发了对这些服务的焦虑,这种动态使美甲行业的组织策略更加复杂化。主要由亚裔美国社区团体所领导的各种组织已经开展运动,在认识到潜在的对亚洲美甲店的抵制的同时,将顾客的公共健康与工人的职业安全健康关联起来。这些努力包括与美甲店店主和美甲师进行拓展活动和参与研究,与联邦、州、地方政府以及社区组织和当地商业界建立伙伴关系。2007年,这些团体联合起来组建了国家健康美甲沙龙联盟,该联盟有效地向化妆品公司施加压力,要求他们从产品中去除甲苯、甲醛和邻苯二甲酸二丁酯这三种有害物质,并开展建立"绿色沙龙"运动。这些努力指出并公布了在美甲店里保护美甲师和消费者的最佳做法,并且大大提高了全国各地

---

① 来自对刘的采访。

社区对此的认识。①

即便美甲师清楚地知道这些做法,但如果这样做可能让顾客或老板失望,他们就很难遵循这些最佳做法。美甲师知道,在她们应该做什么和实际能做什么之间往往存在很大的差距。例如,亚洲法律核心组织和加利福尼亚大学旧金山校区的社区职业健康项目已经公布了美甲师保护自己和顾客免受感染的指导意见,包括戴手套、经常洗手和使用消毒工具。此外,如果顾客流血,他们还推荐了更精确的步骤:"给顾客一个棉球止血;用棉签沾上止血剂;要求顾客扔掉棉球;如果你的皮肤上有血迹,请立即用肥皂洗手。"②

这些程序看起来很简单,但在曼哈顿一位经验丰富的美甲师、37岁的朱莉·书看来,在工作场所实施这些步骤很困难:

> 戴上手套的话,顾客感觉不好,所以我不戴……大多数(美甲师)都不戴手套。只在使用大量化学品时才戴。我也不戴口

---

① 作出这些努力的组织包括国家亚太裔美国妇女论坛(国家办公室和耶鲁分会)、地球妇女之声、加州POLISH(安全和健康参与性研究、组织和领导倡议)、波士顿公共卫生委员会的安全美甲沙龙项目、休斯敦的美甲沙龙项目、俄勒冈健康美甲沙龙合作组织、马萨诸塞州洛厄尔大学减少有毒物质使用研究所、反亚洲暴力委员会纽约女工项目,以及与金县、环境正义社区联盟和美国环境保护10区合作的南西雅图环境联盟。关于消除邻苯二甲酸二丁酯、甲醛和甲苯的努力,请参阅国家健康美甲沙龙联盟的报告,"逐步淘汰'有毒三重奏'",2009年5月,www. womenandenvironment. org/campaignsandprograms/SafeCosmetics/campaignsandprograms/SafeCosmetics/nail_report. pdf.

② Asian Law Caucus 2005:8—9.

罩,但有些人戴,因为锉屑会进到空气中……老板不喜欢你接待熟客时戴着口罩……她希望你能和顾客交流……在黑人和西班牙裔社区里,人们会更多戴上口罩,因为他们做很多的指甲贴片,但我工作的地方主要是修指甲。如果没有人戴口罩或手套,而你是唯一一个戴着的,就会很奇怪。

我让她指出她工作中最困难的部分。"我担心我会让顾客流血,"她回答道,"做了5年的人仍然把顾客弄伤,这让我惶恐……如果你弄出血了,顾客真的会很不高兴。你就得不停地道歉,还要照顾好他们……你不能为了那么少量的血而戴上手套。为了节省时间,你必须擦掉血,然后扔掉。我从来没有听说有人感染过疾病,但我担心。我有家和孩子,所以这是我最担心的事情。"像朱莉这样的美甲师,不是不想采取措施保护自己的健康,而是必须回应顾客的身体和情感需求,即使这意味着将正确的卫生步骤和自身的健康保护置之脑后。

美甲师采取措施保护自己及顾客的健康的能力挑战了美容服务的精神,后者致力于创造一个毫无问题的绿洲,而不是引起人们的关注。因此,有组织的行动面临着这样的局面——顾客拒绝承认有毒产品的危险,更不用说愿意参与应对这些问题的组织集体行动了。乔伊·奥纳斯是马萨诸塞大学洛厄尔分校"减少有毒物质使用"研究所的社区项目经理。她描述了提高对美甲店里化学品接触的公众认知的努力如何遭遇了公众普遍缺乏对监管有毒消费品的认识的挑战:"我不想以偏概全讨论全体美国公众,但是可能他们不太了解有毒物质,这不仅仅存在于个人护理产品中,而且存在于杀虫剂、清洁产品、钓鱼铅坠子等产品中。各种各样的产品都会导致人们接触有毒物质。人们可能还有一种虚假的安全感——认为政府在保障他们的产品是安全的,但事实并非如此。"①总而言之,美国化妆品行业缺乏监督,而公众对此却是普遍无知甚至否认的。美容服务行业的成功依赖于为顾客创造轻松无忧的体验,从而使店主、员工和顾客难以识别潜在的健康威胁并采取行动。此外,潜在的"黄祸"话语成为这些美甲店遇到任何问题时的一个简单的默认解释——责备亚洲人不洁,而不是责备产品和制造商不安全。

美甲店的劳动组织

顾客、制造商和监管机构并不是忽视工人健康唯一的过错方,一些店主也没有重视健康和安全的工作条件。由于店主经常要求美甲师快速工作,美甲师很难遵循耗时的消毒和清洁步骤。因此,职业安全和健康问题与美甲店的工作条件和劳工权利密切相关。身体劳动和常规型服务之间的动态平衡是如何

---

① 乔伊·奥纳斯(Joy Onasch),作者访谈,2007年8月16日。

影响劳工组织倡导行动的呢?

劳工权利组织者成功地动员并代表美甲店员工反对店主。一些组织代表美甲店工人处理拖欠工资的案件。2006年1月,亚裔美国人法律辩护和教育基金(AALDEF)与美韩教育服务中心的韩裔美国社区增能项目(YKASEC－Empowering the Korean American Community)合作,支持来自纽约法拉盛的美甲店员工,赢得17500美元的拖欠工资补偿。2006年7月,美国劳工部以违反联邦公平劳工标准法案为由,为纽约市六家美甲店的152名员工讨回了222036美元的欠薪和利息。①

据布伦南司法中心2007年的一份报告称,"美甲部门近年来发展迅速,也有着最常见的违反最低工资和加班规定的行为。"②对于法律规定的休息时间,美甲店大部分也只遵循宽松的协议。③皇后区的一位美甲师告诉我,"我不知道哪家店会在每天规定时间里给你一个小时休息。有时我们必须在10分钟内吃完饭,这取决于生意忙不忙。有时生意太忙了,老板甚至不会告诉你可以休息,你只能一直工作。"许多工人抱怨不规律的用餐和休息时间,不健康的工作条件,包括接触有毒化学品,

---

① 美国劳工部(U. S. Department of Labor) 2006.
② Bemhardt, McGrath and DeFilippis 2007.
③ 依照第二种说法,据《纽约州劳动标准法》(*New York State Labor Standards Act*)第162条规定,工作时间超过6小时的员工有权享有30分钟的用餐时间;晚上7点以后工作的人(就像许多美甲师一样)有权享有另外20分钟的用餐时间。见纽约州劳工部,www. labor. state. ny. us/workerprotection/laborstandards/employer/meals. shtm。

工资低，以及没有加班费。

可以代表美甲师进行倡议的族裔商业协会倾向于淡化劳工权利和接触有毒物质的问题。伊斯特是长期在曼哈顿工作的韩国美甲师，当我问她是否参加过任何美甲行业组织和族裔社区组织，或者它们是否以任何方式帮助过她时，她哄笑起来，"他们不关心像我这样的人——他们只是想帮助店主赚更多钱……多年来他们都知道这对我们的健康不好，但是他们不想把它作为一个问题，因为店主不想让公众知道。"伊斯特指出店主和业界代表担心负面舆论，事实上，他们可能会投入更多的钱掩盖接触有毒物质的问题，而不是改善工作条件。全美亚太裔美国妇女论坛耶鲁分会的副主席米歇尔·黄告诉我，一些美甲店店主犹豫是否参与她的组织在纽黑文的倡议工作。她的团队通过赞助关于接触有毒物质和如何减少危害的工作坊，开展起与美甲店的拓展工作。虽然她认为拓展很成功，但她也指出了她的组织在提升参与度方面遇到了障碍和限制：

店主和员工每天都试着尽量增加客户量，在某些情况下，这可能意味着他们会使用丙酮指甲油去除剂，因为它比无丙酮产品起效更快。我们发现店主们（关于在他们的店铺中开展工作坊）有点犹豫不决，因此我们没有机会与他们合作……我们也不知道他们是否已经努力改用其他毒性较低的产品。这些替代产品目前没有那么容易获得,而且更昂贵。①

正如黄所指出的,使用更安全的产品和做法成本很高,不应该由店主独自承担这些成本。为了减少接触有毒物质,制造商必须承担开发和营销安全且价格合理的产品的责任,顾客也必须愿意为此付费。

亚历山德拉·戈尔曼·斯克兰顿进一步阐述了界定美甲店中健康问题的微妙性,以免把责任单独归咎于店主、员工和店铺。他说:"为了吸引美甲店员工和店主,我们发现,最好不要说得好像在把(使用含有毒化学品的产品的)责任归咎于他们。我们也发现如果言辞中暗示着去美甲店对消费者很危险,会遭到抵触。我们发现成功的言辞的关注点是在化学品本身以及制造商确保其产品安全使用的责任上。"②亚历山德拉·戈尔曼·斯克兰顿强调了不责备美甲店店主和员工的重要性,表明他意识到这种责备会阻碍顾客光顾这些场所。提高消费者的认知很可能直接导致他们对这些美甲店的抵制,而不是推动更好的产品、工作条件和监管。

有一种倾向是责备亚洲美甲师应该为客户和自己的健康问题负责。这体现在行业代表、开办了美丽艺术化妆学府

---

① 米歇尔·黄(Michelle Wong)给作者的电子邮件,2007年7月29日。
② 戈尔曼·斯克兰顿写给作者的。

(beautytech.com)①的黛比·多尔拉姆身上,她告诉公众:"那些会生病的技术人员通常是东方背景的女孩。她们没有受过良好的训练,没有接受教育,而且工作习惯很差。"②因此,关于美甲店健康和安全的辩论揭示出"黄祸"的暗流,可能会导致公众对亚洲人开办的美甲店的强烈反对,转移对制造有毒产品和侵犯职业安全和劳工权利的行为的关注,反而批评美甲师要为这些问题负责。

美甲店成为经济威胁

尽管被认为是对公共健康和安全的担忧,对亚洲折扣美甲店的批评往往掩盖了对经济竞争的潜在担忧,体现在吸引顾客和保护就业等方面。美甲师和更宽泛意义上的美容师传统上是由本土的黑人和白人女性担任的。③ 现在这些职位越来越多地被亚洲移民占据,但这是否就意味着移民从本土的美国人那里抢夺了工作呢?

移民对本土美国人就业前景的影响是当前移民政策辩论

---

① 美丽艺术化妆学府 beautytech.com,集产品供应和美容教学为一体的网站,也有香港分站,其网站上宣布的使命是成为客户的首选供应商,提供包括不断更新的最新家居美容设备产品,并高效、经济地为客户提供令客户完全满意的服务。——译者注

② Sole-Smith 2007.

③ Willett 2000 and 2005;Harvey 2005;Peiss 1998.

中最有争议的问题之一,它在关于折扣美甲店的"黄祸"话语中引起了反响。经济学家玛娅·费德曼、大卫·哈灵顿和卡茜·柯琳斯基将这个问题抛到美甲行业,将其重新表述为:"移民取代当地人还是寻找新的美甲客户?"1987年至2002年间,费德曼及其同事在加利福尼亚州对越南美甲师的案例研究中发现确实发生了替代的情况,但主要是因为当地人越来越少地进入这个领域,而不是因为被赶出了现有的工作岗位。此外,大量就业机会的产生也会抵消这种变化。一些非越南人离开了美甲行业,但是因为当地人更有可能将美甲师的工作视为临时工作,因此尚不清楚多大程度上这样的替代本来就会发生。费德曼、哈灵顿和柯琳斯基表示"越南移民和当地人不竞争固定数量的工作",而且"大部分替代都源于越来越少的非越南人选择进入这一行业,而不是那些已经从事美甲工作的人退出得越来越快"。①费德曼及其同事聚焦在越南人开办的美甲店,但他们的研究结果表明,亚洲人从美国本土人手里抢走工作的认知往往是错误的。他们的研究说明了公众舆论与学术研究之间常见的差距。公众舆论指责移民抢走了工作,学术研究则一直反

---

① 费德曼,哈灵顿,柯琳斯基(2006:315)。他们的研究发现,越南人似乎"对这个职业更投入",因为在六年后离开这个行业的越南人比仅在两年内离开该行业的越南人少得多。我在纽约对韩国美甲师的抽样调查与他们的发现是一致的,因为我的大多数受访者已经在美甲店工作了六年多,并预计继续从事这项工作至少五到十年。

驳移民对当地人就业前景具有重大的负面影响。①

对竞争的担忧也是引起关于监管美甲店,尤其是对韩国美甲店的争论的因素之一。在第一章中,我讨论了缺乏监管如何为韩国移民女性提供了机会,在这一缝隙市场形成初期就进入其中。然而,自1994年以来,这种开放性进入受到新的法律的严格限制,这些法律要求250小时的认证培训才能获得"美甲专业"执照。实施严格的规定据说是出于对健康和卫生的担忧,但正如闵平岬所指出的,"许多美甲师在母国都是护士和老师⋯⋯卫生对她们来说并不陌生,也不是对韩国企业的抵制中的真正问题。"②《克莱恩纽约财经报》的一篇文章列举了关于监管驱动力的两种不同的观点,一种由曾担任纽约州形象提升咨询委员会代表的辛西娅·安提出,另一种则由副国务卿詹姆斯·N. 鲍德温提出。

"我感觉,"(安)说,美国美容院"觉得他们把生意输给了"韩国人,觉得"他们需要一些保护,让生意(对韩国人来说)变得非常困难"。但是(鲍德温)说,纽约州(the state)在过去8到10年间一直在研究整个美容领域——早在韩国美甲店成为一个考虑因素之前——着眼于更新已经过时的要求。"我们愿意与

---

① 关于移民对本地工人就业前景影响的其他研究包括 Espenshade and Huber (1999); Fix and Passel (1994); Massey, Durand, Malone (2002); Massey and Taylor (2004); Smith and Edmonson (1998).
② Wurdinger 1992: 42.

他们(韩国美甲店店主)和立法提案人合作,特别就他们的情况制定修正案。"他说。①

很难证明来自韩国美甲店的竞争是推动监管纽约美甲店的主要动力。然而,正如鲍德温所指出的,该州近十年来一直在考虑监管问题,但在韩国美甲店扩散之前并没有实施。无论推动监管的实际原因是什么,一些韩国美甲店店主和代表都强烈地认为这些监管是由于担心他们美甲店的竞争力而引发的。

一份名为《纽约市在扼杀企业家精神吗?》的报告认为,这种严格的美甲师执照是误入歧途的,这相当于要求餐馆里的每个服务员获得执照,而不是重视对餐馆本身的检查。此外,报告还谈到对少数族裔主导的缝隙市场的要求不同,例如成为美甲技师需要250小时,成为持证的头发编织者需要900小时,相比之下,成为持证的急救医疗技术人员仅需要116小时,而成为被允许使用致命武力的安全警卫只需要47小时。该报告的结论是,对美甲师和其他移民主导的服务市场的高度监管阻碍了就业,为那些已经在类似服务市场(如美容院)就业的人提供了不公平的竞争优势,而且往往不是为了保护公共利益而实施的。②虽然我不同意该报告的自由主义立场,即原则上应该限制国家干预,但我同意监管往往反映的是公共健康和安全以外的

---

① Cited in Retkwa 1993.
② Mellor 1996.

利益。执照和检查可以成为保护顾客和员工的重要途径，但也可以限制和恐吓小企业中的移民。

类似的担忧——州监管机构已将它们的美甲店作为执法目标——也在加州的越南人中滋生，在他们的案例里是关于美甲店的价差。奥克兰亚洲生殖正义社区的拓展组织者阮翠英指出，检查员往往对越南美甲店员工过度惩罚，而不是与店铺合作以改善健康条件。她说："因为店主的违规行为而处罚员工是不合理的……许多员工努力工作，每月只能挣300美元，每次违规都被罚款1000至2000美元，而且他们还不知道被罚的原因。"阮进一步指出，缺少越南裔检查员和越南语的书面材料构成了越南美甲店遵守州规定的另一个障碍。①

2008年11月，加州理发与美容委员会的一个公共评论会在洛杉矶举行。其间，越南社区的一些成员表达了他们的观点，认为针对越南美甲店的检查过程严厉甚至带有歧视。会议记录里写道："梅费隆(Phi Long Mai)表示在检查期间他受到粗暴对待，被当成罪犯一样。他注意到他的顾客非常害怕。他感觉受到了检查员的歧视……观众中的凯文·阮赞同需要遵守规则和规定……他认为检查员不礼貌且歧视他们，因为他们的母语不是英语。他认为检查员应该在开罚单的同时也提供教育。"委员会成员回答说："他们非常认真地对待这些问题。"并

---

① 阮翠英(Trang Nguyen)，2007年8月15日给作者的电子邮件，以及2009年11月11日的访谈。

敦促那些认为自己受到不公平待遇的人提出申诉。① 这些讨论不一定证明了存在一种歧视的模式，但确实揭露了在监管方面，国家官员与亚洲美甲店——此处为越南美甲店——之间的紧张关系与分歧。

本研究中的一些顾客也认为在批评亚洲美甲店的背后是对经济的顾虑。越城美甲店的顾客托尼分享了她的经历，关于一位美容院老板的负面形象：

> 我过去经常去这家美容院做美甲，但他们就是没有做好工作，而且经常要我等。老板一定注意到我已经不在那里做指甲了，所以当我进去做头发时，她就责问我为什么不做指甲了。实际上她非常粗鲁，告诉我韩国店不卫生，我可能会染上真菌……我很清楚，她对顾客流失到韩国美甲店怀恨在心。

虽然托尼本人对这些美甲店的卫生操作很警惕，但她认为美容院老板批评亚洲美甲店的卫生操作，很少是出于健康问题，而更多是出于对商业竞争的担忧。其他几位顾客也表达了类似的观点，其中一位说：“很明显，美容院不喜欢这些美甲店。”

除了对竞争的担忧之外，顾客指出的"黄祸"刻板印象在经济层面的另一种表现，集中在令人反感的商业行为和亚洲人受贪婪驱使的刻板印象上。便捷美甲店的顾客简说：

---

① 美发美容委员会（Board of Barbering and Cosmetology）2008.

我不想落到那些可怕的亚洲刻板印象中去。讨论这些事情很难，但有一种刻板印象，认为他们在商业上很冷酷，而且有时候他们会强行催着你消费。他们太书呆子气的刻板印象主要用在孩子身上，但这种无情的刻板印象我认为跟企业有关。然后，如果人们有了这种看待世界的方式，他们会在任何地方找到证据。我尽量不把事情归咎于一个人的传统——如果一个人令人不快，他就是一个让人不愉快的人。但陷入这种思维方式比我愿意承认的要容易。他们可能认为我们是荒谬和懒惰的，我们甚至不能给自己做好美甲。

根据简的说法，她认为美国人对亚洲人最流行的刻板印象并不是勤劳的模范少数族裔或成就卓然的学生，而是"商业上的无情"。她的评论与亚洲人是"财迷的外国人"的看法相呼应，揭示了对"黄祸"恐惧的另一个层面，聚焦在残酷的竞争性而不是污染。虽然刻板印象的实质可能不同，但最终结果是相同的，因为污染和竞争的主题巩固了亚洲人令人讨厌的看法。

小　　结

事实上，亚洲移民并没有"偷走"本土美甲师的工作，而是取代了那些离开的人，同时还扩大了这个缝隙市场的工作数量。尽管如此，正如许多关于当代移民的辩论一样，移民的实际经济贡献得到的关注远远少于他们被认为的、对经济和文化的负面影响。在反移民和反亚情绪的氛围中，"黄祸"话语很容易被点燃。这些环境要求美甲师不仅要提供快速、廉价的美甲服务，还要减轻负面的种族刻板印象。然而，她们的工作条件使其难以改写这种持久的、认为亚洲人是污染物的潜台词。

顾客把对一个亚洲美甲师的不满推广到对整个亚洲美甲店的谴责，这种趋势在其他种族和族裔群体主导的服务机构中看起来荒谬可笑。与一个意大利服务员的糟糕相处经验会导致顾客抵制所有的意大利餐馆吗？或者对一个瑞典按摩治疗师的失望会导致大规模解散此类机构吗？正如我已经讨论过的，"亚洲人"这个名称与美甲店关联在一起，不同于意大利食物的族裔基础，也不同于有特定按摩技术的"瑞典人"。相反，即便顾客和美甲师可能不这么认为，但几乎没有什么与美甲相关的内容从本质上来说是亚洲的。将种族含义赋予某些类型的商业机构和商业实践的趋势在亚洲人或其他少数族裔群体中比在白人族裔群体中更为普遍。①

虽然一些美甲师和美甲店没有遵守恰当的步骤，但美甲店的健康风险被更大的力量放大了，包括制造商在产品中使用有毒化学品，监管机构注重惩罚而不是教育美甲师，店主要求偷

---

① 关于个人和群体被种族化的不同方式以及白人和非白人之间的对比，见 Bonilla-Silva and Doane（2003），Chou and Feagin（2008），Sullivan（2006）。

工减料，客户期待快捷低价的美甲等。此外，"黄祸"话语加剧了对亚洲美甲师和亚洲美甲店整体的不信任，导致人们指责其让美甲降级、将美甲变为不卫生的交易。再举一个食品服务行业的例子，这相当于将被污染的一餐完全归咎于上菜的服务员，而不考虑餐馆的管理或食品本身的生产和加工问题。同样，折扣美甲店的常规型美甲服务反映了与整个行业相关的更大因素，这超出了个体美甲师或店主的掌控范围，尽管店主在侵犯劳工权利方面需要负起更大的责任。

近年来，许多社区组织已经动员各种力量提高亚洲人开办的美甲店中的健康和安全标准。这些努力重要且令人鼓舞，特别是他们采取多管齐下的方法来处理各种问题，包括劳工权利、对有毒化妆品的监管以及针对服务提供者和顾客的公共教育等。不幸的是，常规型身体劳动中情感和身体亲密关系往往会破坏而不是鼓励这些为了美甲桌两旁女性的共同利益的公共运动。与其将已很脆弱的移民女性员工当作替罪羊，顾客也可以发出自己的声音以保护自己，同时维护美甲行业的健康和劳工标准。然而，正相反，顾客更多的是将个体店主和员工以及亚洲美甲店的做法挑出来，调动种族刻板印象，指责他们没有创造好的工作环境，也让自己深受其害。

结　　论

美甲有什么价值？

六名抗议者站在曼哈顿一家美甲店前，手里拿着皱巴巴的纸板标牌，上面写着："嘿，美甲广场！女工应该有权休息"；"血汗工厂并不迷人"；"不戴手套，不敷面膜，不修脚！"

他们是几个不同组织的代表，聚集起来支持被解雇的美甲师金都艺（苏珊）。金都艺提起诉讼，指责美甲店不给休息的时间,也不支付加班费。① 尽管有抗议者,许多顾客还是越过他们的队伍进入美甲店。两名衣着考究的白人老年妇女带着紧张的微笑紧挨着离开了美甲店。一名抗议者喊道:"不要支持这家店——她们不尊重工人的权利。"其中一个顾客喊道:"那不是真的。她很照顾我们。她很好。"抗议者反驳道:"她对你很好,但对工人不好!你只关心你的指甲,你并不知道里面都发生了什么!"顾客喊回去——"不,我们知道!"——然后匆匆离去。后来,另一位女士,这家店的前顾客,正好路过,评论道:"看到这么多人还在那里,我真的很惊讶。这是上西区,我们以自由闻名,有一大堆希拉里的支持者。我们以支持弱势群体著称——工会、教师——我猜人们是喜欢她们的美甲师,所以才愿意无视抗议。"

在这里,美甲交易中蕴含的身体和情感上的亲密感转化为顾客对特定美甲店老板和美甲店的忠诚,超过了对劳动权利的关注。在其他情况下可能不会越过抗议队伍的女性愿意这样做,是为了在熟悉和舒适的环境中得到喜欢的美甲师的照顾。

---

① 来自参与式观察笔记。2007 年 8 月 11 日,在阿姆斯特丹和曼哈顿第六十七街的指甲广场发生抗议活动,这次抗议是 2007 年秋季开始的"美甲沙龙工作者伸张正义网络"(Justice Will Be Served Nail Salon Workers Network)运动的前身,由全国反血汗工厂动员(National Mobilization Against Sweatshops)、华裔职工协会(Chinese Staff and Workers Association)和 318 餐馆工人工会(318 Restaurant Workers' Union)资助。根据传单所写,这场运动呼吁:"(1)为美甲广场的工作者伸张正义;(2)城市——为美甲店工作者的研究和治疗项目提供资金;(3)保护美甲行业工人的政府法规。"

正如在这个例子中，身体劳动的交易经常模糊、掩盖并合理化了工作场所内的不平等，并对组织化运动造成障碍。与此同时，这些依恋关系使得更换服务提供者变得困难，这也增加了这项工作的价值，并为美甲行业的积极变化提供了动力。

我们用什么算法来确定美甲的价值呢？我们是否仅仅依靠它在大众市场的交换价值和供求法则来合理化它的低价？如果不是，应该加入哪些其他因素来确定这种服务的价值？一旦我们确定了它的价值，我们可以采取什么行动来确保它在合适的工作条件下获得合理的报酬？美甲店的顾客、美甲师和老板之间的关系如何阻碍或支持了工作条件的改进？我希望这些问题能让我们停下来想一想。在本书中我试图说明，正如移民和女性所从事的众多服务工作，美甲工作构成了一系列经常不被承认、不被补偿的服务。当这些服务被分解成不同的组成部分，它们的价值和重要性要比目前所认可的要大得多。

在本书中，我举了很多美甲师的例子，在护理顾客指甲的过程中，她们提供从按摩、老年人护理、青少年咨询、社区外展到缓解顾客压力等各种服务。即使只加入一小部分上述服务的预计成本，那美甲价格也会大幅上涨，远超过目前最昂贵的美甲收费。美甲不是一种微不足道的美容嗜好，而是一种复杂的社交互动。在第一章中，我展示了这项服务如何在本地和全球性的动力中涌现，这些动力将陌生人聚集在一起，进行亲密的身体和情感接触。第二、三章中，我重点关注了身份的再定义,或者说是顾客和美甲服务提供者通过身体劳动的交换来进行"修饰"。在随后的章节中,我深入研究了美甲工作的本质,聚焦于其身体和情感维度及其对种族话语和关系产生的后果。在结论部分,我旨在将这些发现综合起来,为这一服务市场的关系改善和工作提升指明方向。

购买美甲服务使女性陷入了复杂的关系中,这些关系正处于更大的社会系统中,包括性别化就业、种族等级、阶级不平等和全球移民浪潮。对顾客来说,每周或每两周去一次美甲店可以缓解她们生活中遇到的一系列挫折带给她们的压力,包括从无法达到的美丽标准、平衡工作和母职身份的挑战,再到教育和职业发展的障碍。女性顾客佐证她们从美甲中获得了各种各样的个人提升,从外表的改善、自尊的增加,到工作、社区和人际关系中地位的提高。然而,这样的插曲,尽管令人愉悦,却很少转化为对提供美甲服务的女性的理解或感激。

性别化的身体劳动存在不同形式,这表明,女性栖身在不同的身体和社会世界中,并把这些带到美甲中,从而形塑了美甲的条件及其社会意义,这些条件和意义与性别相关但不限于此。对美甲师来说,无论是老板还是员工,这份工作提供了她们在一级劳动力市场(primary labor market)难以获得的就业和经济流动的机会。这份工作还提供了同事间的平等合作、一种社群感,以及一种经济和文化同化的工具。与此同时,她们所从事的身体劳动让她们付出高昂的情感和身体代价,影响着她们的身份、家庭和融入新的国度的条件。为了提供这些服务，美甲师进行着高体力强度的工作，这带来了各种与职业健康相关的风险。此外，她们进行高强度的情感劳动，尤其体现在身体接触和语言文化差异方面的沟通协商。作为老板，她们将所有积蓄投资于这些风险越来越大、回报越来越低的企业，同时牺牲了对家人的陪伴和照顾。作为员工，她们长时间工作，通常没有休息，收入过低。

反过来，无论是从个人还是国家的角度，我们如何对待这些提供服务的人？美甲师提供的服务与对她们获得的感激和尊重之间的差距，是移民的贡献与其被接受程度之间的巨大落差的又一例证。虽然新移民的到来提升了一系列服务和物质产品的可及性和可购性，但却遭遇了越来越强烈的对移民的抵制。根据林恩·藤原（Lynn Fujiwara）"新本土主义"的提法，"过去十年里（20世纪90年代），反移民情绪和言论，奏响种族主义敌意，坚持要为'美国人'拯救美国"①。这种反移民言论引发了一些立法行动。1994年加州选民通过了第187号提案，也被称为"拯救我们的州"的倡议，该提案禁止向无证移民及其子女提供包括教育、福利、医疗等公共服务。尽管后来被宣布违宪，但这是愈演愈烈的反移民立法浪潮中的第一枪。1996年《个人责任和工作机会法》在联邦层面呼应了第187号提案的诸多方面，规定公民身份是获得除紧急服务之外的任何公共福利

---

① Fujiwara 1998：62.

的条件(尽管如此,大量无证移民也被拒绝提供紧急服务)。同年颁布的《非法移民改革和移民责任法》加大了在美国获得政治庇护的难度,并惩罚那些支持或雇用无证移民的人。2001年9·11事件后,移民身份与恐怖主义混为一谈,反移民狂潮急剧升级。2001年《美国爱国者法案》扩大了政府未经正当程序对居民进行监视和拘留的权力。这不仅适用于非公民,也适用于公民,并允许广泛和专断的排斥和驱逐。[①] 2007年3月6日,在马萨诸塞州的新贝德福德,300名联邦特工突袭了一家承接美国政府国防合同制造军用背心的工厂,拘留了350多名主要来自萨尔瓦多和危地马拉的无证移民工人。因为被拘留并最终被驱逐的人中有很多是有年幼孩子的妇女,这些行动导致包括婴儿在内的许多儿童与父母的分离。[②]

在这新一轮反移民浪潮中亚洲移民的境遇如何?美国政府和社会对他们的接纳显然是矛盾而复杂的。一方面,亚洲人被吹捧为模范少数族裔,因其勤奋和家庭价值观而受到赞扬。另一方面,即使对这个移民群体中最受欢迎的成员来说,这块欢迎门垫可以瞬间被拿起,取而代之的是几十年来助燃了系统性排斥的、担心身体和文化玷污的"黄祸"恐惧。

尤其是,亚洲女性的形象在邪恶而性感的龙女和笨拙但温顺的仆人之间来回翻转,而美甲师很容易就掉进了这个万神

---

① Jonas 2006.
② 见 Abraham and Ballou (2007)。

殿。对亚洲美甲师以及更宽泛的移民的负面观点是由流行文化传播的,这种文化经常刺激单一维度的种族再现,如第六章所讨论的。不幸的是,这样的刻画仍然是美甲店日常互动中心照不宣的背景。

作为社会晴雨表的亚洲美甲店

在接受糟糕的美甲服务或遇到粗暴的美甲师时,很少有顾客会想到谴责这家美甲店的工作条件,更不会认为这种令人不满意的美甲体验是受到全球服务经济动态的影响。相反,她们把这些经历界定在个人品格或责任感的层面上——"我再也不去找她"——或是一般性的集体谴责——"亚洲美甲师很粗鲁"——或她们是不干净、不熟练、不值得信任的。关于服务递送中恰当的实践和态度的冲突性期待不仅仅导致个人之间的恼怒情绪,由于这些互动经常涉及来自不同种族、社会经济地位和公民身份的女性,它们也成为群体层面刻板印象和仇恨的素材。

对亚洲女性的刻板印象并不是整齐划一的,而是根据其所产生的各种社会背景和社会关系而发生变化的。正如我在第四章到第六章中所讨论的,亚洲移民女性的不同种族、阶级和性别代表界定着她们在不同类型的美甲店、服务不同类型的顾客中的工作。三种类型的美甲店(美甲护理中心、美甲艺术沙龙和折扣美甲店)和服务风格(呵护型、表达型和常规型)折射出亚洲女性的不同特征,体现了不同形式的性别化工作。此外,这些身体劳动风格既各具特色又相互依赖——每种风格通过排斥或至少远离其他形式来迎合特定的顾客群体。通过将高档美甲护理中心及白人中产和上层阶级的顾客群体与折扣美甲店提供的便宜的一般性服务以及在表达型的艺术美甲店里的边缘形式的女性身体呈现,呵护型身体劳动为自己赢得了声誉。同样,美甲艺术沙龙对工薪阶级的黑人女性很有吸引力,因为它们赋予并确认了那些不同于狭隘的关于女性美的规范化定义的女性气质的表达。最后,折扣美甲店打造了一种平等享受曾为奢侈消费的假象,从而再写了无阶级社会的迷思。这些不同风格的身体劳动不仅仅是表面上的美容过程,而且反映和复制了种族和阶级特权的性别化形式。

　　顾客们往往认为,这些形式的身体劳动对亚洲女性来说都是自然而然的事情,这种观念掩盖了形塑亚洲移民女性在这一细分市场工作的结构性力量,且复制了性别版本的种族刻板印象。关于模范少数族裔、黑韩冲突和"黄祸"的言论不仅仅是种族建构,还调用了与阶级、公民身份和移民身份以及性别相关的观念。在从事和经营这些生意的过程中,亚洲女性既要应对又要维持,有时还颠覆着现有的社会分化。

美丽的力量和局限

　　学者、活动家、政策制定者和顾客可以从美甲店里有关身体亲密关系、性别化工作和种族话语的复杂协商中有何收获？在过去的二十年里，大量文献就女性生活中"美丽"的力量展开了辩论，激起公众争论和个体愤慨。这些研究主要集中在广告媒体所传播的"美的理想型"上，而这些并不是我访谈的女性所表述的主要影响。相反，本研究中的女性将美甲关联到她们在不同场所的身份——工作场所、家庭、重要关系、种族及族裔社区。此外在不同的机构情境中，女性本身既参与了美丽规则的强化，又再定义和抵制了这些规则。

　　虽然美甲可以作为女性认领和标榜自己身体的途径，但这种美的力量往往源自并强化了女性在其他生活领域的无力感。大量的信息告诉女性，她们个人的缺陷，尤其是身体上的失败，是她们遇到各种困难的原因。因此，毫不奇怪，她们通过修饰自己的身体来寻求解决办法。同样不足为奇的是，这些努力最终强化了女性气质的文化规范，而不是激发起女性对社会阻碍和不平等的反抗。

　　玛克辛·利兹·克雷格（Maxine Leeds Craig）探讨了与头发相关的类似问题。在探究自然发型在黑人男女中的兴衰，尤其是黑人权力运动中的"爆炸头"(Afro)发型时,她写道:"黑人男性和我会认为,所有女性都生活在也许可以视为'被标记'的或被污名化的身体里。只有未被标记的人才能对这种稍纵即逝、欢欣鼓舞的文化胜利不以为意,这种文化胜利意味着主流意义被颠覆,被嘲笑的东西最终被肯定。"同时,正如克雷格进一步断言:"没有运动,任何女人的身体都只是她自己的——不是团结的象征,只是她自己的。"①像发型一样,美甲作为女性生活中一个潜在的权力来源不容低估,尤其是当其他的权力来源不断减少或难以企及时。但同时,通过个人美容方案追求权力无法改变抑制女性权力的社会结构。由于缺乏表达她们诉求的社会计划和政治运动,女性转而依赖私人化的方案去解决这些实际上普遍存在的社会问题。虽然从表面上看,这些解决方案中最私人的是照顾、修饰和改变自己的身体,但这些做法实际上将她们浸没在复杂社会情境的公开接触中。

在本书中,我的发现揭示了女性在美甲互动中的不平等,以及服务提供的模式如何塑造种族意义和等级。我批评了关于"美丽"的研究文献,指出这些文献只是单方面地关注对女性的操弄和欺骗,却忽视了女性作为美容消费者如何剥削作为美容美体服务提供者的低阶层的女性。我强烈地认为有必要回应美甲店工作中的不平等问题。因为我认为,如果某些女性继续支持或无视其他女性在美容服务行业的工作条件,则很难从

---

① 克雷格 2002:160。

压迫性的"美丽"意识形态和实践的枷锁中获得自我解救。我希望这本书促进女性主义者创造更平等的关系的承诺,这种平等关系不仅仅存在于美容美体服务的消费者和提供者之间,也存在于出没在由身体和情感亲密关系及不平等形塑的全球经济的其他场所的女人之间。

全球经济中的身体和情感

全球化意味着我们的生活与来自世界各地的陌生人错综复杂地联系在一起,其程度超过了我们大多数人感到舒服或愿意承认的范围。当我们发现自己付钱给一个几乎不认识的人以获得某种亲密服务时,我们需要看到并清醒地应对这种互动带来的各种挑战,而不是否认或回避这种紧张关系。

混合了经济、情感和身体亲密感的商业化互动没有任何减弱的迹象,反而正在增长。在美国,我们不可能再回到那个只有少数女性消费美甲的世界,就像我们不可能再回到那个大部分女性自己做饭、整理房屋、全职照顾孩子的时代一样。指甲护理服务的买与卖和其他与身体相关服务的买卖可被放在一个连续体里考虑。虽然我并不是直接讨论后者,但美甲服务的过程可以为其他涉及身体和身体工作商品化的场景中的相关动力机制提供启示,这些场景不仅包括面部护理、按摩、整形手术和其他美容美体服务,还可包括性工作、代孕和器官交易。显然,在这些服务中,身体商品化的性质和程度有很大的不同,但在身体遭遇市场的历史关头,它们都处于一个共同的、令人不安的位置。

通过关注美甲店里的身体劳动,我拓展了霍赫希尔德在情感劳动方面的开创性研究,补充了一个身体的视角。霍赫希尔德的情感劳动概念,以及她近期关于"亲密生活的商业化"的研究,令我们感到不安,这里有很多原因。[①] 我们都想相信,我们所依赖的服务供给网络是由真心在意的人所组成,她们不仅在意如何做好工作,也关心我们这个人。如果我们不能建立起这样的信念——美甲师、按摩治疗师或美容外科医生不仅是专业人士,而且也对我们的感情、外表和个人福祉倾注了心血,我们就很难接受美甲,更不用说全身按摩或整形手术了。换而言之,作为消费者,我们共谋了这个关于个人关怀的虚构故事,以减轻对自己身体和情感脆弱性的焦虑,并缓解把这些交到陌生人手中的尴尬。

当然,我们从身体服务提供者那里得到的关怀并非完全虚假,因为很多服务提供者富有同情心,出于帮助他人的真诚愿望而进入到这些职业中来。但是,这些服务互动不允许表达人际关系和情感的自然起伏,也不承认服务互动中不平等的社会等级,这样一来,美甲服务——以及更广泛的身体和情感劳

[①] Hochschild 2003.

动——的消费者，在这些服务上强加了很高程度的人为性。

在"顾客永远是对的"这种不容商量的服务文化中，以及对微笑和温柔触摸的不断要求中，得失为何？怎么做才能使这些互动的参与者作为平等的人进行诚实可靠的接触，以及承受在此过程中不可避免的情感与注意力的碰撞与波动？如果我们不这么做，还有什么选择？继续持续这种商业化的安排——我们支付很低的报酬购买别人的服务，要求他们不仅完成规定的任务，而且在服务过程中让我们自己感觉良好？这些不仅仅是修辞性的问题，更是对全球资本主义内部人类关系本质的探究。我知道，从考察美甲服务到反思21世纪社会生活中身体与情感连接的本质，听起来扯得有点远。与此同时，我的研究证据表明，美甲店以及整个美容美体行业的服务互动往往掩盖了不良的工作条件和劳动关系，以及全球服务经济中新形式的服务关系。在关心顾客身体和情感需求的表象下，这些关系被规范化、个性化，并从支撑它们的社会结构中抽离出来。因此，对美甲店里的身体劳动的密切关注，可以提供一些启示，让人们展望在美甲店及其所处的社会中更加平等、人性化的关系，并为之而努力。

美甲与变迁

在美甲广场持续了几个月的支持金都艺的抗议活动以一

个重大胜利收尾。在亚裔美国人法律辩护和教育基金以及保罗、韦斯、里夫金德、沃顿和加里森律师事务所的代理下,金都艺提起诉讼,指控雇主未支付加班费和不正当解雇。2007年10月,联邦陪审团裁定她获得18.2万美元的欠薪、加班费和赔偿金。① 这场胜利激发起更多行动去关注和改善美甲店的工作条件。在第六章中,我讨论了其中的一些努力,包括职业安全和公共卫生办法侧重于社区外联和教育,组织劳工权利行动关注主雇关系和劳动法执行,以及多方合作旨在推动立法监管生产商在美甲产品中所使用的有毒化学物质。

考察涉及相似的身体接触和情感劳动的其他行业的做法,对于制定改变美甲行业的策略颇有裨益。许多学者指出,许多属于"照料工作"名下的劳动,包括儿童照料、老年人照护以及对病人和残疾人的看护——以及我想补充的对身体及其外表的护理——极其缺乏认可、报酬过低。在这些新兴的照料行业中,雇主和雇员都面临了各种问题,很多组织都试图去解决这些问题。一方面,这些努力包括对消费者的保护,从制定更明确的服务标准到违规处罚。然而,这只是故事的一半。另一方面,需要解决的另一半则是员工的工资、工作条件和权利,以及

---

① 和解出人意料的慷慨,法院还判给律师费和其他费用共计33万美元。原告的律师 Steven K. Choi 说:"我认为这充分表明我们的客户是对的,雇主是错的。"(Jennifer 8. Lee 2007)然而,被告 Mou San Rim 和 Dong Rim Park 在判决后申请破产,在本书(英文版)付印时,金都艺(Do Yea Kim)没有收到任何和解金。关于金的案件报道,见 Gonnerman(2007)and Jennifer 8. Lee(2009)。

保障这些权利所需的政策和机构支持。

在《美国女佣》(Maid in the U.S.A.)一书中，玛丽·罗梅罗(Mary Romero)从家政工作里提供了一些启发。书中描述了职业女性对雇用有色人种移民女性做家政工感到不适，"逃避躲闪"(become dodgers and duckers)，转而雇用大学生打扫卫生，支付给后者更高的工资。另一些人则采取了"共同受害者"的立场，认为自己"与所雇用的女性一样受到剥削"，"否认性别歧视的重担已经转移到另一个女性身上"。① 这两种战略最终都否认了某些女性的特权，可以让她们雇用其他女性来帮助自己照顾家庭或所爱之人，而那些其他女性通常工作条件恶劣、工资低于标准。因此，这些逃避和回避策略无法解决付钱给另一个女性来照顾自己身体的矛盾。避开光顾亚洲人开办的美容院，而向本土美容师购买价格更高的美甲服务，这对于解决美容服务中的不平等几乎没什么帮助。同样拥有种族和阶级特权的消费者声称自己与低薪有色移民女性一样，都是性别歧视的受害者，也不是特别有用。这些策略要么回避问题，要么草率地采用简便但不恰当的解决方案。相反，顾客们可以选择更难但更有效的方式来支持她们的美甲师，即为她们的服务支付足够的报酬、尊重她们、要求美甲店遵循恰当的安全和健康标准来保护顾客和员工，并与她们一起努力改进美容产品和管理。

---

① Romero 2002：197-98.

要想取得成功,提升美甲师工作条件的努力必须正视女性之间的差异和分化。正如提高有色人种家政女工的工资会影响更高阶级的女性消费保姆和女仆服务的能力,提高亚洲移民女性美甲师服务的价格也会损害某些顾客购买这些服务的能力。此外,对美甲店的工作条件的改善也会削减亚洲移民店主的利润,有时也会让员工付出代价。即使美甲店里的女性——无论是老板、员工还是顾客——之间培养出某种互助和理解之情,但她们之间的关系也往往建立在不平等的权力和利益冲突基础之上。

身体和情感上的亲密如何形塑了老板、员工和顾客的相互合作,提升美甲店工作的前景?其他学者认为,员工与雇主之间以及员工与顾客之间密切的身体和情感联系,很大程度上掩盖并固化了各个行业中不平等的权力关系和剥削条件,从性工作到护理再到家政服务①。不论好坏,我发现美甲行业复制了这些模式,即便一些顾客自称是美甲师的朋友,也不愿支持美甲师改善工作条件。

我们不能假定,美甲店或任何工作中的亲密关系会转化为所有各方——老板、员工和顾客——改善与该工作相涉的各种条件的共同努力。大部分时候,事实恰恰相反。正如葆拉·英格兰和南希·福尔布雷所指出的,"金钱买不到爱情的原则可

---

① Choy 2003; Glenn 1986; Hochschild 2003; Hondagneu-Sotelo 2003; Kem-padoo and Doezema 1998; Parreñas 2001.

能会带来意想不到的、不合人意的后果,那就是维系面对面服务工作的低薪。"①换而言之,认为亲密关系及其形成过程不应被商业化的观点事实上贬低了与照料相关工作的价值,或是如本研究所示,贬低了情感和身体劳动的价值。美甲店的案例为这一观点提供了进一步的支持,因为不同形式的身体劳动提升了与顾客互动的基础,但没有增加对这项工作的回报或认可。尽管存在这些紧张关系,美甲店里女性的共同利益点仍然存在,并且可被培养。

在勾勒体力劳动的复杂性时,我明确指出了一些社会变迁的微小机遇蕴藏于不同阶级、种族和族裔背景以及移民身份的女性之间协商更公平的服务互动中。虽然这些互动经常效仿权力和特权的结构,它们也创造了挑战这些结构的机会。美甲护理中心的亚洲美甲师动摇白人中产阶级顾客特权的方式是议论她们或拒绝提供某些服务。下城美甲店的韩国老板学会了尊重和欣赏她们的黑人工人阶级顾客。折扣美甲店的常规型服务基本拉平了不同种族和阶级女性的待遇。从顾客的角度来看,每周光顾一次附近的美甲店,可以成为她学习与一个在自己社交圈里几乎遇不到的、社会地位迥异的人建立关系的一课。通过强调服务者不仅仅是流水线上的机器,而是一个具有特殊技能的、能够照顾顾客独特的身体和感受的人,身体劳动的动态关系可以提升美甲工作的价值。

---

① England and Folbre 1999:46.

伊芙琳·中野·格伦写道:"挑战种族和性别等级制度可纳入挑战日常假设和实践的形式,这些形式不采取直接对抗的形式、发生在不被认为具有政治性的地方。"①涉及身体劳动互动的亚洲美甲店就是这样一个地方,在这里,日常假设和实践中的特权以及不平等可以被识别,甚至重新协商。因为这些情感和身体的互动折射出更大的地位和权力系统,通过重写这些互动中未被言明的感觉和身体规则,女性可以在与其他女性建立更平等关系方面,迈出微小但重要的一步。

美甲乌托邦

美甲有可能成为有意义的社交、身体和情感互动吗?可以说,从猎豹到黑猩猩,群体仪容活动是许多物种社交的基础。为何我们人类的就该不同?事实上,社会科学家早就注意到,在"未开化"的社会中,装饰和照料身体的仪式性行为的重要性,但在现代西方社会中,同样的仪式行为却常常逃离了人类学的视野。因此,看看我们熟悉的环境之外的美甲实践,然后再回头看看街角处的美甲店,可能会有所帮助。

在荣获国家图书奖的《走出抑郁》一书中,安德鲁·所罗门远赴柬埔寨采访波尔布特杀戮场的幸存者,并挖掘暴行幸存者

---

① Glenn 2002:16-17.

的情感状况。在金边市,他了解到一位非凡的妇女——费里·农(Phaly Nuon),她曾目睹了女儿被杀、不到一岁的孩子被饿死。① 在多年努力挣扎着接受这些悲剧之后,她现在致力于帮助其他妇女恢复生活。根据所罗门的说法,农发展出自己的三步治疗过程,先学会忘记,然后去工作,最后去爱。她将这一过程建立在传统高棉草药、西方抗抑郁药物,以及——没错——给自己和他人美甲上。她解释说,美甲这种非常规的克服创伤方式,看起来不起眼但很实用:

> 我教他们如何互相修指甲和修脚,以及如何保养指甲,因为这样做会让她们觉得自己美丽,她们非常想觉得自己美丽。这也让她们与他人有了身体接触,并把自己的身体交给他人照顾……当她们在一起擦洗和涂抹指甲油的时候,她们开始在一起聊天,一点一点地学会了互相信任,到最后,她们学会了如何交朋友,这样就再也不用那么孤独寂寞了。②

农让女性参与美甲互动,以此让她们回归自己的身体,回

---

① 农已经获得或被提名重要人道主义奖项,包括1998年的拉蒙·麦格赛赛社区领袖奖(Ramon Magsaysay Award for Community Leadership)。她的组织"未来之光孤儿院"(Future Light Orphanage)为邻近村庄的100多名战争寡妇提供生计培训和心理健康咨询,并为数百名贫困儿童提供教育、医疗和衣物援助。见拉蒙·麦格赛赛奖基金会(Ramon Magsaysay Award Foundation),www.rmaf.org.ph/Awardees/Citation/CitationNuonPhaly.htm.

② Solomon 2002:36.

归与他人身体充满关心和信任的接触里,最后回归自己的生活和社会环境中。

关于在越来越依赖不真实的、商业化关系的社会中,美甲成为与他人建立真实连接的工具的可能性,农的例子给了我们什么启示?把美甲作为一种治疗手段,只适用于一个饱受战争和恐怖蹂躏的东南亚国家的历史文化吗?还是有什么经验可以借鉴给曼哈顿、布鲁克林和皇后区,甚至是借鉴给整个美国和其他国家的市区、小镇和郊区吗?我无意跳转在这些不同的情境中,幼稚地比较这些有着天壤之别的地方。但是,我还是忍不住想知道,农是否真的发现了一些重要的东西?我们是否不应该忽视她用美甲进行疗愈和人性化互动的智慧?

我希望我能听到参加农的项目的女性自己的心声——给予和接受美甲让她们能够以有意义和支持的方式彼此联系,那究竟意味着什么?虽然我不能直接和她们交流,也不能替她们的经历代言,但我可以从自己对在纽约美甲店工作的女性的研究中获得一些洞见。当我问她们想改变什么来改善自己的工作时,她们的回答很简单。许多人指出美甲店的工作条件——"通风更好,气味更少"——或者劳工和工资问题——"更多的休息和更高的工资"——但也有不少人谈到无形的美甲店里的关系。格洛丽亚·金是一位拥有超过十五年经验的资深美甲师,她告诉我:"在忙碌的日子里,我甚至没法去洗手间或吃饭,但我喜欢做这项工作。我觉得美甲店里的关系比杂货店的更亲近。我面对着那个人,和她一起工作。我有许多熟客。我在这儿已经待了很久了,我们交谈,变得很亲近。例如,如果我告诉顾客我牙疼,下次她来的时候就会问我这件事。"

同样,上城美甲店的南希解释了她对顾客的感觉以及她对相互尊重和关心的希望:

> 我们必须非常接近顾客,就像这样(双手相扣),所以我们尽力与她们相处。如果你不喜欢某些人,你也必须这样做——握着她们的手,面对面地和她们说话——这可能非常困难。这就是服务工作——你知道你必须这样做。我当然不喜欢修脚,不得不跪下,还有脚臭味。我就把它当作提供服务的一部分……我非常努力地询问她们的家庭和她们的感受。如果她们偶尔也问我的情况,那就太好了。

这些简单的事情——当美甲师说她牙疼时,带着关心去回应;反过来询问美甲师的家庭和健康——这是美甲师一天心情好坏的关键。这些可以让美甲师觉得,她的工作不仅过得去,而且有着目的和尊严。

这些似乎是举手之劳。然而,除非美甲不仅仅被视为个人的嗜好或女性之间关系的惯例,美甲所需要的密集的身体和情感工作及其工作条件在很大程度上仍处于不可见而不平等的状态——而这些提升工作的小小要求很可能得不到回应。除非女性成为积极的行动者,认识与改变塑造美甲的社会关系,不然她们将继续被社会分化和等级制度"修整",在美甲桌的对立两边各执一词。

译者后记

翻译这本书事出偶然。有次我和肖索未老师讨论当前家庭服务的研究前沿时,肖老师问道,我这里还有一本从美甲的角度来探讨女性、家庭、经济和文化的书,很有意思,你想一起来翻译吗?我完全不熟悉美甲,但当听说这本书是透过美甲师的视角来谈女性、家庭、劳工、种族和文化时,好奇心让我脱口而出:"好啊。我也正好去体验下专业美甲。"从此,我和肖老师开启了对这本书的翻译。

翻译的过程伴随着我自己对美甲的重新认识。此前,我对美甲有着很多成见:"涂上厚厚的指甲油会给指甲造成伤害吗?""老是涂着浓浓的、厚重的指甲油给学生上课,不太像话吧?""做妈妈确实不适合做美甲或涂指甲油,给孩子喂饭的时候,指甲油掉在碗里怎么办?"读了本书才发现,作者在对美国美甲服务业的考察中,早就捕捉到了类似的疑惑。此外,作者还呈现了美甲顾客的其他声音，并且加入了美甲师和劳工组织的视角，深入地探讨了美甲之下的女性、劳工、种族和文化等元素的交集。

在一年多的翻译中，我也开始留意和光顾不同的美甲店，这些体验帮我逐步深入地理解本书的内容。最初，我注意到有三种类型的美甲店：有较为豪华的标识着"韩风、日系"的美甲店，里面有舒服的沙发和修脚的设施；也有并排开在小商品购物楼中的美甲店面，布置得色彩缤纷，通常也会立个"优惠价格"的牌子；还有开在小区单元楼里的布置简明的美甲店，有着"经济适用"的价格和口碑相传的社区老顾客。我先在第二类店里询问了价格、指甲类型、店长是哪里人、什么时候来的北京等等，对专业美甲和做美甲的人有了初步的认识。慢慢地，我鼓起勇气走进了第一类店里打算做美甲，当得知我之前没有做过美甲时，带着北京口音的店长惊奇地问："姐姐从来没有做过美甲吗？现在花一两百块钱做美甲太正常了，很少有人不做吧。"我感觉到"被不正常了"，生硬地回道："我平常确实用不到美甲。"也因此我走出了这家店。再后来，我与小区里的某个妈妈聊天，留意到她做的美甲，请她下次做美甲的时候带我一起去试试。一个月后，我跟着她到了第三类店，做了我人生第一次专业美甲——尝试了最普通的、最不显眼的肉粉色指甲。我体验到了书中作者谈到自己美甲后的感觉，但在给学生上课的时候，我明显感觉到某种不自然，时不时将目光投向自己的指甲。而我的学生们却并不在意，她们有些人早已做过形形色色的美甲。这些做美甲的经历让我看到现实与书中内容的惊人相似，又有很多文化和社会背景的差异。这样的对比也逐渐帮我更清晰地理解书中内涵。

翻译这本书也拓展了我的生命。书中对于女性劳工及其家庭生活的描述往往可以在我的现实生活中得到同频印证。我在这个过程中也开启了对社会性别、家庭性别分工、劳动力市场的反思，体验到个体在面对社会环境下的渺小与无力。在翻译的过程中，我发现自己的三个女研究生也经常讨论各自的美甲经验以及如何获得健康的"贴甲"。在我的邀请下，她们之后参与了一部分章节的翻译工作。她们分别是罗玉婷（第四章）、金杰（第五章）、王淑慧（第六章）。罗玉婷还对相关文献和注释进行了初步的校对。她们的美甲经历也为翻译工作提供了不少洞见。在此对她们深表感谢！在她们的帮助下，我完成了书稿初稿的翻译和校对，肖索未老师之后对译稿进行了进一步的统稿和校对，做了两遍非常细致严谨的修订，把握整体的翻译基调和学术规范。我在她修订的版本上，又进行了最后的文字校对。

我们希望这本小书能够帮助大家更好地看见和体会在服务业中过活的劳动女性的苦与乐，理解她们的处境与选择。经由这些，也能让我们更深入地反观自己，洞察内心。

蔡永芳

2021.6.8 于北京